名师名校新形态通识教育系列教材

中华传统文化撷英

王祎◎编著

人民邮电出版社
北京

图书在版编目（CIP）数据

中华传统文化撷英 ：慕课版 / 王祎编著. -- 北京 ：
人民邮电出版社，2023.1
名师名校新形态通识教育系列教材
ISBN 978-7-115-60236-7

Ⅰ. ①中… Ⅱ. ①王… Ⅲ. ①中华文化－高等学校－
教材 Ⅳ. ①K203

中国版本图书馆CIP数据核字(2022)第188222号

内容提要

本书打破了以往传统文化类读物以“朝代”为线索的通史类写法，分“专题”展现了中华传统文化的十个侧面。按照由形而下至形而上的逻辑顺序，全书分为十章，分别介绍服饰、饮食、建筑、婚恋、教育、姓氏名字号、礼仪、汉字、戏曲、思想十个传统文化的侧面。每章内部又按照“述源理流、观器明道”的思路，为读者先厘清每一个文化点的源起、嬗变，然后阐述其特点、挖掘其内涵，使读者不仅知其然，而且知其所以然；不仅知道一个事物在某一阶段的特点，而且明白其过去的来路，清楚其未来的发展趋势。这十章彼此平行安排，读者不会出现“一章学不会，后面没法学”的现象。全书行文力求简洁明了，化繁为简，生动形象，不仅有较好基础的文科读者可以读懂，其他专业的读者也可以有较好的学习入手点。

本书既可以作为高校传统文化课程的教材，也适合对传统文化有兴趣的爱好者及海内外的汉学爱好者阅读。

◆ 编　　著　王　祎
责任编辑　楼雪樵
责任印制　王　郁　彭志环
◆ 人民邮电出版社出版发行　　北京市丰台区成寿寺路 11 号
邮编　100164　　电子邮件　315@ptpress.com.cn
网址　https://www.ptpress.com.cn
涿州市般润文化传播有限公司印刷
◆ 开本：787×1092　1/16
印张：13.5　　2023 年 1 月第 1 版
字数：307 千字　　2025 年 8 月河北第 2 次印刷

定价：56.00 元

读者服务热线：(010)81055256　印装质量热线：(010)81055316
反盗版热线：(010)81055315

序一

人类社会之所以不同于它所脱离出来的动物界，就在于文化这一根本特征。早在进入文明时代之前，人类就已经通过制造工具，生产物质生活资料，创造或改变生活环境，发明语言，培育信仰，形成了有利于在恶劣的自然条件下和严酷的生存竞争中保存、发展自己的社会组织，不断积累生活、生产和社会交往的经验。考古学家早就把这些命名为文化，比如“旧石器文化”“新石器文化”“彩陶文化”“玉文化”“青铜文化”，等等。1959 年发现于山西芮城县西侯度村的西侯度旧石器文化遗址，距今约有 180 万年；新石器时代的文化遗址，如位于浙江余姚的河姆渡文化，距今大约 7000 年；位于豫西渑池的仰韶文化，距今大约 6000 年；位于内蒙古赤峰的红山文化，距今大约 6000 年；位于甘肃临洮的马家窑文化，距今大约 5000 年；位于浙江杭州的良渚文化，距今大约 5000 年；位于山东章丘的龙山文化，距今大约 4500 年；位于甘肃广河的齐家文化，距今大约 4000 年。这些地方的文化遗址，充分反映了我国远古时代丰富多彩的文化形态，映证了我们祖先生存能力、认知能力、创造能力不断发展加强的过程。

进入文明社会以后，文化更是伴随社会发展变化的鲜明标志。私有制度和国家组织的产生，文字的发明和使用，社会分工的发生，生产工具的改进，人们经验和技能的提高，使生产力得到极大的提升，人们的认知能力也得到了极大的提升。在物质资料相对富足的基础上，物质生产和精神生产的分工得以实现，这样，就给文化的空前繁荣奠定了基础。不论是在世界范围内还是在华夏大地上，都涌现出了光辉灿烂的文化硕果。中国先秦时代的哲学、数学、博物学、天文学、历法学、气象学、物候学、军事学、历史学、语言学、逻辑学、医学、农学等，各种学说、发现、发明、创造，“百家争鸣”，层出不穷；文学、诗歌、音乐、艺术，各种优秀作品争妍斗奇，垂范后世；著名的思想家、政治家、军事家、外交家、教育家、文学家、诗人如群星璀璨，影响深远。这些杰出的人物和他们的思想、作品，不但是我国历史上不朽的先哲和经典，而且足以跟世界范围的同时代的杰出人物与其思想、作品相媲美。它们是中华文化的深厚源泉，几千年来长久滋润着我们的精神和生活，给予我们智慧和启迪，成为华夏民族深入骨髓的文化传统，成为我们取之不尽的文化资源宝库。

中华传统文化曾经达到相当高的历史高度。这使它成为东亚文明的中心，其影响甚至一直达到遥远的中东、欧洲和非洲。“汉字文化圈”“丝绸之路”“海上丝绸之路”这些概括性的说法，显示了中华传统文化的巨大影响。直到今天，它仍然吸引着世界各地的人们来到中国，学习汉字汉语，观摩文物古迹，体验现代中国的传统魅力。

当然，我们要承认，就像世间万物都具有多面性一样，文化成果的衍生可以带来积极的作用，也可以衍生出消极的作用。一些思想或制度、事物，在某些历史时期具有进步性，而在时过境迁之后就可能转化为阻碍进步的绊脚石。比如人们常说的，中国四大发明之一的火药，可以用来制作烟花爆竹以助喜庆，也可以用来制作致人死命的热兵器。再比如，先秦法家思想曾经在春秋战国长期割据战乱之后建立统一的封建国家政权过程中发挥过非常积极的推动作用，而后来却变成了维护君主专制暴政的工具；道家学说中，既有深邃的一元论宇宙观、朴素的辩证法思想，但也散发着消极避世、拒绝进步等阴暗的气味；对孔孟的儒家学说，有的人从中汲取了积极的精神力量，如“自强不息”“厚德载物”“学而不厌，诲人不倦”“己所不欲，勿施于人”“见贤思齐”“三军可夺帅也，匹夫不可夺志也”“民为贵，社稷次之，君为轻”“富贵不能淫，贫贱不能移，威武不能屈”等，有的人则曲解孔孟的原意，断章取义地引出一些消极的信条，如“生死有命，富贵在天”“学而优则仕”“劳心者治人，劳力者治于人”等。而在长期的封建社会中，统治者为了维护自己的专制统治，把儒家学说中的一些有利于维护封建秩序的话奉为治国准则，比如将“君君，臣臣，父父，子子”发展为“三纲五常”说，树立君权的绝对地位；将儒家的礼制学说制度化、固定化，以维护统治者的地位和利益，防范和镇压人民大众的反抗。

因此，对于中国的传统文化，我们必须采取正确的态度，继承汲取其积极的、进取的、有利于当今的社会进步、经济发展和思想文化建设的精华内核，而扬弃其已经腐朽没落的糟粕。那种“全盘继承”或“全盘抛弃”的想法和做法都是错误的；

而那种只顾物质文明，无视精神文明建设的短视行为，尤其错得离谱。习近平总书记指出：“中国特色社会主义是物质文明和精神文明全面发展的社会主义。一个没有精神力量的民族难以自立自强，一项没有文化支撑的事业难以持续长久。”这是具有历史眼光的判断和高瞻远瞩的指针，是我们对待中华传统文化这份历史遗产时所必须遵循的。

高等院校培养的人才，应该是中国特色社会主义的建设者和接班人，不但应当具备某个专业高等的知识技能，以适应今后就职的需要，而且必须具备现代科学和文化的通识，以适应现代社会和历史发展的需要。一个只会某项操作技能或技术工作的人，不久就会被机器取代，这个趋势现在已经是显而易见的了。人和机器的区别，本质上将仍在于文化素质。因此，文化通识课成为现代高等院校的必修课，乃是时代潮流的必然。提高文化素质，乃是所有人立于现代社会、立于世界民族之林的必要条件。

王祎老师的这本《中华传统文化撷英（慕课版）》，正是为适应高等院校学生文化通识课程的需要而精心撰著的。顾名思义，此书是对中华传统文化精华部分的摘要介绍，是要用它来滋润灌溉读者渴求文化素养的心田。此书的选材、插图、叙述、评论等，处处体现出作者的博学、卓识和婆心。全书选材丰富，涉及中华传统文化的方方面面，包括物质（服饰、饮食、建筑）、制度（婚恋、教育）、姓氏名字号、礼仪、语言文字、艺术（戏曲）、思想诸方面，对其源流沿革、演变脉络、派别特色、现状特征等一一道来，并证以精美的图片，使读者在增长知识的同时，叹服于我们祖先的勤劳智慧和创造力，理解先人的生活境遇和他们追求真善美的执着。书中介绍的内容有许多是常识范围以外的知识，可以大大扩展读者的眼界，激发读者进一步深入探究的兴趣和热情。作者在许多地方于介绍知识的同时发表了评论，这些意见有的跟前人的说法相同，也有不少是出于作者自己的心裁，往往新颖而中肯，发人深思。至于内容的取舍，叙述的详略，作者凭着多年的教学经验做了恰如其分的安排，这些都是值得称道的。

中华传统文化博大精深，要在一本书中面面俱到，细大不捐，显然是不可能的，但是，还有些重要的方面，如果有可能，也值得介绍给读者。比如中国古代的科学技术发现发明，在中华文化史中熠熠闪光，在世界科技史上也占有重要地位。再如，介绍中国传统思想时，除了儒家思想以外，道、释两家思想也可以补充。如果我们撇开宗教崇拜而从思想史的角度，让读者了解儒、道、释三家对传统文化的重大影响，这对于读者，尤其青年学生树立正确的世界观，抵制封建迷信的侵袭，也是有重要意义的。因篇幅字数及教学课时所限，本次出版没能加入这部分内容。本书如有可能再版，这是我的一点增补建议。

施向东　序于津门何陋室

二〇二一年十二月

序二

板着脸写书不易被人接受。即使说的是大道理，是千真万确的真理，可那又怎么样呢？读者与作者心生距离，读者又怎么会认同指教？如同参加一场礼仪严谨的豪华酒宴，光听各种讲话不动碗筷，真食客耗在那里会很不自在的。

笑眯眯写书的人就不一样喽。言者循循善诱，闻者如沐春风，说的事理即使浅显也无妨，只要有趣就引人入胜，读者就愿被引领，就愿深入再深入，就会不知不觉地触类旁通，就会在柳暗花明、曲径通幽处兴奋地拍手。就像小米粥，虽然朴实但营养不少，一样养人。

本书历史感极强，虽结构庞大，但节奏明快，图文并茂，引人入胜。作者是笑眯眯写书的人，这点非常难得，非常难得啊！

我曾有幸听过作者关于“中华传统文化”的几次讲座，联想到当时愉快的聆听感受，使我看到该书的章章节节顿觉兴趣盎然。我认为这是本值得推荐的书，理由有三：一，作者有值得说的话；二，作者了解目标读者；三，本书在阐述思想和写作主题内容上文笔生动、内容翔实。因此，我喜欢，相信读者也会喜欢。

文化，尤其是中华文化，那可是博大精深，一言难尽的。它是一个民族，一个国家，面对其古往今来在生存环境遇到方方面面问题后的一种应对姿态，一个个具体解决方案的总和。千百年来，这些解决方案层层积淀，从基本的穿衣吃饭到玄妙高深的精神追求，庞大、深奥无比！但幸亏有高明的学者，他们像细心的考古专家，对这些五颜六色的层层积淀细心地剥离，大胆地猜测联想，不放过任何蛛丝马迹，溯源而上，反复印证，直至得出令人信服的结论。本书的作者就是这样一位杰出的学者。

本书作者文献学出身，文学与哲学兼修，材料勾稽考证与义理阐释并重。她以洋洋洒洒十章文字，引领读者做了一次浩浩荡荡的中华文化之旅。这趟旅程一路风景令人赏心悦目，它像让读者乘坐一辆优雅的慢车，可以停靠很多站点，让旅客从容地看到沿途别样的风土人情，听到不同的山歌俚曲，开阔了胸怀、增长了见识，有观感，有联想，有思索，有感慨，丰富了思想精神世界。就以该书第九章“中国传统戏曲文化”来说，作者从先秦传统戏曲的萌芽期一直沿途而下，讲到了当代京剧，纵论了南北戏曲的代表剧种和地域特点，深入浅出地讲述传承渊源，发展轨迹，厘清很多行规行话的精妙。毫不夸张地说，掌握这些史料，明白这些知识，提炼出相应的学术观点，对一个即使是以音乐学为专业的人来说，都是一个浩大的工程。作为一名专业作曲家，当我看到这些严谨准确的论述时，都为之叹服，不由得击掌叫好。因此我有理由相信，即使是相关专业人士读到此书，也会认为它是有意义的。

纵观全书，深感作者眼界宽阔，学养深厚，文笔简练优美，风格平易近人，哲思有深度、有体系，最后我想说的是，感谢作者写出这本好书！我喜欢，相信读者也会喜欢。

张如昕　于天津梅江

二〇二一年十一月

前言

党的十八大以来，以习近平同志为核心的党中央高度重视中华优秀传统文化的传承与发展。党的二十大报告明确指出："中华优秀传统文化源远流长、博大精深，是中华文明的智慧结晶，其中蕴含的天下为公、民为邦本、为政以德、革故鼎新、任人唯贤、天人合一、自强不息、厚德载物、讲信修睦、亲仁善邻等，是中国人民在长期生产生活中积累的宇宙观、天下观、社会观、道德观的重要体现，同科学社会主义价值观主张具有高度契合性。"高校开设中华传统文化类课程成为必然之势。经过调研，虽然很多高校都认为传统文化类课程很有必要，可是开展起来却存在一些问题。其一，"书经化"的中华传统文化学习形式——教材古旧，以经史为主；学习方式单一，限于吟咏和背诵。其二，"孤立化"的中华传统文化态度——传统旧学内容未能与其他学科建立紧密联系。其三，"博物馆化"的中华传统文化命运——学问古旧冷门，与时代联系较少，未能充分挖掘传统文化在当代的价值。

在上述背景下，本书提炼传统文化的形态结构——服饰、饮食、建筑、婚恋、教育、姓氏名字号、礼仪、汉字、戏曲、思想十个专题，介绍中华传统文化的基本理论，阐述传统文化背后的内涵，使读者认识中华文化的主要特点和优秀传统，增强中华传统文化理论修养，培养高尚的道德情操和健康的价值取向、审美取向，指导读者对历时和共时的文化现象用正确的思维看待，对历史事件、历史人物和历史规律能有客观的认识，并能联系现实生活，发掘中华传统文化资源的现代价值；掌握宏观与微观、历史与逻辑的学习方法，形成批判继承知识的思维习惯。

中华传统文化博大精深，涵盖了古代人类社会的各个方面。本书以"专题"撷英的方式展开传统文化的精华侧面。读者既可以按部就班地系统学习，也可以选择自己感兴趣的专题深入阅读。各章之间平行安排，彼此独立，方便读者或顺次式、或平行式、或跨越式灵活阅读；每一章都开启一个新的专题，内容丰富，令人耳目一新；行文通俗易懂，配图优美生动，别具特色。阅读本书是一种学习，更是一种身心愉悦的浸润式的文化享受。读者可在兴趣盎然的阅读中自然而然形成美育观、思政观、践行观，进而完善健康的价值观、人生观、世界观。无论是作为在校学生传统文化课程的教材，还是作为社会人士提升文化素养的读物，本书都能兼顾，很好地体现了开放、共享的文化理念。

如将本书作为教材，建议教学时数为 32~48 学时，各章参考教学时间见以下学时分配表。

学时分配表

章序	课程内容	学时分配
绪论	中华传统文化基础	2
第一章	垂衣裳而天下治——中国传统服饰文化	5
第二章	治大国若烹小鲜——中国传统饮食文化	2
	复习课、讨论课、实践课	2
第三章	栋宇间显三才之妙——中国古典建筑文化	3
第四章	仪程繁复　形态多样——中国传统婚恋文化	5
	复习课、讨论课、实践课	2
第五章	私学与官学　学而优则仕——中国传统教育考录文化	4
第六章	寻根问祖——中国古代的姓、氏、名、字、号	3
	复习课、讨论课、实践课	2
第七章	礼仪之邦——中国传统礼仪文化	4
第八章	由古而今　由繁而简——中国古代汉字文化	4
	复习课、讨论课、实践课	2
第九章	方寸舞台演绎百态人生——中国传统戏曲文化	4
第十章	向古人借智慧——中国传统思想文化	4
学时总计		48

本书的编写得到了施向东先生、张如昕先生的悉心指导，在此一并表示感谢。

由于编者水平有限，书中难免存在不妥之处，恳切希望广大读者批评指正。

编　者

二〇二三年四月

目录

绪论

中华传统文化基础

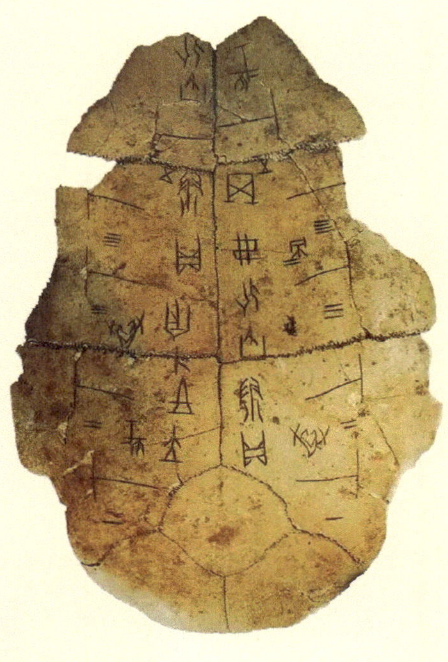

讨论中华传统文化离不开三个基本内容：『文化』『中华文化』『中华传统文化』。这三个问题将构成绪论部分的三个递进问题。自古至今、由中而外，学者们对『文化』有多元的理解。我们要做的，并非考证出到底哪一种对于『文化』的阐释是正确的，因为阐释的角度不同，理论体系建构也不同。以兼收并蓄的理念客观看待世界各民族对『文化』的理解，将有助于我们自身的认识更周全。既然本书的落脚点是中华传统文化，因而我们着重参考中国先贤对于『文』『化』『文化』的理解，这本身也是我国古代特色文化的一部分。

作为世界上唯一没有中断过的文化，中华文化渊源自有。分析它的外在特点，考察它的内在结构，了解国人和国际人士对于中华文化的种种分析，都是认识中华文化的基本环节。而带有时间、地域广度和影响力深度的中华传统文化，它是中华民族形而下和形而上的高度凝聚与积淀。以怎样的态度面对中华传统文化，如何实现传统文化的创造性转化和创新性发展，古为今用，以古鉴今，是我们需要认真思考的问题。

第一节 什么是文化

提起“文化”一词，有的人可能会说：“这个简单，有文化就是认识的字多，知道的诗词、历史多。”有的人可能说：“有文化就是学历高，没文化就是文盲。”还有的人可能会说：“文化，就是历史遗产什么的。”诸如此类，不能说不对，但却不太全。在绪论部分，我们要搞清楚两个问题：什么是文化？什么是中华传统文化？本节我们先来介绍第一个问题：什么是文化？

什么是文化？上古时期的“文化”并不是一个合成词，“文”和“化”分别是两个词，这两个词又可以构成一个词组。

一、什么是“文”

文，即纹，“物相杂”。（《易·系辞》）意思是说，“文”表示的是世间万事万物。“错画也，象交文。”（《说文解字》）创造文字的目的是用来表示事物。“文，错画也”，是说用交错的纹理、纹饰来表示各种事物。又，《逸周书·谥法解》曰：“经纬天地曰文。”人类以自己的活动给大自然留下痕迹、标记，甚至给大自然立规则，这些都是文。

甲骨文中的“文”

《易经》以不同的符号代表不同事物。古文字象形意味浓厚，也遵循“以符号表示事物”的原理。“物相杂”和“错画也”结合起来看，文，即纹，表示万事万物。数万年前的人类遗址被认为是“文化遗址”，又可与《逸周书·谥法解》“经纬天地曰文”一说相印证。可见，“文”表示一切事物无疑。

二、什么是“化”

“男女构精，万物化生。”（《易·系辞》）按照“近取诸身，远取诸物”的认知规律，人们最开始对于“化”的认识，是从自身开始的。化者，人由生而死，由死而生，以及其间的种种变化。

人的生死变化

人的生与死虽是两个相反的概念，但它们却可以彼此转化并循环往复。因而，造字之初的"化"字，无论其方向如何，都是两个相反的"人"字组合在一起。

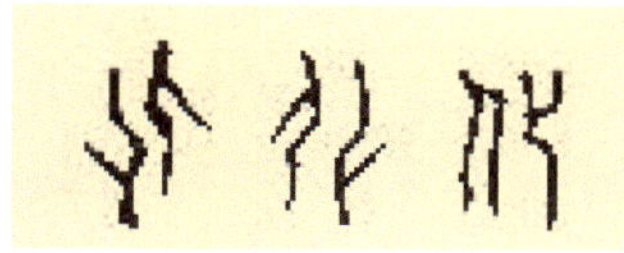

早期"化"字的各种写法

后来，人们渐渐认识到身体的"化生""化身"，同样也可以发生于"思想"的变化，于是"教化""感化"等词语出现。单个人有身心的变化，集体也会有，进而有了"风化"的说法。这种变化可以受到教育、情感等的引导，因此又有了"感化""教化"的说法。

不仅人类有"化"，万物也有"化"。"天地感而万物化生"，除去自然现象，源于人类的自觉活动也会带来种种改变，如环境、农耕、建筑等，这就为表示万事万物的"文"和表示转变的"化"合在一起使用准备了生活经验和理论推导的基础。"观乎天文，以察时变，观乎人文，以化成天下。"（《易·贲·彖传》）这是说通过观察天象来了解时序的变化，通过观察人类社会的各种现象，可以用教育感化的手段来治理天下。万物（文）皆可"化"的意识就基本形成了，"文化"一词也就呼之欲出。

三、关于"文化"的诸多阐释

世界上很多学者都尝试对"文化"进行界定。拉丁文中的cultura，原意为耕种、栽培、居住，体现人类改造自然（物质生产活动）的意义。德文、英文、法文的"文化"一词，都来自拉丁文中的cultura，后来进一步引申为人类改造自我（精神活动）的含义，包括人的技能的练习，性情、品德的陶冶、教养，蕴含人通过努力摆脱蒙昧和纯自然状态的意义。文化作为专门术语，于19世纪中叶出现在人类学家的著述中。而文化受到专门的研究，是在19世纪下半叶人类学、社会学、文化学等学科兴起之后，因为这些新学科均以文化为研究的主要题材。从那时至今，国外许多学者给"文化"下过定义，但至今没有一个统一的看法。

英国文化学者泰勒将文化定义为："文化或文明是一个复杂的整体，它包括知识、信仰、艺术、道德、法律、风俗以及作为社会成员的人所具有的其他一切能力与习惯。"①法国学者维克多·埃尔认为："文化概念包含两种相互补充的观念：一种观念把文化客观地看作决定某个人类群体生活的独特性和真实性的行为、物质创造和制度的总和；另一种观念则注重这些行为、物质创造和制度对人和人类群体所产生的心理作用和精神作用。在这里，人类群体被看作一个集合体，人也不被视为单独的个体。"②

梁漱溟认为："文化，就是吾人生活所依靠之一切。……俗常以文字、文学、思想、学术、教育、出版等为文化，乃是狭义的。我今说文化就是吾人生活所依靠之一切，意在指示人们，文化是极其实在的东西。文化之本义，应在经济、政治，乃至一切无所不包。"③这样的定义，非常符合前面我们本着"文字即大史"（章太炎）的观念所分析的"文化"内涵。

吾人生活所依靠之一切皆为文化。文字、诗歌、历史是文化，科学知识也是文化；历史遗产是文化，现代文明也是文化；敬老爱幼是文化，拜高踩低也是文化……文化中包含

① 泰勒．原始文化［M］．蔡江浓，编译．杭州：浙江人民出版社，1988：1.

② 埃尔．文化概念［M］．康新文，晓文，译．上海：上海人民出版社，1988：54.

③ 梁漱溟．中国文化要义：第3卷［M］．济南：山东人民出版社，1990：9

精华，也包含糟粕。本书名为《中华传统文化撷英（慕课版）》，主要目的是让读者了解、继承、发扬中华传统文化中优秀的部分。本书的主要内容包括中国传统服饰文化、饮食文化、古典建筑文化、婚恋文化、教育考录文化、姓氏文化、礼仪文化、古文字文化、传统戏曲文化、古代思想文化等内容。笔者打破寻常按照时间顺序把传统文化进行通史性介绍的方式，而选择传统文化中的主要侧面，以专题性和线性相结合的撰写思路，点面结合，抛砖引玉，展示传统文化的精彩掠影；同时，思考它们古为今用的借鉴作用，促进社会和谐发展。

四、他者眼中的中华文化

古希腊、古罗马人对中国的称谓是“赛里斯”。诗人维吉尔在《田园诗》中写道：“叫我怎么说呢？赛里斯人从他们那里的树叶上采集下了非常纤细的羊毛。”

“至于赛里斯人用作制作衣装的那些丝绒，它并不是从树皮中提取的，而是另有其他来源。在他们国内有一种动物，希腊人称之为‘赛尔’，而赛里斯人则以另外的名字相称。这种微小动物比最大的金甲虫还要大两倍，在其他特点方面，则与树上织网的蜘蛛相似，完全如同蜘蛛一样也有八只足。赛里斯人制造了于冬夏咸宜的小笼来饲养这些动物……在第四年之前，赛里斯人一直用黍作饲料来喂养，但到了第五年——因为他们知道这些笨虫活不了多久了，改用绿芦苇来饲养。对于这种动物来说，这是它们各种饲料中最好的。它们贪婪地吃着这种芦苇，一直到胀破了肚子。大部分丝线就在尸体内部找到。”

● 蚕与带丝的蚕茧

马可·波罗称杭州为“世界最富丽名贵之城”。他在《马可·波罗行纪》中写道：“大汗于其庆寿之日……至少有男爵骑尉一万二千人……各人并系一金带……上缀珍珠宝石甚多，价值金别桑（besant）确有万数。”

赛珍珠在《中国：过去和现在》中提到：“今日中国的青年人不再接受孔子智慧的教育，甚至在共产主义掌权之前，当林语堂回到他的国家讲授孔子学说时，他被轰下了讲台。今天，也许这个国家对孔子不再熟悉，他在十几个世纪前花毕生精力从混乱中创造秩序，从不道德中创造道德来拯救它。然而，他的话是永存的，因为它们是真理，

●［美］赛珍珠

● 孔子像

真理总有一天要胜利的。会有那么一天，孔子将回到他自己的国家……他的话在这里照亮了一个美国人的心，它们成为我存在的一个部分。”

他者眼中的中华文化，或着眼于中国某一方面的技术，或着眼于中国某个著名的人物，或着眼于中国某一时期的发展状况，非常具象。他们看到了中华文化长河中的局部，缺少从整体、宏观上把握中华文化的核心精神。

第二节 中华传统文化及特点

上一节我们介绍了“什么是文化”，本节我们来谈谈“什么是中华传统文化”。文化的内涵广泛，“中华传统文化”对文化的区域、时间跨度及影响力做出了较明确的规定。能成为传统的事物肯定是文化，但不是所有的文化都能发展为传统。没有文化，自然也无从寻找传统。

一、什么是中华传统文化

所谓中华传统文化，就是从中国悠久文化积淀中抽象出来，足以影响整个社会发展的文化。在很大程度上，它是对中华民族精神、思维方式、心理状态和价值取向的高度概括和总结。

传统文化与历史文化不同。传统文化是文明演化而汇集成的一种反映民族特质和风貌的民族文化，是民族历史上各种思想文化、观念形态的总体表征；而历史文化是在朝代更迭和历史发展进程中，各个民族、各个地区互相学习、互相融合，形成的一个统一的文化价值体系。传统文化的内容为历代存在过的种种物质的、制度的、精神的文化实体和文化意识，包括民族服饰、生活习俗、古典诗文、忠孝观念等；而历史文化则是从历史发展规律中总结出来的文化，具有衍生文化的特征，更多体现在精神层面，包括经济、文化、军事、政治体制、艺术等。

二、中华传统文化的民族特点

中华传统文化的民族特点可以从两个方面来看。

1．外在面貌

（1）源远流长。中华传统文化具有“形成早，凝聚力强，发展从未中断”的连续性特点。它历史悠久、世代相传。

（2）海纳百川。中华传统文化还具有包容性的特点。

① 作为主体的汉文化广泛地吸收融合了少数民族文化与外来文化，博大且精深。

② 我国幅员辽阔，各种地域文化、民族文化异彩纷呈。中华传统文化民族特色明显，影响深远，形成了“统一性—延续性—包容性—多样性”的外部特征。

2．内在结构

不少学者对中华传统文化的内在结构进行了概括，主要有以下四说。

（1）哲学特性说（冯友兰）：以儒为主的文化精神。

（2）宗教特性说（任继愈）：儒、道、释三教合一的宗教特性。

（3）美学特性说（李泽厚、徐复观）：乐感文化与忧患意识。

（4）伦理特性说（梁漱溟）：以伦理为中心组结起来的社会文化体系。

三、中华文化的传承与发展

中华文化在人类文化发展过程中曾经出现了不同方向的文化意识潮流。

（1）西方某些学者从维护自身传统利益或传统习惯出发,仍然自觉或不自觉地坚持“西方中心论”。如西方世界之于中华文化的另一种幻象：黑格尔认为中国一直停滞不前，没有真正的历史；荣格认为中国人与自然的相依不过是脐带尚未充分剪断。

●［德］黑格尔

●［瑞士］荣格

●［法］伏尔泰

●鲁迅（张怀江版画作品）

（2）另一些学者鉴于长久以来西方文化侵略造成的灾难和自身曾受到的欺压，也自觉或不自觉地宣传“东方中心论”。

如伏尔泰在《致中国皇帝》中写道：“接受我的敬意吧，可爱的中国皇帝……西方人人皆知，尽管我脾气古怪，却素来极爱会写诗的皇帝……我们这里除了曲径通向双岭，剩下的一切却都布满荆棘。中国不会如此，毫无疑义。法国人思想中永久的座右铭，便是幸福远离我们，而罪恶却常留此地……伟大的皇帝，你的诗美，思想充满善意。听从我的劝告，留在北京吧，千万别来到我们这里！”

（3）一些取得独立或复兴的民族，抱着珍视自身文化的情怀，形成一种返本寻根、固守本土文化的民族主义和回归传统的“保守主义”。他们“言必称孔、孟，总觉得当代不如古代，时刻以复古自居，反对与时俱进的改革等”。

当然，他们的观点对保存传统文化、回复传统有一定的意义，但是其消极落后之处也不可忽视。费孝通先生曾说：“各美其美，美人之美，美美与共，天下大同。”当今世界正处于一个不断走向现代化的进程中，各种文化也正处于一个不断变迁、融合和更新的阶段。人类不仅应该尊重传统形式的文化，也应该学会接受新的文化形式，使人类的各种文化共生共荣，让世界各民族真正成为一个国际大家庭，这才应当是人类文明发展的价值取向。

此外，还有一些批判主义者，从哀其不幸、治病救人的立场，关注了传统文化的弊端。

如鲁迅：“可惜中国太难改变了，即使搬动一张桌子，改装一个火炉，几乎也要血；而且即使有了血，也未必一定能搬动，能改装。不是很大的鞭子打在背上，中国自己是不肯动弹的。”（《坟·娜拉走后怎样》）

又如柏杨：“这个文化，自从孔丘先生之后，四千年间，没有一个思想家。所有认识字的人，都在那里注解孔丘的学说，或注解孔丘门徒的学说，自己没有独立的意见，因为我们的文化不允许这样做，所以只好在这潭死水中求生存。这个潭，这个死水，就是中华文化的酱缸，酱缸

发臭，使中国人变得丑陋。”（柏杨《丑陋的中国人》）

再如胡适：“明明是男盗女娼的社会，我们偏说是圣贤礼义之邦；明明是赃官污吏的社会，我们偏要歌功颂德；明明是不可救药的大病，我们偏说一点病都没有！却不知道：若要病好，须先认有病；若要政治好，须先认现今的政治实在不好；若要改良社会，须先知道现今的社会实在是男盗女娼的社会。”（《胡适文集·二》）

客观地说，以上种种观点或自尊，或自卑，或只看到优势，或纠结劣处，都有其出发点，却又都不全面。那么，我们应该持怎样的文化态度呢？

四、学习中华传统文化的态度

如何在未来的发展中尽可能地消解人与人之间、国家与国家之间、西方与东方之间，由于观念的不同而引起的纷争与冲突，让其共同发展，共建人类多元文化呢？中华传统文化中的“和而不同”原则可为人们提供很好的参考和借鉴。《国语·郑语》：“夫和实生物，同则不继。以他平他谓之和，故能丰长而物归之；若以同裨同，尽乃弃矣。故先王以土与金木水火杂，以成百物。”《论语·子路》：“君子和而不同，小人同而不和。”“和”与“同”不一样：承认差异性，有原则地统一的是“和”；不承认差异性，要求完全相同的是“同”。“和而不同”是典型的中国哲学智慧。“和而不同”的文化心态反映了一个国家、民族、时代的包容性和开放性，是文化发展和繁荣必不可少的保证，也是新的历史发展时期处理好各种文化关系的基本理论依据。

我们学习中华传统文化的态度：

其一，立足本土，感受中华传统文化的魅力，增强文化自信。“要认真汲取中华优秀传统文化的思想精华和道德精髓，大力弘扬以爱国主义为核心的民族精神和以改革创新为核心的时代精神……使中华优秀传统文化成为涵养社会主义核心价值观的重要源泉。”在这方面要反对两种倾向：一是反对不加思考的教条主义、照搬主义；二是抵制虚无主义，不能把中华传统文化看得一无是处。我们应该以科学的态度，坚持古为今用、推陈出新，有辨别、有扬弃地继承和发展中华传统文化。

其二，放眼世界，反思中华传统文化发展的得失，扬长避短。弘扬中华传统文化的优秀面，向世界传播当代中华传统文化的创新成果。如中华传统文化所强调的“讲仁爱、重民本、守诚信、崇正义、尚和合、求大同”的传统价值理念与当今的时代特征与国情相适应，是中华传统价值观在新时期、新形势下的创新性发展。

其三，关注当下，创造性地转换、创新性地发展，做一个有内涵、善思考、锐意创新的中国人。认真吸收借鉴世界文明和中华文明成果之精华，创造性地运用这些文明成果去解决世界性的问题，形成面向现代化、面向世界、面向未来的，民族的、科学的、大众的社会主义先进文化。

第一章 垂衣裳而天下治——中国传统服饰文化

中国传统服饰被誉为中国特色服饰的代表和国粹之一。它间接展现了我们国家各个时期人们的生活状况和科技发展情形，也是国人智慧、思维、血汗的结晶。历经数千年的发展，服饰既构成了一个民族的外部特征，也可以表达民族文化的丰富内涵。

在本章，我们先纵览中国传统服饰文化的发展历程，了解传统服饰完成了最初的遮盖、保暖等功能之后，在不断追求审美性和舒适性的同时，还伴随着昭名分、辨等威等文化意义，理解“衣随时变，美因世易”的规律。然后，本章将分别介绍传统服饰的三个主流款式——深衣、襦裙、补服，通过介绍这三个较有代表性的服制及其配饰的特点和发展，考察我国古代人民在自然观方面的天人合一、观天法地，在人文观方面的从一而终、发情止礼，在生命观方面的趋吉避凶、明分使群等思维方式和哲学理念。欣赏每一款服饰的形制、颜色、纹样等，就相当于管窥我国的古代科技史、美学发展史和思想文化史。

第一节 中国传统服饰史概说

我们每天穿着各式各样的衣服，居家的、工作的、运动的、聚会的……穿衣服已经成了司空见惯的事情。大家有没有想过，人为什么要穿衣服？远古时代的人们穿的衣服为什么和今天不一样？带着这些问题，我们开始本节的第一个内容——中国服饰发展的源头。

一、中国服饰发展的源头

1．茅草

在远古时代，人们穴居野处，日晒雨淋，虫兽侵袭，生存受到极大的考验。为了延续生命，人们用较容易得到的树叶和茅草遮体，防御风雨的侵袭，给自己以基本的保护。至今，穿着茅草的习惯在某些民族中仍有遗存，如土家族茅古斯舞的舞衣是用茅草联结而成的，保留了原始服装的特色。

● 土家族茅古斯舞的舞衣

2．兽皮

后来，树叶和茅草小而易烂，人们逐渐改用猎获的兽皮包裹身体，御寒保暖。兽皮的穿着方式是最简单的披挂，正所谓“衣毛而冒皮”。

● 衣毛而冒皮

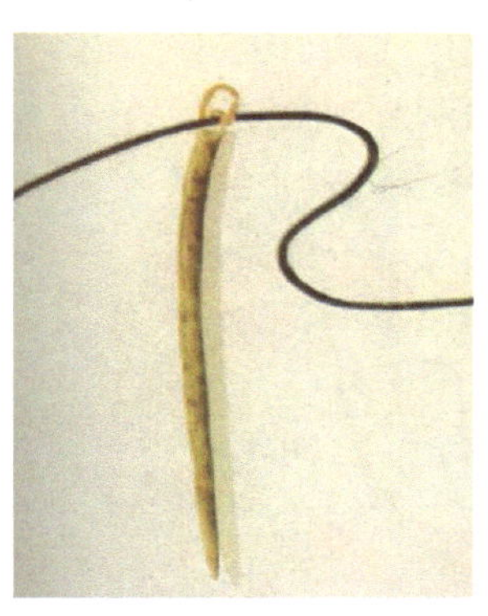

● 用于缝制兽皮的骨针、骨锥、骨网坠

在这一时期，人类最早的护体材料是自然物。保暖、护生是人类服饰产生的主要动因。后来人类发明了骨针、骨锥等工具，开始了对兽皮的初步缝制，从而使披挂物能够逐渐适合身体的形状。美饰与遮羞的想法也是在保暖、护生想法之后出现的。

3．天然纤维

因兽皮来源有限，而一般的树皮、树叶性脆易烂，所以韧性较好的纤维就开始被利用，这就扩大了人类服饰材料的来源。麻类纤维、羊毛、蚕丝等成为主要衣料。在新石器时代（约 10000 — 4000 年前）人们开始养蚕以获取蚕丝，并能织出较为精美的丝织物。传说“嫘祖养蚕治丝以供衣”。

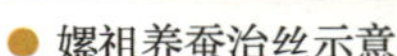

● 嫘祖养蚕治丝示意

● 丝的记录

● 出土的纺轮、纺锤和纺坠

在新石器时代晚期，中国人就已经掌握了治麻的先进技术，人们开始编织麻绳，并用粗糙的麻绳制成衣物，披着兽皮的日子渐渐远去。到公元前 3000 年，人们开始驯羊，并用羊毛来制作衣服。

而后，在新石器时代后期，随着农业的发展和手工技艺的提高，人类又逐步创造出纺轮、纺锤和纺坠等纺织工具。

纺织品出现以后，人类又学会使用天然染料染色。我国是最早使用天然染料染色的国家，早在黄帝时期，人们就能够利用植物的汁液来染色。多部古籍文献中记录了色彩的名称，如《诗经》中就有“采菉”“采蓝”的记载。菉和蓝的本义都是草的名字，因性喜潮湿，它们大都生长在水边。当人们穿着素色的衣服到河边汲水，被蓝草的汁液碰到而又无法洗去时，染色就为人们所认识。蓝草染出的色相叫作“青”色，因而后来有“青出于蓝”的说法。

二、各个朝代主要的服饰形制

1．商周时期

从商朝到西周，是中国奴隶社会的兴盛时期，也是区分等级的上衣下裳形制和冠服制度以及服章制度逐步建立的时期。商朝的衣料主要是皮、革、丝、麻，其中丝、麻织物占重要地位。商朝人亦能织造极薄的绸子和提花几何纹的锦、绮。奴隶主和贵族平时已穿色彩华美的丝绸衣服。

从安阳殷墟妇好墓出土的玉雕人像得知，商朝衣着为上衣下裳制，上穿交领窄袖式短衣，衣上布满花纹。腰束宽带，腹前垂一兽头纹样的蔽膝，下着裙裳。蔽膝是权威的标识，是身份的象征，历代相传。妇好，商王

● 上衣下裳

戴卷筒式冠巾、穿华丽服装的贵族（河南安阳殷墟妇好墓出土的玉雕人像）

窄袖织纹衣、蔽膝展示图

深衣

穿胡服的人

交领直裾式深衣

交领曲裾式深衣

戴冕冠、穿冕服的皇帝及戴笼冠、穿礼服的侍臣（阎立本《历代帝王图》局部）

武丁“诸妇”之一，生前能征善战，地位极为显赫，死后庙号封为“辛”。

上衣在商朝通常为窄袖短身，周朝出现长大宽博样式。下裳（cháng）即裙，下遮开裆裤。衣裳以宽带束腰。古代的下裳与今天女子所穿的裙子有所不同，它有点像后世的围裙。当然，在裳的里面仍穿有裤子。这种裤子无裤裆，也无裤腰，只有两个用带子系在腰间的裤管，下体主要依靠裳来遮掩。

2. 春秋战国时期

春秋战国时期，“百家争鸣”的氛围推动了文化学术的发展，亦促进了精美服饰的流行。这一时期，上层人士的宽博，下层民众的窄小，已趋迥然。在款式上，值得注意的有两种：一是深衣，二是胡服。

深衣因“被体深邃”而得名，一般认为其形成于春秋战国之交。深衣的衣缘形式主要有两种：一为交领直裾式，一为交领曲裾式。孔子曰：“微管仲，吾其被发左衽矣。”（《论语·宪问》）左衽为异族或死者所穿衣物的样式。

公元前 307 年，赵武灵王颁胡服令，推行胡服骑射。胡服与中原地区宽衣博带的服装有较大差异，特征是衣长齐膝，袖子很小；腰间束有附带钩的皮带，可松可紧；脚上穿短统皮靴。

3. 秦汉时期

汉朝冠服在因袭旧制的基础上，发展为区别等级的基本标识。冕冠，是古代帝王臣僚的冕服。长冠，形如鹊尾，故俗称“鹊尾冠”，是楚国旧有形式。如屈原的形象是“峨冠博带，长剑陆离”。长冠在西汉时定为公乘以上官员的祭服。漆纱冠，多为武士所戴，此后到南北朝流行共 600 余年，基本制度延续到明朝不废。一般男子平时冠巾约发且不裹额，或只是束发加笄。至东汉，矮筒状平巾帻，不分贵贱，一律使用；平巾帻上加梁的梁冠，以及平巾帻

上加漆纱冠，也成为定制。

自秦汉开始，春秋战国时期的佩饰得到发展，产生佩挂组绶的礼俗。“绶”是官印上的绦带，所以又称“印绶”。印绶由朝廷统一发放，为汉朝官员权力的象征。汉朝制度规定：官员平时在外，须将官印封装在腰间的鞶囊里，并将绶带垂于外。皇帝和各级官员所挂的佩绶，在颜色、长短及织法上有明显的区别。这一做法，叫作“印绶制度”。

西汉的男女服装，沿袭深衣形式。外衣里面都有中衣及内衣，每层领子必露于外，时称“三重衣”。

上襦下裙的女服样式，早在战国时期已经出现。到了汉朝，由于深衣的普遍流行，虽然穿这种服式的妇女不多，但是其对后世的影响却十分深远，成了汉服的另一主要款式。

4．魏晋南北朝时期

这一时期，政权更迭，少数民族入主中原，带来了北方民族的服饰元素。反之，中原汉族的服饰对少数民族也有一定影响。比如，北魏孝文帝改制，“群臣皆服汉魏衣冠”。“民族大融合”是这一时期服饰的最大特点。

玄学、道教和佛教在魏晋时期广泛流行，互相影响，成为一时的风气。魏晋文人士大夫阶层在这种时代思潮的影响下，崇尚虚无，不拘礼法，更有甚者放浪不羁，追求仙风道骨，在服饰上就表现为喜好穿宽松的衫子，袒胸露怀，无拘无束，以宽衫大袖、褒衣博带为尚。

（1）杂裾垂髾的女服

魏晋南北朝时期，传统的深衣制已不被男子采用，但仍有妇女穿着。这种服装与汉朝相比，已有较大的差异。比较典型的，是在服装上饰以“纤髾”。

所谓“纤”，是指一种固定在衣服下摆部位的饰物，通常以丝织物制成。其特

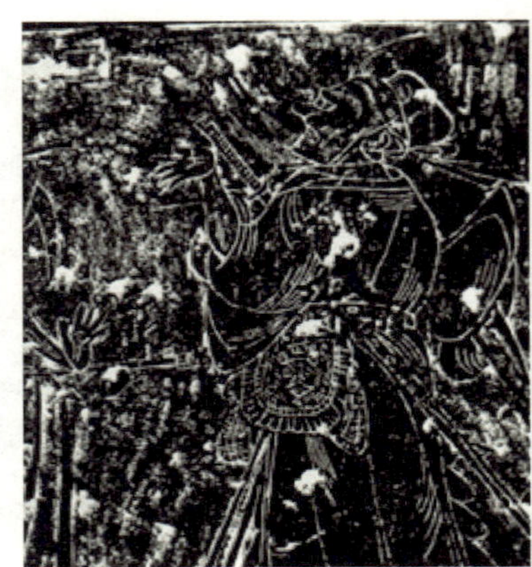
山东沂南汉墓出土画像石

三重衣及穿着效果

汉朝妇女襦裙图（参考甘肃武威磨咀子汉墓及湖南长沙马王堆汉墓出土实物复原绘制）

魏晋贵族男子服饰（顾恺之《列女传图》局部）

戴巾子、穿宽衫的士人（孙位《高逸图》局部）

点是上宽下尖，形如三角，并层层相叠。所谓“髾”，是指从围裳中伸出来的飘带。由于飘带拖得比较长，走起路来，如燕飞舞。

襦裙方面，裙腰日高，上衣日短，衣袖日窄；后来又走向另一极端——衣袖加阔到二三尺。随着佛教的兴起，莲花、忍冬等纹饰大量出现在服装上。女裙讲究材质、色泽，花纹鲜艳华丽，素白无花的裙子也受到欢迎。

（2）袍服

袍服是北方少数民族的特色服装，其特点是上衣长大，一般长过膝盖或盖住脚背。衣领有交领、圆领之分。衣袖不长，均为窄袖。魏晋之际袍服传入我国南方，逐渐成为时尚服装。如甘肃嘉峪关出土的砖画上绘有袍服。

（3）袴褶

袴褶实际上是一种上衣下裤的组合，它的基本款式是上身为大袖衣，下身为肥腿裤。袴褶原来是北方游牧民族的传统服装，到了南北朝时期，这种服装开始在汉族地区广为流行，裤口也越来越大。为了行动方便，人们用锦带在膝盖处系扎，使之形成皱褶，称为“缚裤”。后来，衣袖和裤口愈加宽大，时称“广袖褶衣”“大口裤”，一时之间成为南北朝时期盛行的服饰。

5．隋唐时期

隋朝于公元589年重新统一中国，秦汉时期的服饰制度得到了逐渐恢复。隋朝将“日月、星辰”等纹饰放回到皇帝的冕服上，从此“肩挑日月，背负星辰”成为后世历代帝王冕服的基本形式。公元618

● 杂裾垂髾女服展示图（根据传世帛画及壁画复原绘制）

● 穿杂裾垂髾服的妇女（顾恺之《列女传图》局部）

● 小袖长裙簪钗女婢和大袖长裙高髻贵妇（顾恺之《女史箴图》局部）

● 陕西西安草厂坡北魏墓出土的梳十字大髻，上穿窄袖上襦，下穿双色相间彩条裙的彩绘女俑

● 戴巾帻、穿袍服的信使

● 穿袍服的采桑妇女

● 穿袍服的农夫及农妇

● 戴毡帽、穿袍服的猎人

● 袴褶展示图

● 穿袴褶的男子和女子（北朝陶俑传世实物）

● 唐朝文官大袖礼服展示图（根据出土陶俑及壁画复原绘制）

年，唐朝建立，它国力强盛、疆域广大、政令统一，对外交流十分频繁，文化艺术空前繁荣，服饰文化因此呈现出自信开放、雍容华贵、百美竞呈的局面。

（1）圆领袍衫

隋唐时期的官吏，一般头戴乌纱幞头，身穿圆领窄袖袍衫，腰系红鞓带，足登乌皮六合靴。从帝王到官吏，官服样式几乎相同，差别只在于材料、颜色和皮带的装饰。

● 戴乌纱幞头、穿圆领窄袖袍衫的帝王及官吏（阎立本《步辇图》局部）

● 唐朝圆领袍衫及乌纱幞头图

动动脑

你们能看出右侧这幅图中哪几位是唐朝的官员吗？

● 陕西乾县李贤墓壁画《礼宾图》

（2）大袖礼服

唐朝官吏除穿圆领窄袖袍衫外，在一些重要场合，如祭祀典礼时，仍穿礼服。礼服的样式多承袭隋朝旧制：头戴介帻或笼冠，身穿对襟大袖衫，下佩围裳，玉佩组绶一应俱全。

（3）半臂

半臂有对襟、套头、翻领或无领式样，袖长齐肘，身长及腰，以小带子当胸结住。因领口宽大，穿时袒露上胸。

（4）披帛

隋唐时期还流行长巾子，长巾子一端固定在半臂的胸带上，再披搭于肩上，旋绕于手臂间，名曰“披帛”。披帛多以丝绸裁制，上面印画纹样，花色和披戴方式很多。披帛会随着女子的行动而飘舞，非常优美。

在隋朝和初唐时期，妇女的短襦都是小袖，下着曳地长裙，裙腰高系，一般都在腰部以上，有的甚至系在腋下并以丝带系扎，给人一种俏丽修长的感觉。

（5）幞头袍衫

幞头袍衫是唐朝男子的主要装束，至天宝年间，妇女也开始模仿穿着。幞头袍衫先是流行于宫掖，多为宫女所穿着，后来传入民间，成为普通妇女所喜爱的服饰。女装男性化是唐朝社会开放的表现之一，妇女穿着男装在当时成为一种时尚。

（6）大袖衫

大袖衫是盛唐时期的女装，其衣袖往往宽于4尺（约1.3米），所以被称为“大袖衫”。大袖衫一般用轻薄透明的纱料制成，上面还有精美的图案。女子穿上它，能显露出

● 高髻戴花冠金步摇、穿披帛长裙薄纱的贵族妇女（周昉《簪花仕女图》局部）

● 隋唐襦裙、半臂展示图

● 高髻，穿锦半臂、柿蒂长裙妇女（西安三彩釉陶俑）

● 敦煌莫高窟375窟中的初唐女供养人，着高腰宽摆长裙，肩披披帛

● 高髻，穿半臂、长裙、披帛的贵族妇女

华贵而飘逸的气质。

（7）胡服

唐朝的胡服，实际上是指西域地区少数民族的服饰和印度、波斯等外国的服饰。比较常见的胡服形式是翻领窄袖袍、条纹小口裤、透空软锦靴和锦绣浑脱帽，有的还佩有蹀躞带。蹀躞带是革带上用来挂物的小带子。

（8）回鹘装

回鹘是中国西北地区的少数民族，回鹘女子的服装对唐朝汉族女子的服装影响较大。回鹘女装的基本款是连衣长裙，翻领、窄袖，衣身比较宽松，下长曳地，腰际束带。一般在翻领和袖口上有凤衔折枝花的纹饰。颜色以暖色调为主，尤喜用红色。材料大多用质地厚实的织锦，领、袖均镶有较宽阔的织金锦花边。女子在穿这种服装时要梳椎状的回鹘髻，上饰珠玉，簪钗双插，戴金凤冠，穿笏头履。

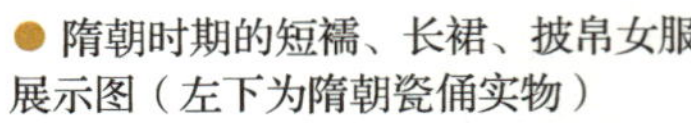

● 隋朝时期的短襦、长裙、披帛女服展示图（左下为隋朝瓷俑实物）

● 戴胡帽、佩蹀躞带的侍女（永泰公主墓石刻线画）

● 穿襦裙或袍衫的贵妇及侍女（张萱《虢国夫人游春图》局部）

● 《都督夫人礼佛图》（临摹作品　敦煌莫高窟 130 窟）

● 梳髻、穿翻领胡服的妇女彩绘陶俑（故宫博物院藏）

● 蹀躞带展示图

● 梳回鹘髻、戴金凤冠、穿回鹘装的晚唐贵妇（甘肃安西榆林窟壁画　张大千临摹）

● 戴束发冠、穿对襟衫的皇帝与戴幞头的官吏（赵佶《听琴图》局部）

● 东坡巾苏轼常服像

● 穿褙子、梳云髻的妇女（刘宗古《瑶台步月图》局部）

● 直脚幞头、大袖襕袍及玉带展示图

● 着直脚幞头、圆领黄袍、红带、皂靴的宋太祖像（南薰殿旧藏）

● 绛纱袍、蔽膝、方心曲领展示图（左图为通天冠、黑舄）

● 戴通天冠、穿绛纱袍、佩方心曲领的皇帝

6．宋朝

多姿多彩的唐朝没落后，取而代之的是充满理性光辉的宋朝。“偃武修文”的基本国策，使程朱理学逐步居于统治地位。在这种思想的支配下，人们的美学观念也相应发生变化，服饰开始崇尚俭朴，重视沿袭传统，朴素和理性成为宋朝服饰的主要特征。

（1）官服

其服式近似于晚唐的大袖长袍，但首服（冠帽等）已是平翅乌纱帽，名直脚幞头，君臣通服，成为定制。

宋朝官服沿袭唐朝章服的佩鱼制度，有资格穿紫、绯服的官员都须在腰间佩挂“鱼袋”，袋内装有用金、银、铜制成的“鱼”，以区别官品。“方心曲领”也是官服的特征，即官服项间套一上圆下方的饰物。

（2）便服

宋朝便服主要是小袖圆领衫和帽带下垂的软翅幞头，样式依然沿袭唐式，脚下改穿便于平时起居的便鞋。

（3）袆衣

皇后在受册封、朝会等重大的礼仪场合穿袆衣。袆衣是上衣下裳连成一体的连体式服装，用以象征女子在感情上的专一。与之相配套的是华美的九龙四凤冠，其上有大小花枝各12枝，且冠的左右各有两个

● 宋朝皇后袆衣穿戴图（戴龙凤珠翠冠、穿袆衣的皇后）

● 对襟大袖衫、长裙、披帛展示图

● 穿右衽交领小袖上襦，长裙系于腰部以上，带披帛、玉环绶的贵妇及穿袍服的侍女（王诜《半闲秋兴图》局部）

● 褙子平面图

● 晋祠圣母殿北宋彩塑侍女立像，梳盘髻，穿衫裙、褙子

叶状饰物，称为博鬓或掩鬓。

（4）贵族礼服

宋朝大袖衫、长裙、披帛是晚唐五代遗留下来的服式，在北宋年间依然流行，多为贵族妇女所穿着的一种礼服，普通妇女不能穿着。

（5）襦裙搭配玉环绶

宋朝襦裙的样式和唐朝大体相同。裙身的装饰并不复杂，除披帛以外，只在腰间正中部位佩的飘带上增加一个玉制圆环饰物——玉环绶。它的作用主要是压住裙幅，使其在走路或活动时不至于随风飘舞而影响美观。这种结环加玉佩的样式，一直延续到明清。

（6）襦裙搭配褙子

宋朝流行一种叫褙子的外衣。宋朝的褙子是长袖，腋下开衩，衣服前后襟不缝合，在腋下和背后缀有带子。褙子模仿古代中单（内衣）交带的形式，表示“好古存旧”。

7．辽金

辽朝服装以长袍为主，男女皆然，上下同制。服装的特征主要是左衽、圆领、窄袖。袍上有疙瘩式纽襻，袍带于胸前系结，然后下垂至膝。长袍的颜色比较灰暗，有灰绿、灰蓝、赭黄、黑绿等几种，纹样也比较朴素。贵族阶层的长袍大多比较精致，通体平绣花纹。

当时北方民族的男子一般髡发，即剃去顶发，余发散披或结辫下垂于耳旁。有身份或交纳了大量驼马财物的男子，才可拢发裹巾。

辽金政权考虑到与汉族杂处共存的现实，都曾设“南官”制度，以汉族人治境内汉族人，对汉族官员施行唐宋官服制度。辽朝以丝绸官服上的山水鸟兽刺绣纹样区分官品，对明清官服的等级标识亦有影响。金朝则以官服上的花朵纹样大小定尊卑，品级最低的官员用无纹或小菱纹的芝麻罗，“芝麻官”这一俗语由此而来。

圆领袍展示图

左衽窄袖袍展示图

髡发、穿圆领袍、佩豹皮箭囊的骑士（胡瓌《卓歇图》局部）

戴幞头、穿袍服的汉族男子及梳髻、穿襦裙的汉族妇女（河北辽墓出土壁画）

圆领窄袖袍展示图

左衽窄袖长裙展示图

金朝服饰有一重要特征，即多用环境色，人们穿着与周围环境颜色相同的服装。这与女真族的生活习惯有关。女真族属于游牧民族，以狩猎为生，服装颜色与环境接近，可以起到保护的作用。

金朝的装饰图案喜用禽兽，尤喜用鹿。除了鹿的外形较为优美，便于用作装饰外，还有一个原因，即鹿与汉字的“禄”同音，寓有吉祥之义。明清时期，鹿的图案虽然没有用于官员补服，但在民间仍较为常用，比较多见的是将它与“福”字和“寿”字搭配在一起，名谓“福、禄、寿”。

8．元朝

元朝服装也以长袍为主，其样式较辽制更大。男子公服多从汉俗，燕居穿“辫线袄”；内廷大宴时，上下都穿织金织物——“纳石矢”制成的质孙服。元朝汉族男子的巾帽，公服多用幞头，平民百姓多用巾裹。

蒙古族男子则戴一种用藤篾做的“瓦楞帽”，或戴棕帽及笠帽。蒙古族人辫发的主要特点是，左右两侧的头发编成辫子，结环下垂至肩。

蒙古族妇女的服饰亦以袍服为主，多左衽，袖口较为紧窄；下体则穿裤，无腰无裆。贵族妇女戴“顾姑冠”，又称“姑姑冠”。汉族妇女仍穿襦裙或褙子，

戴幞头、穿圆领袍的官吏（山西洪洞广胜寺壁画）

● 戴宽檐钹笠，脑后垂辫环，穿窄袖长袍、比肩、靴的行香贵族男子，以及戴顾姑冠，穿红色窄袖宽袍的贵族妇女（甘肃元朝壁画）

● 扎巾、穿襦裙或褙子的妇女及扎巾、穿袍衫的男子（山西永乐宫纯阳殿壁画）

多梳发髻，很少戴冠。受蒙古族服饰的影响，男女服装的样式也有所变化，有时也用左衽，女服的色彩也比较灰暗。

（1）织金锦袍

元朝服装大量用金，用金量超过历代。织物加金早在秦朝以前就已出现，至于在汉族服饰上得到运用，大约是在东汉，而且主要在宫廷中。直到魏晋南北朝以后，服饰织金的风气才在全国范围内普及。宋朝贵族服饰大量用金，在技术上已发展到十八种之多。辽、金统治地区织金技术也有很大进步，尤以回鹘族地区最为流行，所织衣料最为精美。继辽、金之后，元朝在织物上用金更胜于前朝。

（2）贵族便服

元朝贵族袭汉族制度，在服装上广织龙纹。龙的图案是汉族人民创造的，它代表着华夏民族的文化。晚唐五代以后，北方少数民族相继建立政权，都无一例外地沿用了这一图案。到了元朝这一现象更加突出，除服饰大量用龙纹外，在其他生活器具上也广泛使用龙纹。

（3）辫线袄

辫线袄的样式为圆领、紧袖、下摆宽大、有折褶，在腰部缝有辫线制成的宽阔

● 交领织金锦袍展示图

● 戴顾姑冠、穿交领织金锦袍的皇后

围腰，有的还钉有纽扣，俗称“辫线袄子”或“腰线袄子”。

辫线袄产生于金朝，至于大规模使用则在元朝，最初可能是身份低微的侍从和仪卫的服饰，后来穿辫线袄已不限于侍从和仪卫，尤其是在元朝后期辫线袄广为流行。此款服装在明朝被称为“曳撒”，是人们出外骑乘时常穿的服装。

● 缎靴、窄袖织龙纹锦袍、云肩、瓦楞帽展示图

● 四方瓦楞帽、辫线袄、皮靴展示图

● 戴瓦楞帽、穿辫线袄的男子（河南金墓出土的陶俑）

9．明朝

明朝建立后，非常重视整顿和恢复礼制，废弃了元朝的服制，并根据汉族人民的习俗，重新规定服饰制度，“悉命复衣冠如唐制”。明朝注重推广植棉，使棉布得到普及，普通百姓的衣着也得到了改善。

（1）补服

明朝建国二十五年以后，朝廷对官吏常服作了新的规定：凡文武官员，不论级别，都必须在袍服的胸前和后背缀一方补子，文官用飞禽，武官用走兽，以示区别。这是明朝官服中最有特色的装束。

（2）袍衫

明朝男子的便服多为袍衫，其制为大襟、右衽、宽袖，下长过膝。贵族男子的便服以绸缎为主要面料，上绘有纹样，也有用织锦缎制作的。袍衫上的纹样多寓有吉祥之意，比较常见的是在团云和蝙蝠中间嵌一团型“寿”字，意为“五蝠捧寿”。这种形式的图案在明末清初特别流行，不仅在服装上使用，在其他器皿及建筑装饰上也大量使用。

（3）宝相花

宝相花是一种抽象的装饰图案，通常以莲花、忍冬或牡丹花为基本形象，经变形、夸张，并穿插一些枝叶和花苞，组成一种既工整端庄，又活泼奔放的装饰图案。这种服饰纹样在

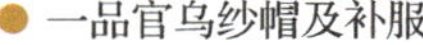

● 一品官乌纱帽及补服

● 戴乌纱帽、身穿盘补服的官吏

五蝠捧寿纹大襟袍展示图（左下为戴四方平定巾、穿大襟袍的男子）

缠枝宝相花纹织锦袍展示图，面料是织“宝相花”纹样的织金锦

信期绣及纹样

当时深受欢迎。从唐朝开始，宝相花被大量用于服饰，成为广大人民喜爱的艺术图案。到了明朝，宝相花还一度成为帝王后妃的专用图案，与蟒龙图案一样，禁止民间使用。但不久就解除禁律，宝相花便运用于各种服饰上。

不仅官服，民间服饰也常以各种含有吉祥寓意的图案进行装点，希望可以带来好运。下面列举两种常见的宝相花纹样。

① 信期绣：汉朝纹样，由流云、卷枝花草与长尾回首的燕鸟组成，寓意“似燕归来”。

② 忍冬纹：东汉末期开始出现，南北朝时最为流行，因忍冬越冬而不死，有“延年益寿”的吉祥之意。

（4）女装

明朝妇女的服装，主要有衫、袄、霞帔、褙子、比甲及裙子等。衣服的基本样式大多仿自唐宋，一般为右衽，恢复了汉族的习俗。其中，霞帔、褙子、比甲为对襟，左右两侧开衩。

命妇所穿的服装都有严格的规定，大体分为礼服及常服。皇后常服为龙凤珠翠冠，红色大袖衣，衣上加霞帔，红罗长裙、红褙子，首服特髻上加龙凤饰，衣绣有织金龙凤纹。

① 襦裙

襦裙在明朝妇女服饰中仍占一定比例。上襦为交领、长袖短衣。裙子的颜色，初尚浅淡，虽有纹饰，但并不明显。至崇祯初年，裙子多为素白，即使刺绣纹样，也仅在裙幅

忍冬

忍冬纹

下边一二寸处缀以一条花边，作为压脚。裙幅初为六幅，即所谓“裙拖六幅湘江水”；后为八幅，腰间有很多细褶，行动时如水纹一般。到了明末，裙子的装饰日益讲究，裙幅也增至十幅，腰间的褶裥越来越密，每褶都有一种颜色，微风吹来，色如月华，故称“月华裙”。

腰带上往往挂一根以丝带编成的“宫绦”。宫绦的具体形象及使用方法是，一般在中间打几个环结，然后下垂至地，有的还在中间串上一块玉佩，借以压裙幅，使其不至散开而影响美观，其作用与宋朝的玉环绶相似。

② 褙子

明朝褙子依据袖子的宽窄，可以有宽袖褙子、窄袖褙子；依据季节，则可以有单褙子、厚褙子；依据长短，还可以有长褙子、短褙子、半身褙子和全身褙子等。依据不同需求，褙子的样式灵活变化。

③ 比甲

比甲是一种无袖、无领的对襟马甲，较后来的马甲要长。比甲据说产生于元朝，初为皇帝所服，后才普及于民间，转而成为一般妇女的服饰。根据资料，元朝妇女着比甲的不多，直到明朝中叶才形成风气，且多为青年妇女所穿。

● 盛妆、穿礼服的妇女（《燕子笺》插图）

● 穿褙子的妇女（《月亭记》插图）

● 穿襦裙的妇女（《荆钗记》插图）

● 红色大袖衣展示图

● 戴凤冠、穿霞帔的明朝皇后

● 月华裙展示图

● 穿襦裙及月华裙的侍女（费晓楼《仕女精品》）

● 襦裙展示图

● 簪珠翠的贵妇及挂玉佩的侍女（陈洪绶《夔龙补衮图》）

④ 水田衣

明朝水田衣是一般妇女的服饰。这是一种以各色零碎锦料拼合缝制成的服装，形似僧人所穿的袈裟，因整件服装的织料色彩互相交错形如水田而得名。据说在唐朝就有人用这种方法拼制衣服，王维诗中就有“裁衣学水田”的描述。水田衣的制作，在开始时还比较注意匀称，各种锦缎料都事先裁成长方形，然后再有规律地编排缝制成衣；后来就不再那样拘泥，织锦料子大小不一、参差不齐，形状也各不相同。水田衣与戏台上的“百衲衣”（又称“富贵衣”）十分相似。

10. 清朝

清朝是由满族人建立的王朝，清军入关后，强迫汉人剃发，改穿清装，后妥协为男子必须剃发改装，而女子仍可以穿着汉服。满族男子的礼服规定很复杂，男子的礼冠状似斗笠，顶端缀有宝石，宝石的颜色和品种可以用来区分官阶。

男子的服装有袍、褂、袄、衫、裤等。袍是主要的礼服，长袍多开衩，官吏开双衩，皇族开四衩。其袖口装有箭袖，便于骑马射箭，因其形似马蹄故称马蹄袖。不开衩之袍称“裹圆”，为百姓之服。

清朝补服的特点是前后开衩，当胸钉石青补子一方。其中，王族中的亲王、郡王、贝勒、贝子用圆补，镇国公以下王族及文武官员用方补。补子的鸟兽纹样和等级顺序与明朝大同小异。

（1）马褂

马褂是穿在长袍外面的短褂子，长度只到腰际。长袍马褂为清朝满族男子最常穿的服饰之一，与之搭配的是布靴和瓜皮帽。马褂本是北方人在骑马时穿的，满族人统一中国后，不骑马的人也穿起马褂，马褂渐渐流行起来。男子平日所戴的便帽就是瓜皮帽，颜色为外面黑，里面红。

（2）官帽

清朝官帽与前朝截然不同，凡军士、差役以上的军政人员都戴形似斗笠的纬

● 窄袖褙子展示图

● 上穿窄袖褙子，下着长裙的贵妇及侍女（唐寅《簪花仕女图》局部）

● 比甲展示图

● 穿比甲的妇女（《燕寝怡情》图册局部）

● 明朝妇女穿水田衣（选自周汛、高春明《中国历代妇女妆饰》）

● 百衲衣展示图

● 左图，梳旗髻的满族妇女（《贞妃常服像》）；中图，披云肩的清朝妇女（禹之鼎《女乐图·乔元之三好图》局部　南京博物馆藏）；右图，穿吉服袍外罩补褂的官员们（郎世宁等《万树园赐宴图》局部）

● 清乾隆皇帝冬朝服（故宫博物院藏）

● 清乾隆皇帝慧贤皇贵妃冬朝服像（故宫博物院藏）

● 亲王团龙补子

● 穿补服的官吏（《关天培写真像》）

● 穿长袍马褂的男子

● 戴瓜皮帽的男子

帽。官帽按冬夏季节有暖帽、凉帽之分，视品级高低还会安上不同颜色、质料的“顶子”。帽后拖一束孔雀翎，称“花翎”，高级的翎上有“眼”（羽毛上的圆斑），并有单眼、双眼、三眼之别，眼多者为贵，只有亲王或功勋卓著的大臣才被赏戴。

（3）女装

清朝各时期汉族、满族女装发展情况不一。汉族妇女在康熙、雍正时期还保留明朝的穿着样式，时兴小袖衣和长裙；乾

● 暖帽

● 凉帽

● 顶子

● 孔雀翎

清朝汉族妇女着袍衫坎肩形象（天津杨柳青木版年画）

云肩传世实物

梳旗髻，穿旗袍、旗鞋的女子（出自吴友如《海上百艳图》）

隆以后，衣服渐肥渐短，袖口日宽，再加云肩，花样翻新无所底止。到晚清时，都市妇女已去裙着裤，衣上镶花边、滚牙子，一衣之贵大都体现在这上面。

满族妇女着“旗装”，梳旗髻（俗称“两把头”），穿“花盆底”旗鞋。至于后世流传的旗袍，长期主要用于宫廷和王室。清朝后期，旗袍也为汉族中的贵族妇女所仿用。

动动脑

猜猜下列花纹的寓意。

第二节 从头开始——首服

在中国古代，首服主要有簪、搔头、钗、步摇、笄、华胜等。

1. 簪

簪，是指古人用来绾定女子的发髻或固定男子的冠的长针，也用于把帽子别在头发上，或是作为象征某种身份的配饰。无论簪头如何复杂，簪腿都只有一根。簪，既是一种广泛使用的固发装饰，也是某种身份的象征。如“簪缨世家”中的“簪缨”，表示显赫之家的达官贵人。如果取下簪也就意味着失去了某种身份，或自谦不再符合这样的身份，如“脱簪待罪”。再如：“白头搔更短，浑欲不胜簪。”（杜甫《春望》）这里的“簪”是一种固定头发的发饰。“一戴朝簪已十年，半居谪宦半荣迁。”（王禹偁《朝簪》）“空馀老宾客，身上愧簪缨。”（杜甫《八哀诗·赠左仆射郑国公严公武》）这两句诗中的“簪”都是表示朝臣的身份。

● 簪

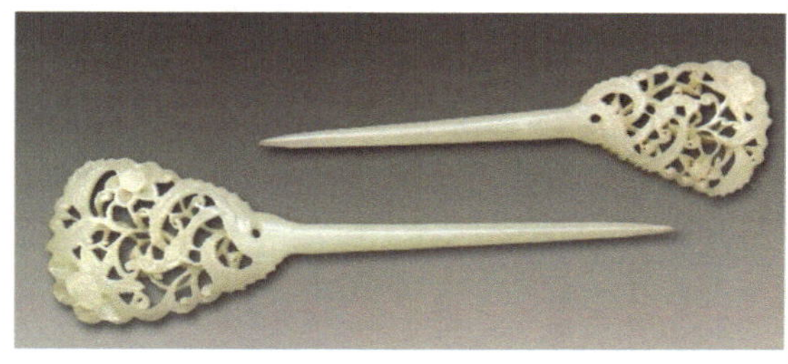

● 搔头

● 钗

2．搔头

搔头，簪的别称。“汉武帝过李夫人，就取玉簪搔头。自此后宫人搔头皆用玉，玉价倍贵焉。”（《西京杂记》卷二）渐渐地，玉搔头作为佳人发饰就在民间流传开来。后来，在文人墨客的辞章里，玉搔头也成为佳人的代称。如元好问的《古乌夜啼 玉簪》：“花中闲远风流。一枝秋。只枉十分清瘦不禁愁。人欲去。花无语。更迟留。记得玉人遗下玉搔头。”这里的“玉搔头”指的是玉制的簪。宋张元干《菩萨蛮·戏呈周介卿》：“醉倚玉搔头，几曾知旅愁。”词中的“玉搔头”代指美丽的姑娘。

3．钗

钗是由两股簪合成的，包括金钗、玉钗、宝钗等。钗头的装饰通常较大。以皇家来说，装饰有凤凰的凤钗、装饰有大颗珍珠的珠钗都是身份与地位的象征。钗与簪最大的区别是钗由两股簪棍组成，材质以华丽的金属为主，较少见骨制及木质的钗。钗一方面是一种华美的发饰，另一方面也较多地作为寄情信物，在某些语境下也借指女性。如白居易《长恨歌》：“钗留一股合一扇，钗擘黄金合分钿。但教心似金钿坚，天上人间会相见。”诗中的“钗”既是贵重的发饰，也是寄情信物。而“金陵十二钗”中的“钗”则指代的是女性。

4．步摇

步摇是汉族女子的传统首饰，材质包括金、银、玉、石等。女子戴上步摇之后，行步则动摇，故名步摇。

步摇来源于汉朝礼制首饰，那时有很多带有悬垂装饰物的帽子，如汉武帝的冕。步摇在汉朝主要是贵族身份的象征，汉朝之后，步摇才逐渐由宫廷传到民间，即使在民间也是非富贵人家而不戴步摇的。步摇的材质以金最多，通常为金镶玉加宝石。步摇上大大的簪头，由金制牡丹或菊花等寓意好的花卉镶嵌着玉或宝石组成，下面垂着长流苏，随着女子走动一步一摇，婀娜多姿。六朝而下，花式愈繁，或伏成鸟兽花枝等，晶莹辉耀，玲珑有致，与钗钿相混杂，簪于发上。在贵族妇女中，还流行过把步摇加在冠上的步摇冠，戴在头上较之步摇更有富贵豪华之感。步摇一般形式为凤凰、蝴蝶等带有翅膀类的动物或昆虫，或垂有旒苏或坠子，走路时，金饰会随之而动，栩栩如生。如“采玉采玉须水碧，琢作步摇徒好色。”（李贺《老夫采玉歌》）“云鬓花颜金步摇，芙蓉帐暖度春宵。”（白居易《长恨歌》）这些语境中的步摇多指为女性增添灵动、活泼姿彩的饰品。

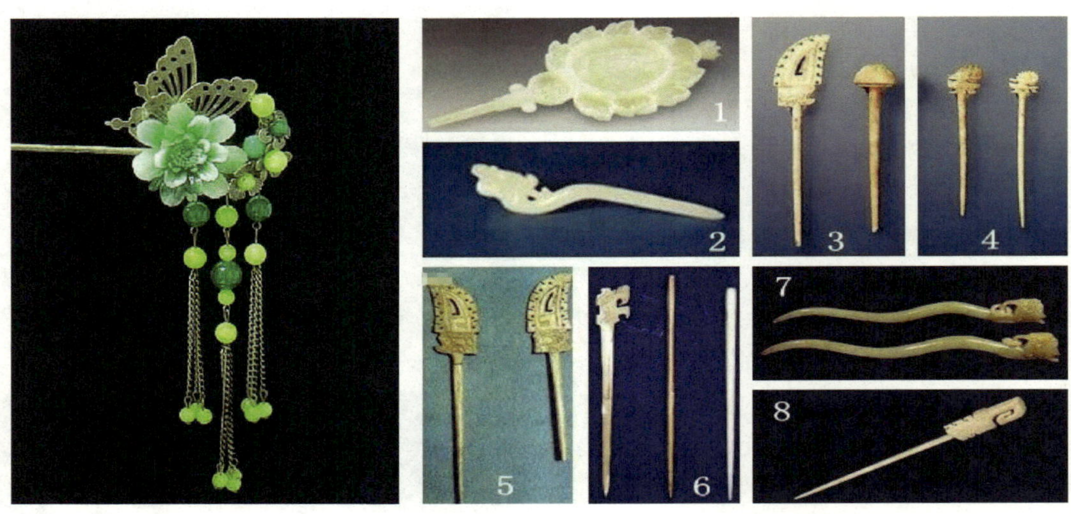

● 步摇

● 1、2 白玉笄，3、4 骨笄，5 青铜笄，6 商笄，7 龙首形笄，8 人首形笄

5．笄

笄在古代有着特殊的意义。女子十五岁，称及笄。从及笄的那一天开始，女子可以盘发插笄，意为成年。按照古人的规矩，女子及笄之后可以嫁人。“女子许嫁，笄而醴之，称字。”（《仪礼・士昏礼》）郑玄注：“笄，女子礼，犹冠男也。”许嫁的女子，需行过成人礼，名字里也正式称字。

6．华胜

华胜，即花胜，古代妇女的一种花形首饰，通常制成花草的形状插于髻上或缀于额前。《释名・释首饰》云：“华胜，华，象草木之华也；胜，言人形容正等，一人著之则胜，蔽发前为饰也。”《汉书・司马相如传下》：“矐然白首戴胜而穴处兮。”唐颜师古注：“胜，妇人之首饰也，汉朝谓之华胜。”华胜并不是年轻女子的专属，而是男女老幼皆宜。苏轼《和子由除夜元日》载：“白发苍颜五十三，家人强遣试春衫。朝回两袖天香满，头上银幡笑阿咸。”这里的“银幡”就是幡形银制的华胜。诗中，五十三岁的苏轼过新年时被家人要求试穿新衣，上朝时，又被皇帝要求头戴幡形银制的华胜，以致被人取笑。

● 华胜

动动脑

1. 说出下列图片分别是哪种首服？

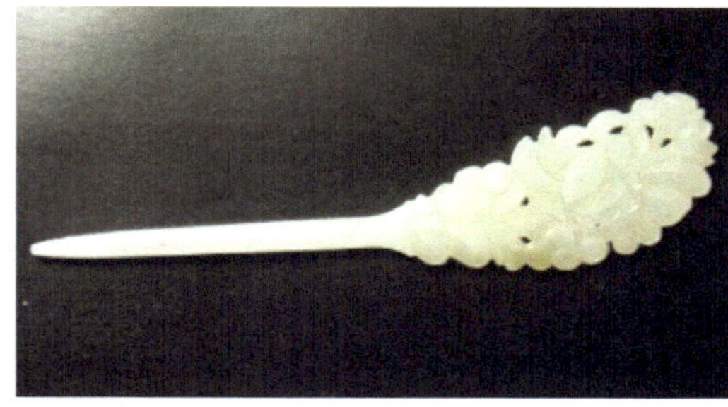

2. 阅读下列典籍材料，回答问题。

“虹裳霞帔步摇冠，钿璎纍纍佩珊珊。”（白居易《霓裳羽衣舞歌》）大意：她身穿彩色如虹的裙子，回云流霞的披肩，头戴步摇冠，钿璎累累，玉佩珊珊。

（1）诗句中的古代服装有哪些？

（2）诗句中的古代配饰有哪些？

（3）诗句中的首服有哪些？

第三节 衣深理更深——深衣

当看到那些身着古装的人物时，你是否觉得古典服饰美轮美奂？看着她们的一颦一笑，一举一动，你是否产生了梦回汉唐之感？《左传·定公十年》孔颖达疏云：“中国有礼仪之大，故称夏；有服章之美，谓之华。”华夏民族的名字就是从这华美的衣裳而来。深衣作为汉服文化的主要代表之一，充分体现了古代人民对自然与人文的思考。本节就让我们一同走近深衣。

● 身着汉服的唐宋女子形象

一、什么是深衣

深衣作为汉族的主要传统服饰之一，流传时间较长。据《礼记·王制》载，它起源于有虞氏："有虞氏皇而祭，深衣而养老。""深衣"一词集中见于《礼记·深衣》篇。郑注："名曰'深衣'者，谓连衣裳而纯之以采也。"孔氏正义曰："所以称深衣者，以余服则上衣下裳不相连，此深衣衣裳相连，被体深邃，故谓之深衣。"通俗地说，就是上衣和下裳相连在一起，包住身体。深衣可以拥蔽全身，雍容典雅，一度成为汉族女性的礼服。作为一种传统服饰，深衣在礼法慎重的中国传统社会产生了广泛而持久的影响。

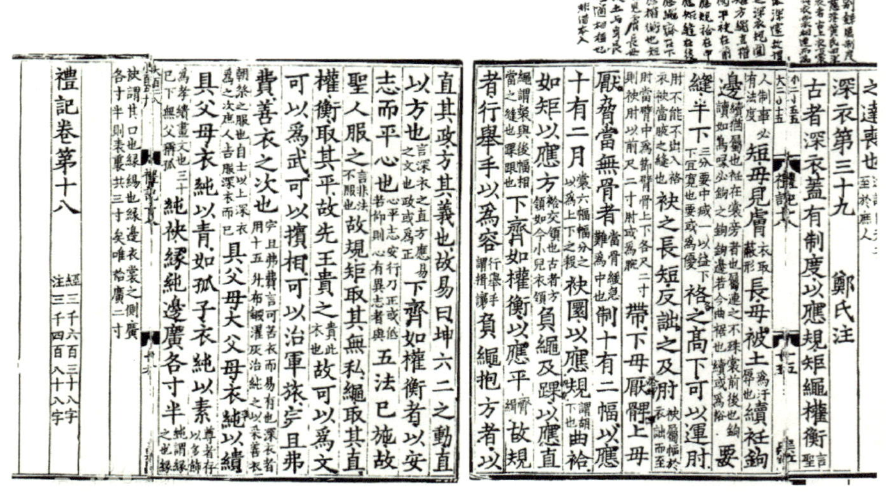

之達喪也

深衣第三十九　鄭氏注

古者深衣蓋有制度，以應規矩繩權衡。短毋見膚，長毋被土。續衽鉤邊，要縫半下。袼之高下，可以運肘；袂之長短，反詘之及肘。帶，下毋厭髀，上毋厭脅，當無骨者。制十有二幅，以應十有二月。袂圜以應規，曲袷如矩以應方，負繩及踝以應直，下齊如權衡以應平。故規者，行舉手以爲容；負繩抱方者，以直其政，方其義也。故易曰：坤六二之動，直以方也。下齊如權衡者，以安志而平心也。五法已施，故聖人服之。故規矩取其無私，繩取其直，權衡取其平，故先王貴之。故可以爲文，可以爲武，可以擯相，可以治軍旅，完且弗費，善衣之次也。具父母、大父母，衣純以繢；具父母，衣純以青；如孤子，衣純以素。純袂、緣、純邊，廣各寸半。

禮記卷第十八

● 《礼记·深衣》宋淳熙四年（1177年）抚州公使库刻本

二、深衣的主要形制——裾

深衣的前后襟，又称为裾。有个成语叫作"前襟后裾"，本义是衣服的前后襟，后用来形容兄弟间关系密切。如："方其幼也，父母左提右挈，前襟后裾，食则同案，衣则传服。"（《颜氏家训·兄弟》）意思是说，当他们（兄弟）幼小的时候，父母左手牵右手携，拉前襟扯后裾，吃饭同桌，衣服递穿。依据衣襟的不同形制，深衣可分为曲裾深衣和直裾深衣两种。

1．曲裾深衣

曲裾深衣后片衣襟接长，接长后的衣襟形成三角，经过背后再绕至前襟，然后在腰部缚以大带，遮住三角衽片的末梢。这一情形可能就是古籍资料中提到的“续衽钩边”。“衽”是衣襟，“续衽”就是将衣襟接长。“钩边”应该是形容绕襟的样式。

穿着深衣，一般采用较低的交领，要故意露出里面所穿衣服的几层不同的领子，称为“三重衣”。此外，衣服的襟裾边饰秀丽，随曲裾盘旋缠裹在身上，成为一种流动的装饰。曲裾深衣衣长曳地，行不露足，具有含蓄、儒雅的特征。

2．直裾深衣

曲裾深衣的出现与汉族服装最初没有连裆的罩裤或裤管有关，下摆有了这样几重保护就合礼得多。当内衣逐渐完善，裤子也有了裤裆之后，开襟从领向下垂直至下摆的直裾深衣就出现了。直裾深衣的下摆部分剪裁方式为垂直剪裁，衣裾在身侧或侧后方，没有缝在衣上的系带，通常由布质或皮革制的腰带固定。

汉朝的直裾深衣男女均可穿着。这种服饰虽然早在西汉就已出现，但当时不能作为正式的礼服，因为当时的裤子皆无裤裆，仅有两条裤腿套到膝部，用带子系于腰间。这种无裆的裤子穿在里面，如果不用外衣掩住，裤子就会外露，这在当时被认为是不恭不敬的事情，所以在外要穿着曲裾深衣。后来，随着服饰的日益完备，裤子的形式也得到改进，出现了有裆的裤子，所以至东汉以后，连裆裤广泛使用起来。魏晋时，深衣已不被男子采用，仅妇女在穿。

3．曲裾深衣和直裾深衣的比较

曲裾深衣和直裾深衣的领口、袖口及身长大体近似，两者明显的不同之处在于“裾”的部分，如长沙马王堆西汉墓出土实物所示。

● 曲裾深衣平面图

● 深衣与中衣搭配的“三重衣”平面图和立体图

● 直裾深衣平面图

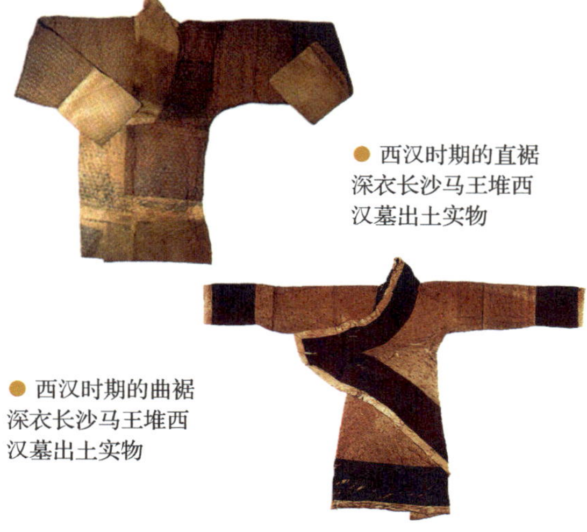
● 西汉时期的直裾深衣长沙马王堆西汉墓出土实物

● 西汉时期的曲裾深衣长沙马王堆西汉墓出土实物

综合而言，曲裾深衣在未发明袴的先秦至汉朝较为流行，那时男女均可穿着。男子曲裾深衣的下摆比较宽大，以便于行走；女子的则稍显紧窄。从出土的战国、汉朝的壁画和俑人来看，很多女子曲裾深衣的下摆都呈现“喇叭花”的样式。

由于内衣的改进，直裾深衣逐渐普及后，曲裾绕襟深衣已属多余。按汉帛幅宽约五十厘米计算，做一件曲裾丝绵袍需用帛三十二米，折合汉制十四丈，比直裾丝绵袍多用帛百分之四十。东汉时期，“曲裾袍”因不便行动且费料，为“直裾袍”所取代，但直裾深衣仍不能作为正式的礼服。

● 直裾深衣、曲裾深衣穿着比较图

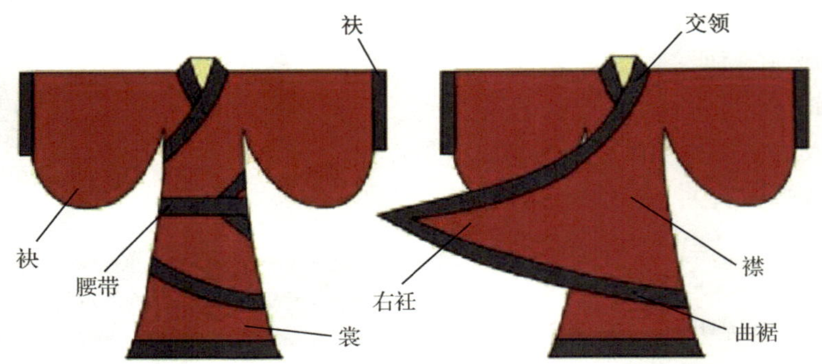

● 直裾深衣、曲裾深衣平面图

三、深衣的其他分类

除了前面我们提到的曲裾深衣和直裾深衣外，按照领型、绕襟圈数、袖子的形状，深衣还有如下分类。

（1）依据领型分类，分为交领深衣和矩领深衣。

多样性的领型，不仅是不同气候、风俗等影响的结果，还可依据不同的脸型，恰到好处地调整人的肩颈比例。

● 矩领深衣穿着塑像及平面图

（2）依据绕襟圈数分类，分为单绕曲裾深衣、双绕曲裾深衣、三绕（多绕）曲裾深衣。

圈数更多者，还可称为多绕曲裾深衣。绕襟使衣服的平面剪裁具有了立体化的效果，完美地展现了人的体型和运动特征。

（3）依据袖子的形状分类，分为窄袖深衣、宽袖深衣和垂胡袖深衣。

宽袖深衣和垂胡袖深衣使人最大限度地获得运肘功能。从人体美学的角度而言，深衣是一种比较完美的服饰。

单绕、双绕、三绕（多绕）曲裾深衣

● 窄袖深衣、宽袖深衣、垂胡袖深衣平面图

四、深衣的文化内涵

1. 被体深邃

深衣穿着时，由外向内的收束，体现出闭合内敛的思维模式，也最大限度地展现了人体的自然美，又暗合了古人低调内敛的社会伦理道德的观念。李泽厚在《美的历程》中曾说："人的审美感受之所以不同于动物的感官愉悦，正在于其中包含有观念、想象的成分在内。美之所以不是一般的形式，而是所谓'有意味的形式'，正在于它是积淀了社会内容的自然形式。"深衣，便是一种有意味的形式。

2. 双重法则

深衣在制作过程中，凡是运动幅度比较大的部位，都采取了适当的剪裁手法，既便于人体活动，又能显示人体的曲线美。可以说，深衣将自然与人文、实用与美观相结合的双重法则运用得恰到好处、相得益彰。

3. 民族气韵

深衣强调深藏与包裹，把人的骨骼走向和身体曲线隐藏起来，不让人清晰明确地看到，却又给人留下了广阔的想象空间。"雾里看花隔一层"是汉民族几千年间孕育出来的意境美学，不百分之百地满足人们的视觉需要，却又能很好地引发人们对美的想象。这与我国其他文艺形式，如诗词、绘画、书法、雕塑等的轻形似、重神似、写意性如出一辙，从而传达出一种"天空一无所有，为何给我安慰"的浩渺、深远意韵，体现出朦胧、大气、形神兼具的民族审美气韵。

4. 生活轨迹

古代服饰，发明和流传的初衷是御寒和生存，而后逐渐增加了舒适美观的功能。深衣的被体深邃显然有这个功能的遗存。

原始社会的感性生活丰富多彩，人与人之间的关系则表现出心性向善的端倪。这个善，完全可以超出道德层次，包括人类相依为命的互悦和求得生命延续的原始情欲，或称之为原生意识。古人思索服饰与生存的关系而生出厚生的观念。曲裾深衣多用于礼服，直裾深衣配合裤子的发展而节约衣料，显示了古人在礼仪、技术、生活观念等多方面的发展轨迹。

可以说，深衣是传统服饰中"天人合一"观念的完美体现者，它将中国传统文化的包容万物、和合圆满、含蓄内敛、兴象玲珑的审美特质彰显得淋漓尽致。与其说深衣是一种汉服形制，不如说是古代汉族人民文化观、世界观的载体。

第四节 一行一停皆传情——襦裙

“坐时衣带萦纤草，行即裙裾扫落梅。”（孟浩然《春情》）“越罗衫袂迎春风，玉刻麒麟腰带红。”（李贺《秦宫诗》）古往今来，许多文人墨客的诗篇都不乏对中国古典服饰——襦裙的描写。襦裙之美，在于其修长适度的黄金比例。襦裙之韵，在于其对民族精神、民族气质的彰显。按照开宗明义、述源明变、由表及里的思路，本节我们将依次介绍什么是襦裙，襦裙的分类、历史演变和美学内涵。

一、什么是襦裙

襦裙是汉服的一种，上身穿的短衣和下身束的裙子合称襦裙，它是典型的“上衣下裳”衣制。上衣叫作“襦”，长度较短；下身叫作“裙”，一般长过膝。襦裙出现在战国时期，兴起于魏晋和唐宋，直到明末清初，都是普通百姓（女性）的日常服饰。

● 襦裙平面图

襦裙的基本特征是，领口为交领右衽，外形像字母“γ”；袖子一般较长，腰部系有以丝革制成的腰带，起固定作用。在不同的朝代或依据不同的场合，人们穿着襦裙时还经常搭配一些配饰，如穿在外面的披帛、比甲、半臂等，腰裙上面的帷裳、宫绦、玉环绶等，以及内辅的诃子、抹胸等。

二、襦裙的分类

上襦下裙是襦裙的基本款式，按照不同的标准，襦裙有不同的分类。

（1）按领子的式样不同，分为交领襦裙和直领襦裙。

（2）按裙腰的高低，分为中腰襦裙（同齐腰襦裙）、高腰襦裙和齐胸襦裙。

（3）按是否有夹里，分为单襦裙和复襦裙。单襦裙近于衫，复襦裙近于袄。

● 交领襦裙

● 直领襦裙

● 中腰襦裙

● 高腰襦裙

● 齐胸襦裙

单襦裙

复襦裙

《乐府诗集·陌上桑》中的罗敷

襦裙配纤髾平面图

三、襦裙的历史演变

服饰是一个时代文化的映现，襦裙也伴随着时间的推移不断演进。战国至汉朝是襦裙的早期阶段，此时襦裙多是上襦下裙的的基本款式。汉乐府诗歌中有不少关于襦裙的描写，如："缃绮为下裙，紫绮为上襦。"（《乐府诗集·陌上桑》）襦裙被视为美丽姑娘的穿着样式。

魏晋南北朝时期，在"越名教而任自然"的玄学风气和佛教传入的影响下，襦裙体现出流秀、清疏、自然、含蓄的动态美。除交领右衽、上襦下裙的基本款外，裙系帷裳，外系丝带，裙身多施浅淡色彩绣，也是其时代色彩。其中，最有特色的变化是"纤髾"的出现。"纤"是指裙子下摆的饰物，一般为三角形，上宽下窄，重重叠叠，因形似旌旗而得名。"髾"是指帷裳之中伸出来的飘带，随风而起，如燕子飞舞，十分迷人，又有"华带飞髾"之形容。衣服的面料和边缘常绣有莲花、忍冬等带有佛教色彩的纹样，与此同时，纯白的素色襦裙也受到人们的喜欢。

从东晋大画家顾恺之的《洛神赋图》《列女传图》以及敦煌壁画飞天中可以看出，魏晋南北朝时期的襦裙比较注重体现运动中的人体与空间的融合感。画卷中的人物与服装行云流水，人物的行为动作通过这些仙袂飘飘的曳地长裙展现得淋漓尽致。这一时期的西方服饰强调雕塑般的静态美和立体的空间感，而我国的襦裙是通过衣中有人，人中有衣，人衣相互协调融合，共同体现出传神的动态美。"茅屋还堪赋，桃源自可寻。"（杜甫《春日江村五首》）观察这种美的角度不是一成不变的，而是随心所愿、移步移景。我国的传统服饰较少有支撑点，内空间随人体的运动而协调变化，从而产生独特的韵律美。

唐朝襦裙配合着雍容华贵、百美竞呈的大唐气象，展现出高贵华美、艳丽时尚的风格。白居易的《缭绫》云："天上取样人间织。织为云外秋雁行，染作江南春水色。广裁衫袖长制裙，金斗熨波刀剪纹。异彩奇文相隐映，转侧看花花不定。"在一定程度上描述了晚唐服饰的奢华。穿着襦裙时，唐人多将上面的短襦束入裙内。初唐较保守，襦裙多为交领或直领，盛唐及以后，流行坦领。有身份的人可以穿胸衫。

唐朝襦裙的搭配服饰通常有半臂、披帛、大袖衫等。半臂一般都用对襟，穿在胸前结带，领口宽大，下摆可以显现在外，也可束在裙腰里。披帛又名"长巾"，环

● 顾恺之《洛神赋图》局部

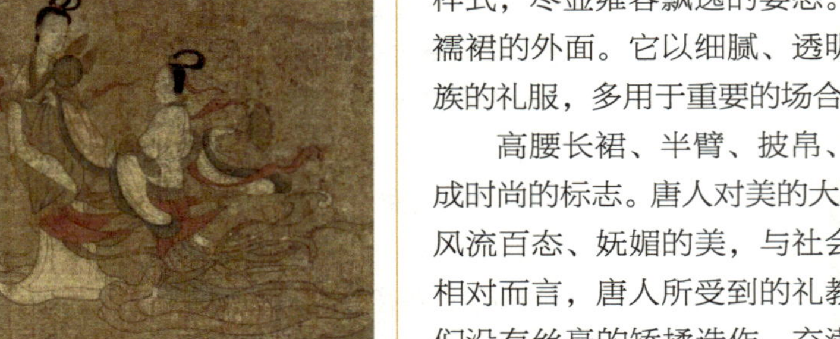

绕于肩或双臂之间，一般以薄纱制成，有宽窄长短各种样式，尽显雍容飘逸的姿态。大袖衫一般为对襟，穿在襦裙的外面。它以细腻、透明、华美的罗纱制成，是贵族的礼服，多用于重要的场合。

高腰长裙、半臂、披帛、花钗大袖，都成为唐朝形成时尚的标志。唐人对美的大胆追求，对美的勇敢尝试，风流百态、妩媚的美，与社会的开放度、包容度相关。相对而言，唐人所受到的礼教束缚也轻于其他王朝。他们没有丝毫的矫揉造作，充满了朝气和对美的执着。即使是今人观赏唐朝的襦裙仍会感到美得令人心醉，再加上高雅的发型和华美的饰品，花团锦簇、光彩照人、意趣盎然，真可谓一派大唐盛象。

● 顾恺之《列女传图》局部

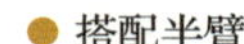

● 搭配半臂

● 搭配披帛

● 搭配大袖衫

四、襦裙的美学内涵

古人云：“服章之美，谓之华。”华是一种气度，一种民族气质和民族精神。在千年的时光里，襦裙不仅仅是保暖的衣物，更是承载着先人情怀的生活美学。襦裙上衣短、下裙长，忌平均分，体现了人们对黄金比例的追求。古代以礼为教，修长拖地的裙裾使女子走起路来碎步细走，随身舞动的裙带、佩环体现了女性“笑不露齿、行不露足”的典雅婉约。因而，襦裙亦是展现古人思考美、理解美的窗口，是古代思想的间接表达。

魏晋的襦裙饰以纤髾呈现风骨，盛唐的襦裙雍容艳丽传递神韵，宋元的襦裙淡雅朴素表达思想……无不与当时的文化思潮、审美风尚紧密相关。

襦裙不仅可以单穿，也可以和诃子、半臂、褙子、比甲、大袖衫、玉环绶等搭配穿着，体现了古人因时制宜、个体与整体和谐统一的观念。不同身份的人对襦裙的腰身高度、袖子宽窄、腰带垂饰等有不同的选择，则体现出古人对“序”“礼”的理解。

第五节 衣冠并禽兽——补服

与明清时期相关的文艺作品中，常常出现官员上朝的片段。他们的官服服制非常有特色，蓝色或石青色的衣服上有一块或圆或方的图案，上面有多种禽兽的纹样。这样的服饰

明朝补服

清朝补服

就是我们本节要介绍的补服和补子。

补服是我国服饰史上特定时期非常有特色的服制。补子是明清官服前胸和后背处的圆形或方形动物织样，使人一望而知其品级。它显示了我国古代人民对人与自然关系的理解，表达了人们对“序”“分”等观念的运用。

羊群庙祭祀遗址石人像胸前卷草花纹

一、补子溯源

说起补子的渊源，可以追溯到唐朝。《旧唐书·舆服志》载：“则天天授二年二月朝，集使刺史赐绣袍，各于背上绣八字铭……延载元年五月，则天内出绯、紫单罗铭襟、背衫，赐文武三品以上。左右监门卫将军等饰以对师（狮）子，左右卫饰以麒麟，左右武威卫饰以对虎，左右豹韬卫饰以豹，左右鹰扬卫饰以鹰，左右玉钤卫饰以对鹘，左右金吾卫饰以对豸，诸王饰以盘龙及鹿，宰相饰以凤池，尚书饰以对雁。”是说，由于唐朝时女皇武则天曾赐百官绣袍，文官绣禽，武官绣兽，并用服饰区分了官品和职属。

穿斗牛服的明邢玠夫妇像

双禽

其后在蒙元时代，内蒙古正蓝旗羊群庙出土的元朝石雕上就有花卉纹的补子，同时在一些元朝墓葬中也确实发现了不少具有方补形式的元朝织物。但这些服饰没有作为补服出现，且这些方补多为花卉状，它们在当时并没有作为区分官阶的标志。

真正代表官位的补服定型于明朝。据《明史·舆服志》，洪武二十四年（1391 年）规定，官吏所着常服为盘领大袍，胸前、背后各缀一块方形补子，文官绣禽，以示文明，武官绣兽，以示威武。一至九品官吏所用禽兽尊卑不一，藉以辨别官品。

● 单兽

从明朝出土及传世的官补来看，其制作方法有织锦、刺绣和缂丝三种。早期的官补较大，制作精良，文官的补子均用双禽，相伴而飞，武官则用单兽，或立或蹲。到了清朝，文官的补子只用单只立禽。

“衣冠禽兽”一词与补子有一定的关系，“冠”字尚无确论，“衣禽兽”则指的是官服上所绣的禽或兽，以此区分文官、武官；后被用来比喻品德败坏的人，形容这种人徒有人的外表，行为却如禽兽。

二、补子的形状及区别

补子分圆补和方补两种。圆补用于贝子及以上的皇亲，上为五爪金龙纹，分别饰于左右肩上及前胸和后背处。方补用于文官和武官等官员。

● 圆补

● 方补

三、清朝补子的纹样

清朝补子的纹样简洁而精致，前后成对，文官绣飞禽，武官绣猛兽。补子以青、黑、深红等深色为底，五彩织绣，色彩非常艳丽。清朝对补子的规定大体上承袭明制：一品，文官仙鹤、武官麒麟；二品，文官锦鸡、武官狮；三品，文官孔雀、武官豹；四品，文官雁、武官虎；五品，文官白鹇、武官熊罴；六品，文官鹭鸶、武官彪；七品，文官鸂鶒、武官犀牛；八品，文官鹌鹑、武官犀牛；九品，文官蓝雀、武官海马。此外，跟刑狱相关的都御史、按察使等，均绣獬豸。

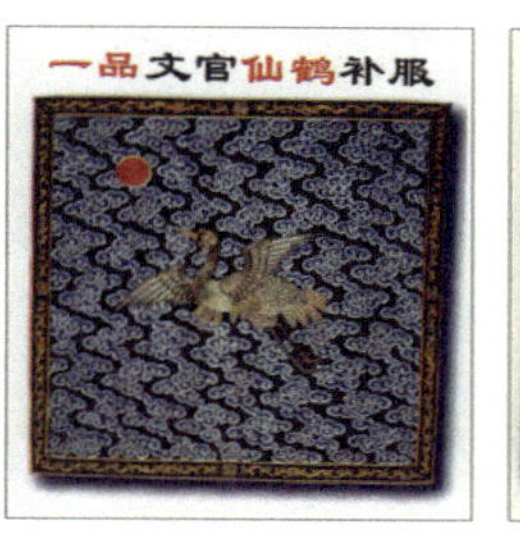

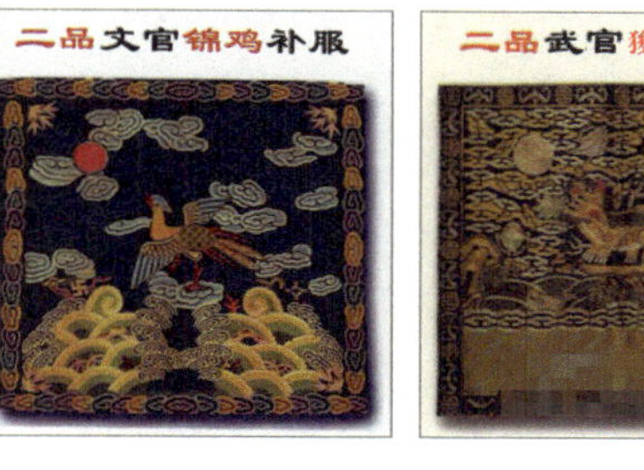

● 一至四品文官、武官补服

● 五至八品文官、武官补服

四、清朝补子纹样的寓意

1．文官补子

文官儒雅娴静，官服以飞禽为补子纹样，以彰显其贤德。

一品：仙鹤。仙鹤美丽超逸、高雅圣洁，而且长寿，在古代是仙风道骨和长寿的象征。在吉祥鸟的系列中，其地位仅次于凤凰而居第二。凤凰是皇后的象征，而仙鹤则是一品文官的象征。《相鹤经》云："鹤，寿不可量。"《诗经·小雅》云："鹤鸣九皋，声闻于天。"一品文官的补子采用仙鹤纹样，取其奏对天子之意。

二品：锦鸡。锦鸡亦称"金鸡""玉鸡""碧鸡"，是吉祥的象征。锦鸡有一呼百应的王者风范。其羽毛色彩艳丽，传说还能驱鬼避邪。古人十分喜爱将其作为服装的装饰，如插在武将的衣背头冠上，绣在帝王的礼服上，也叫作"华虫"，表示威仪和显贵。

三品：孔雀。孔雀不仅有美丽的羽毛，而且有品性。《增益经》称孔雀有“九德”，其文如下：“一颜貌端正，二声音清澈，三行步翔序，四知时而行，五饮食知节，六常念知足，七不分散，八品端正，九知反复。”在古人看来，孔雀是一种大德大贤、具有文明品质的“文禽”，是吉祥、文明、富贵的象征。

2．武官补子

武官勇武剽悍，威风凛凛，官服以猛兽为补子纹样，以彰显其威仪。

一品：麒麟。麒麟是古代传说中的神兽，是龙、凤、麟、龟四灵之一。《大戴礼》说：“毛虫三百六十，以麟为长。”麒麟出现是“圣王之嘉瑞”。《说文》云：“麒，仁兽也。麋身牛尾，一角。麟，牝麒也。”“麒麟，设武备而不为害。”（《公羊传》何休注）“有足者宜踢，有额者宜顶，有角者宜触，唯麟不然，是仁也。”严粲《诗缉》因而，以麒麟为一品武官的官服补子，既象征皇帝仁厚祥瑞，又象征皇帝“武备而不为害”的王道人君形象。

二品：狻猊。狻猊，是像狮子的一种神兽，晋朝郭璞直接将其解释为狮子。《尔雅·释兽》曰：“可伏虎豹。”明朝杨慎《升庵外集》第九卷记述：“俗传龙生九子，不成龙，各有所好……八曰金猊，形似狮，好烟火，故立于香炉。”可见，狻猊是龙子之一。既然“可伏虎豹”，当是取其勇猛之意。

三品：豹。豹，《说文》解释：“豹，似虎圆文。”《山海经·南山经》记述：“南山兽多猛豹。”《诗经·郑风·羔裘》言：“羔裘豹饰，孔武有力。”孔疏云：“以豹皮为袖饰者，其人甚武勇且有力，可御乱也。”武官补子排序中，豹在狻猊之下，在虎之上，可见古代豹的神兽地位高于老虎而低于狻猊，亦是取其勇猛之意。

因篇幅有限，我们仅介绍前三品官阶的服制。补子上除了有飞禽走兽之外，还绣有海水、岩石等图案，寓意“海水江崖，江山永固”。

女性补服

3. 女性补服

在明清两朝，受过诰封的命妇（一般为官吏的母亲及妻子）也备有补服，通常穿着于庆典朝会上。她们所用的补子纹样以其丈夫或儿子的官品为准。女性补服的尺寸比男性补服要小。武官的妻、母不用兽纹补子，而是和文官家属一样用禽纹补子，意指女子以娴雅为美，不必尚武。

五、补服的文化内涵

1．就人与政治的角度而言

“服制者，立国之经。”中国古代社会的服饰，在周之后的历朝历代，都努力地维护森严的等级制度，不容僭越。国家颁布舆服制，对服饰的形制和服色进行严格规定。君臣、庶民服饰的款式、质地、色泽、穿着方式被写进了国家法典和历史。国家借助于服饰，将君主、公卿、士人和平民的角色身份区分开来，以引导社会的有序运行，从而实现“垂衣裳而天下治”《周易·系辞下》。

2．就人与自然的角度而言

服饰图案与自然中的日月星辰、山水花鸟、原始图腾等紧密联系在一起，体现了中华民族特殊的“天人合一”的文化观念和美学思想。补服中的十几种飞禽或走兽图案，几乎涵盖了古人认为或力量不凡或习性特殊的动物，体现了古人对熟悉与不熟悉世界特有的沟通和吸取方式，充分展现了古人对自身以外世界的想象和理解。

3．对二元对立统一法则的认识

文官绣飞禽，武官绣猛兽，这样的规定带有一定的观念性价值，即将一个有形的文化符号显示在服装上，使其具有明显的中国礼制文化的特点。从符号学的角度来说，它既是对自然与人的对应模仿，又体现了思维的二元性法则。以祥瑞的珍禽对应文官，这是儒雅和智慧的象征；以威猛的异兽对应武官，这是力量和气势的象征。文武之道，一张一弛，相反而又相成，在服装上也得到了恰切的彰显。

中国素有“衣冠之国”的美称，在中华民族五千多年的文明史中，服饰承载着厚重的传统文化内涵和丰富的美学意蕴。简而言之，补服是人与自然的关系、人与人的关系、人与集体的关系、物质与精神的关系，亦即和合观念的体现。

先人们把珍禽异兽的祥瑞、灵智、威猛、雄健的形象生动鲜活地再现于服饰之上，实现从图腾展示到文化与审美的寄托，其意义是无比丰富和深邃的。补服是人类服饰史上的奇迹，给整个人类文化留下了无价的珍贵遗产。

第二章 治大国若烹小鲜——中国传统饮食文化

古文字中与「饮食」相关的两个字，一个是「饮」，一个是「食」。「饮」以「饣（食）」为部首，实际上是「食」部类内部的字。商朝甲骨文「食」，作「[illegible]」，是个会意字，其下半部分表示盛装食物的器皿；上半部分一说像个盖子，一说像张开的大口。它表示用器皿装满食物，张口就食的意思。字词创造初期，词性不分，与张口就食一事相关的有盛装的食物（种类、状态、食材）、盛装的器皿（材质、大小、形状、性能等）、吃的方式（共食还是独食、饮还是咀嚼、吃的时间地点等）。围绕着这些必要因素，我们展开本章。

本章先从食材、器具、烹技、调术几个方面介绍我国的饮食发展史，让读者在了解饮食文化基本知识点的同时，了解食材的不断开拓，水、火、调术的整体运用，感知古人对饮食的追求方向，理解饮食文化的综合性。接下来，本章再向读者介绍饮食文化的特色、风貌、内涵。

饮食的食材、时令、氛围，都透露出国人对个体和群体、个体与自然的深刻理解。作为人类延续生命的必要条件，饮食也必然是人类向自然攫取并且回馈的统一产物。圣贤之士甚至通过饮食之道感悟人生之道。这样看来，饮食不仅滋养了人的生命，更滋养了人的心灵和思想。开启传统饮食文化这扇窗，你将会欣赏到一个丰富多彩的思想世界。

第一节　吃什么，怎么吃？——传统饮食文化概说

“烹调之术本于文明而生，非深孕乎文明之种族，则辨味不精，辨味不精，则烹调之术不妙。中国烹调之妙，亦是表明文明进化之深也。”本节我们主要介绍我国精妙饮食文化的形成与发展。首先，我们来看先民们的食材主要有哪些。

一、古代的食材

1．主粮

先秦食材中的主粮主要有黍、稷、麦、菽、稻、麻，前五者又称“五谷”。《孟子·滕文公上》载：“树艺五谷，五谷熟而民人育。”赵岐注：“五谷，谓稻、黍、稷、麦、菽也。”

（1）黍，即现代北方的黍子，又叫黄米、糜子，状似小米，颜色比小米浅，米粒比小米大，有黏性。

● 黍

（2）稷，即今天的小米，现在北方称其为谷子、粟，适合煮粥，营养价值高。在先秦典籍中，“稷”常常与“社”黏合使用，“社稷”。如：“服于有礼，社稷之卫也。”（《左传·僖公三十三年》）“王者所以有社稷何？为天下求福报功。人非土不立，非谷不食。土地广博，不可遍敬也；五谷众多，不可一一祭也。故封土立社，示有土尊；稷，五谷之长，故立稷而祭之也。”（《白虎通·社稷》）古人尊稷为五谷之神，为人所祭祀，将“社稷”作为国家的代称，足见其在古代社会举足轻重的地位。

● 稷

（3）麦，大麦古称“麰”，小麦古称“來”。《诗经》记载，公元前 6 世纪，我国黄河中下游已普遍栽种小麦。“贻我来麰，帝命率育。”（《诗经·周颂·思文》）今天我们吃的面粉，就是用小麦磨出来的粉，可用来制作各种面食。

（4）菽，原指大豆，又作豆类的总名，能在较恶劣的地方生长，且产量高。“中原有菽，庶民采之。”（《诗经·小雅·小宛》）中国是世界上公认的大豆起源地，现今世界各地的大豆都直接或间接从中国引进，并保留了“菽”的语音。

● 麦

（5）稻，所结子为稻谷，去壳后就是今天所吃的大米。大米可制成米粉、米线、粽子等，是中国南方的主要粮食。

除“五谷”外，古人还常食麻，麻籽叫“黂、苴”，又叫“枲”，“九月叔苴。”（《诗·豳风·七月》）叔，拾。《毛诗故训传》曰：“苴，麻子也。”随着农业种植技术的提高，可用于栽培的粮食作物种类增加，到了后世，“五谷”已经不再是具体的五种谷物，而是粮食作物的泛称。

菽

稻

2. 肉食

古人以牛、羊、猪为最主要的肉食，家禽和其他家畜以及狩猎物也是肉食的重要来源。其中，牛、羊、豕（猪）为大三牲。古代祭祀所用牺牲，行祭前需先饲养于牢，故这类牺牲称为牢。祭祀或享宴时，三牲齐备叫太牢，只有牛羊叫少牢，太牢是最隆重的礼仪。《礼记·王制》：“天子社稷皆太牢，诸侯社稷皆少牢。”这是饮食文化中等级观念的体现。需要指出的是，太牢不一定是大三牲。虽然三牲齐备，用于太牢，两牲齐备，用于少牢，但用于太牢的三牲包括大三牲和小三牲。牛、羊、豕为大三牲，小三牲则说法不一。

大三牲

二、古代的器具

1. 勺子

在远古时代，是先有勺子，还是先有筷子呢？这一点还要依靠出土文物和古文献来判断。根据考古发现，勺子始于七千年前。新石器时代的河姆渡遗址中出土过象牙勺、骨勺等，大汶口遗址和龙山遗址中出土过蚌壳勺、骨勺等。

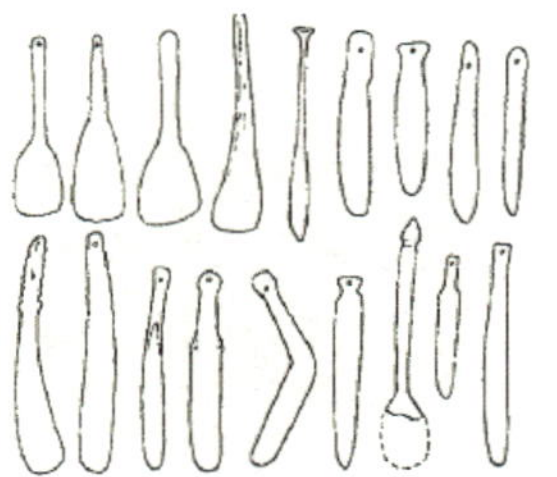
史前餐勺形态

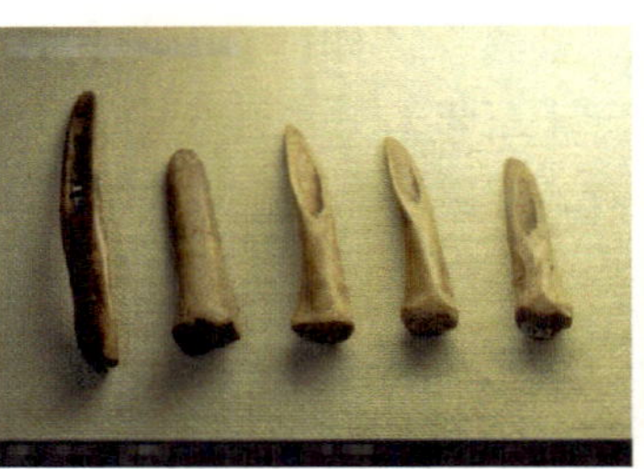
河姆渡遗址中的象牙勺、骨勺

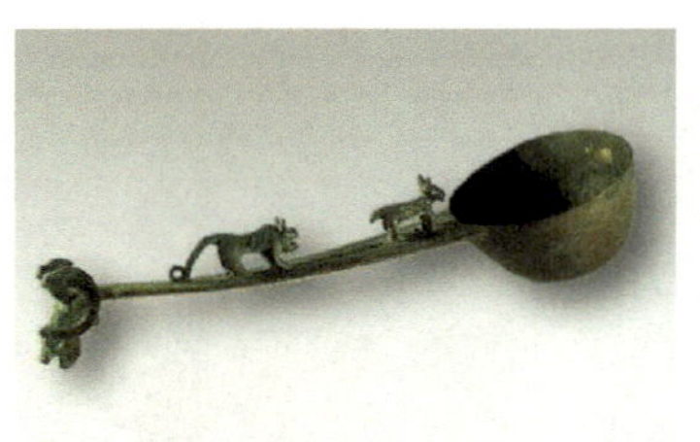
青铜时代的铜勺

战国的漆木勺

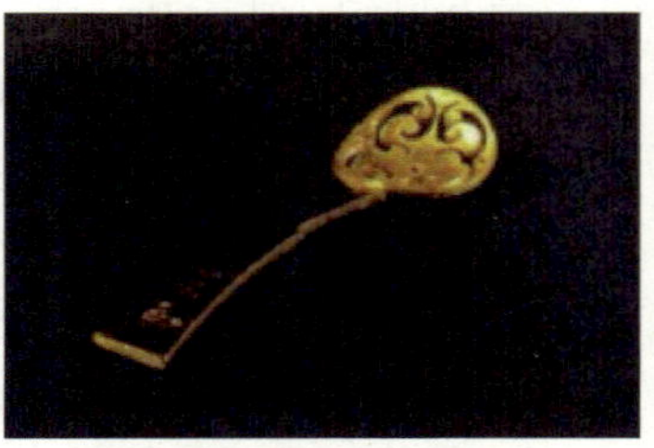
湖北随州战国曾侯乙墓的金漏勺

2. 餐叉

我国人民使用餐叉，始于四千多年前。西北甘青地区的齐家坪遗址中出土过骨制餐叉（三齿），商周文化遗址中也出土过铜制餐叉（二齿）。

它们与今天的蛋糕餐叉形状接近，大小也差不太多。值得特别注意的是，这种餐叉出土时，和勺子、骨刀同在，表明当时餐叉、勺、刀是三件配套使用的。

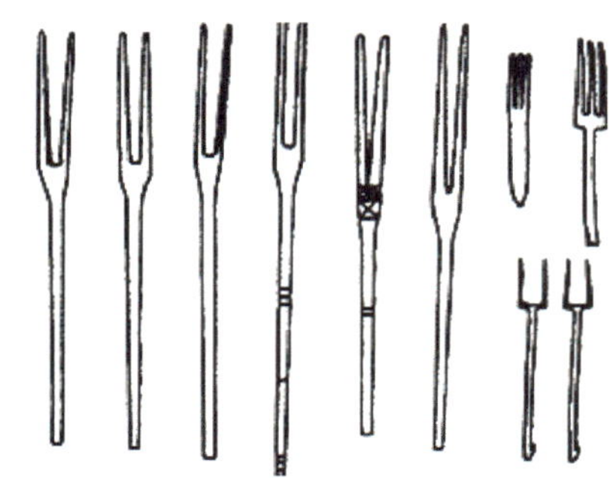

● 商周时期的餐叉

3. 餐刀

大约在七千年前的浙江河姆渡遗址中，人们就发现过很多精美的骨制餐刀。考古发现，从西周到战国，先后流行过青铜勺形、尖叶勺形和长柄舌形餐刀。窄柄舌形餐刀从春秋到宋元一直用了两千多年，制作材料有青铜、银、金等。

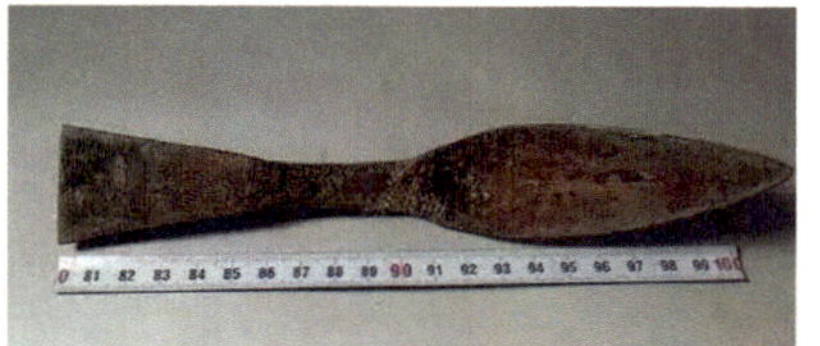

● 青铜尖叶勺形餐刀

4. 筷子

筷子的出现始于商朝。以前考古学界认为，中国最早的筷子是安阳殷墟 1005 号墓发现的 6 支铜箸头。后来，淮东部龙庄新石器时代遗址出土了 42 根骨箸，有考古学家认为，这又将筷子的发明提前到了 5 千多年前。明朝以前，筷子叫作“箸”。筷子的名称是从明朝的“快儿”发展而来的。

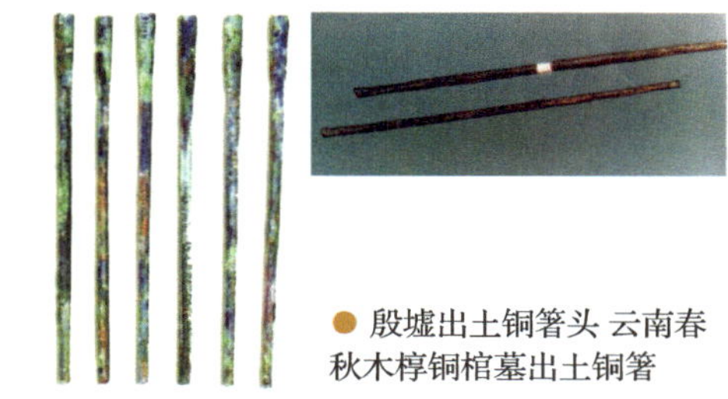

● 殷墟出土铜箸头 云南春秋木椁铜棺墓出土铜箸

5. 盛装器皿

一万年前，人们开始使用陶器。出土文物中有陶釜、陶甑等。在陶器发明以前，人类已经有“石烹法”。《礼记·礼运》注云：“中古未有釜甑，释米捋肉，加于烧石之上而食之耳。”此时人们以烧石加工食物。陶器出现之后，成为主要的炊煮工具。

● 河姆渡文化陶釜、新石器时代黑陶甑、商周陶釜

三、古代的烹技

随着各种炊具的相继发明，更新和更先进的烹饪方法不断涌现，现代烹技主要有烤、煮、蒸、炸、炒等。古代烹技与今天不同，主要有炮、醢、羹、煎、捣、熏烤、脍等。

● 古代烹饪图

（1）炮，禽畜外面裹涂上泥巴后，放到火上去烧。

（2）醢，肉酱。醢的制作一般是先把肉制成干肉，然后铡，加进由粱米制作的酒曲和盐搅拌，再用好酒浸渍，密封在瓶子里，一百天后才可食用。

（3）羹，是以肉加五味煮成的肉汁。

（4）煎，把醢煎了以后加到稻米饭或黍米饭上，再用动物油脂浇在上面。

（5）捣，把牛羊或其他野味的里脊肉捣烂，去其筋腱、薄膜，加上佐料。

（6）熏烤，把牛肉用草扎起来，洒上桂、姜、盐，烤干。

（7）脍，极细的肉丝。“饮御诸友，炰鳖脍鲤。”炰，古同炮（《诗经·小雅·六月》），意为请朋友吃饭，把鳖涂上泥巴放在火上烧，把鱼切成细细的肉丝，来招待诸位朋友。《论语》有云：“食不厌精，脍不厌细。”意思是说粮食越精致越好，肉类切得越细越好，体现了古人细致、科学的饮食礼节。

四、古代的调术

1. 盐

早在黄帝时期，先民们就懂得以海水制盐。除海盐外，还有井盐和池盐。“若作和羹，尔惟盐梅。”（《尚书》）是说口感美味的羹肴，少不了咸和酸两种调料。

海盐：其制作过程大致为取卤做原料，或用柴火煎熬，或以风吹日晒，水分蒸发后得到盐。“黄帝时，诸侯有夙沙氏，始以海水煮乳，煎成盐。其色有青、黄、白、黑、紫五样。”（《世本》）

● 盐的制作过程

井盐：汉时蜀中产井盐。“宣帝地节中，始穿盐井数十所。”（《蜀王本纪》）

池盐：自汉朝起，始用盐池取盐。“东有盐池，玉洁冰鲜，不劳煮泼，成之自然。”（《洛都赋》）

2．酱

酱在中国古代的含义比较广泛，包含由动物和植物原料酿造而成的咸酸味调料。西汉出现了用大豆和面粉等加盐发酵而制成的调味品。东汉时出现了豆酱油。总体来说，构成主体的首推豆酱。《论语》记述孔子“不得其酱，不食”。《清异录》则曰：“酱，八珍主人；醋，食总管也。”可见人们对酱的喜爱。

● 酱

3．豉

豉出现于汉朝，是以黑大豆或黄大豆经蒸煮发酵后制成的，又称幽菽、康伯。“白盐海东来，美豉出鲁门。”（《北堂书钞》卷 146 引《古艳歌》）以豉类佐餐，开胃且营养丰富，“齐盐鲁豉”便是调料中的佼佼者。

● 豉

4．醋

醋又称苦酒，是以含淀粉类粮食为主料，经发酵酿造而成的。春秋时期已有人工酿造的酸味调料“醯”，汉时醋被称为“酢”，至南北朝时才正名为“醋”。北朝时酿醋的原料已与现时相差无几，有粟米、秫米、粳米、大麦、小麦、大豆、乌梅、蜜等。

关于“醋”的文化内涵，相传李世民攻入关中，喜得赅博谋士房玄龄。房为其降龙伏虎大殿登基，立下了汗马之功。李世民欲赐他几名美女纳为妻妾，他多次婉言谢绝，摇头不从。李世民怀疑是他夫人从中作梗，便传口谕送毒酒，“敢不允就叫她殒命”。可怜房夫人领旨谢恩，二话没说一饮而尽，好叫人心疼。忽听家院一声禀，急坏了正在恫关走街串巷、遍访庶民的房玄龄。他顿时撒腿好似骏马加鞭往家跑，口中“夫人哪！夫人！”喊连声。随从轿夫忙追赶，“大人，大人！等一等！”，可叹他心急如火听不见，跌跌撞撞进门庭。未料想夫人咪咪笑，平安无事甚从容。原来酒壶内装的是醋，李世民用计问实情。眼见夫人本无恙，他噗嗤一笑如顽童。房玄龄本无心纳妾，夫人又以命来证明。李世民欣然撤销御意，皇城内外齐推崇。房玄龄夫妇相敬如宾，鸾凤和鸣，百年偕老，为世人所赞颂。“吃醋”一词也流传下来，成了彼此爱慕的另一种有趣表达。

第二节　备尝世味，品味人生——传统饮食的特色与内涵

一、中国饮食文化的特色

中国传统饮食历经千年的积累，自成体系。总结其特色，可见其中有生产力发展的轨迹，有国人对生活方式的改进，有儒家文化、玄学文化、阴阳五行文化等各种文化的综合体现。

1. 从叉勺到筷子

考古资料提供的证据表明，古代中国人进餐，主要用勺和筷子两类，还曾一度用过刀叉。不过，这些进食器具中，最能体现中国文化特色的是筷子，它的使用至少已有三千年上下连续不断的历史，筷子被外域看作中国的国粹之一。

2. 从生食到熟食

关于熟食的出现和益处，《韩非子·五蠹》讲述了这一过程："上古之世……民食果蓏蚌蛤，腥臊恶臭而伤害腹胃，民多疾病，有圣人作，钻燧取火以化腥臊，而民说之，使王天下，号之曰燧人氏。"在很早的时候，国人就意识到，熟食不仅口感更佳，而且对健康很有好处，因此很快被人们接受。《论语·乡党》载："君赐腥，必熟而荐之。"是说，国君赐给生肉，一定煮熟了再给祖宗供奉。可见，熟食相较生食，更为国人所青睐。

从生食到熟食

3. 素食为主

《黄帝内经·素问》提出了膳食原则："五谷为养，五果为助，五畜为益，五菜为充……养精益气。"古人认为，只有全面而合理的膳食营养，才能维持人体的健康。而在合理的饮食结构中，素食又得到了更多关注。即使在今日，当一个人生病了，医生给的饮食建议也大多是多吃蔬菜水果，多饮水……

小食案

顾闳中《韩熙载夜宴图》局部

4. 从分餐到会食

我国有三千年的分餐史，一千年的会食史。封建社会的筵席，一般使用小食案。进餐者多是席地而坐，面前摆放小食案，案上放着轻巧的食具，重而大的器具直接放在席子外的地上。《礼记·乐记》："铺筵席，陈尊俎，列笾豆。"这一语，就是汉朝分餐制的写照。

至少在唐朝中晚期，古人已经基本抛弃了席地而坐的方式，最终完成了坐姿的革命性改变。晚唐五代之际，场面热闹的会食方式已成潮流，但还只是一种有会食气氛的分餐制。宋朝以后，真正的会食才出现。

5. 亦雅亦俗的酒、茶

（1）酒

"仪狄造酒，杜康润色之。"（陶渊明《集述酒诗·序》）相传仪狄造酒，早于杜康。仪狄以植物根茎、瓜果、粮食等为原料，酿造黄酒。杜康以"秫米"为主要原料，造粮食酒。酒在古人生活中的普及度远高于今天。吃饭时喝酒，作诗时也喝酒；忧愁时喝酒，高兴时也喝酒；离别时喝酒，相聚时也喝酒……酒的应用场合如此广泛，“亦雅亦俗”便成为酒的文化特征之一。

古代酿酒工艺

（2）茶

茶在古人的饮食生活中占有非常重要的地位。一方面，茶的别名多，荼、茗、槚、蔎、荈、不夜侯、消毒臣、涤烦子、清风使、余甘氏、清友……如此多的别名，说明了古人与茶的亲昵、对茶的喜爱，也说明了古人对茶的体味细腻。另一方面，在儒释道三派中，茶是三派唯一的共同饮品。这与茶既能养身又能怡心的品质有关。于身，茶能提神明目、消食去腻、清热解毒。于心，茶能消愁解闷、陶冶情操、明心悦智。

古人制茶、品茶

“一饮涤昏寐，情来朗爽满天地；再饮清我神，忽如飞雨洒轻尘；三饮便得道，何须苦心破烦恼？此物清高世莫知，世人饮酒徒自欺。”（皎然《饮茶歌诮崔石使君》）在唐朝，皎然品茶已经突破了茶仅仅作为饮料的层面。他的“三饮（品）说”，成了中国茶道的主要类型之一。一饮洗涤去昏寐，神清气爽情思满天地；再饮清洁我的神思，如忽然降下的飞雨落洒于轻尘中；三饮便得道，何须苦心费力地去破烦恼。“品”字由三个“口”组成，而品茶一杯须作三次，即一杯分三口饮。这“三饮”神韵相连，层层深入，把饮茶的修心悟道的精神享受做了生动的描述。

二、中国传统饮食风貌

我国传统饮食的风格特征主要体现在人对自身和自然的理解上。一方面，人们在享受自然馈赠的食物时，也顺应、反哺自然。另一方面，饮食作为维持生命的必要条件，人们对此也充满了原始、真实、亲密的情感。

1．享受自然

饮食之事中彰显享受自然意识比较典型的是尝新礼和荐新礼。尝新就是品尝新收获的果实。荐新就是以时令新物祭祀祖先。寒食节或清明节是百姓较固定的荐新仪节，表现了人们面对收获时的喜悦心情。

2．顺应时令

饮食讲究时令变化为中国优良的饮食传统之一。早在两千多年前，宫廷中就有四季食单。《礼记》记载，一年四季十二个月，月月都有时鲜美食，主料择优，配料也讲究时令相宜。如今常说的“冬至馄饨夏至面”“冬吃萝卜

时令果蔬

夏吃姜”等，都体现了古人的养生观念。饮食讲究时令，其本质是选择最佳的营养组合。时鲜，生物体内的营养储存处于最佳状态。我国对于时鲜，一般讲究不先时而食，不过时而食，要适时而食。

3．怡悦亲情

传统饮食讲究怡悦亲情，在这方面比较典型的是年夜饭守岁合欢与中秋佳肴赏月团圆。除夕合家欢家宴称“年夜饭”或“年饭”。年三十那天，全家一起吃团圆饭，守岁到天明，热闹非凡。中国传统的节令所设计的饮食活动，强调促进家庭和睦，增进感情，亲密彼此之间的关系。

●《红楼梦》电视剧中的团圆饭情景

4．寄托情怀

饮食与情感之间的关系密切。心情不同，饮食也有所变化。喜欢的朋友来家里做客，必定热情款待一番。祭祀亡故的亲人，“玄酒腥鱼”，不注重口感丰美。生活中，用饮食寄托情怀比较典型的表现是节令饮食，如春盘、百事大吉盒儿与重阳糕等。立春时节吃春盘。春盘一般包括萝卜、春饼、生蔬。“生”，寓“新”之意，表示领受春来的消息，感受新年的春意。大年初一吃饺子。饺子外形如元宝，又称“百事大吉盒儿”，希求财源广进、百事大吉。而重阳之际，除游宴登高外，还要饮菊酒、食花糕。“糕”与“高”同音，寓吉祥之意。

● 春盘

5．饮食分地域

中国菜系的起源可以上溯到商朝初期，距今已有三千多年。先秦时代，菜系的南北分野已非常明显，北方以齐鲁风味为代表，南方以荆吴风味为代表。唐宋以后，各地方菜系相继形成，而后逐渐增加，现在已有以各省区命名的几十种菜系。其中，川、鲁、苏、粤四大菜系形成历史较早，后来，浙、闽、湘、徽等地方菜也逐渐出名。其中最有影响、最具代表性并为社会所公认的，有川、粤、苏、闽、浙、湘、徽、鲁等菜系，即人们常说的中国八大菜系。

● 百事大吉盒儿

川菜　徽菜　鲁菜　苏菜

闽菜　湘菜　粤菜　浙菜

● 中国的八大菜系

三、中国饮食文化的内涵

透过色、香、味、形的饮食外在，礼、情、美、中的文化内涵蕴含其间。其中，礼在中国饮食文化内涵的表现中起到了很好的辅助作用。饮食过程中贯穿着礼仪活动，从而结构出饮食文化内涵的逻辑起点。

1．祭出来的礼与情

● 簋

商周礼制：“天子九鼎八簋，诸侯七鼎六簋，大夫五鼎四簋，士三鼎二簋。”（《礼记·玉藻》）簋，古代盛食物的器具，后来逐渐发展成礼器，是权力和社会地位的象征。这句话叙述了古人吃饭时的礼仪制度，不同地位的人遵从不同的饮食礼仪规格。

2．祭礼中的教化

（1）饮食中的礼义

在人的生活诸事中，饮食为与人最切近者。在达到了基本的温饱之后，由饮食而生发出来的教义哲理等也最容易为人所理解。如：“尊有玄酒，教民不忘本也。”（《礼记·乡饮酒义》）为什么表达最高敬意的礼仪用清质的酒，而不用好酒呢？孔颖达疏：“玄酒，谓水也。以其色黑，谓之玄。而太古无酒，此水当酒所用，故谓之玄酒。”凡尊，必上玄酒，其目的是教化人民不要忘记饮食最初报本反始的道理。类似的说法还有“大羹不和，贵其质也。”（《礼记·郊特牲》）用于祭祀神灵和祖先的最高规格的羹汤，不应为了追求口感的丰美而添加任何调料，要保持它本真的味道。大道至简的道理体现于早期的饮食之礼中。

（2）“打包”中的孝亲之情

“打包”在今天较多地被理解为不浪费。实际上，“打包”在古代是非常好的饭后行为，不仅提倡了节俭，而且蕴含了孝道。关于“打包”的美谈，典籍中有颇多记载。

徐孝克，陵第三弟，事所生母尽孝。每侍宴高宗，无所食。噉至席散，当其前，膳羞损减。高宗密记，以问中书舍人管斌，不能对。自是，斌以意伺之，见孝克取珍果内绅带中。斌莫能识其意，后更寻访之，知还以奉母。斌以启高宗，高宗叹嗟久之，乃勅所司：“自今宴享，孝克前馔赐以饷其母。”（《陈书》）

大意是说，徐孝克生性至孝，其父徐摛离世后，他殆不胜丧，就竭尽全力侍奉生母陈氏。徐孝克在任国子监祭酒时，陈高宗经常宴请群臣。后来陈高宗发现了一个奇怪的现象——宴席上，徐孝克几乎不吃什么东西，等到宴席散时，他面前的美味佳肴却少了一些（那时实行的是分餐制）。陈高宗就私下问中书舍人管斌这是怎么回事，管斌也不知道。管斌就在下一次宴席上悄悄观察徐孝克，果然发现徐孝克趁大家不注意时把一些美味的点心悄悄地藏在宽大的束腰带内，管斌对此百思不得其解。后来管斌了解到，原来徐孝克是把这些点心带回家孝敬母亲了，就向陈高宗如实汇报。陈高宗听后感慨良久，下令以后再宴请时，凡是摆在徐孝克面前的美食，均允许他光明正大地带走，好让他的母亲多享些口福。由打包美食而引出的孝行感动了皇上，此事一度被传为美谈。

如今，我国提出了“光盘行动”的口号。可见，无论是在历史文化中，还是在现代生活里，“打包”都是值得提倡的善举。

3．饮食与政治

民以食为天，立国须以民为本。有眼光的统治者很早就明白饮食对施政的重要性。管子云："粟者，王之本事也。"（《管子·治国》）老子云："治大国若烹小鲜。"（《道德经》）"鲜"，指鲜美的食物。这句话的意思是治理国家就像烹调美味的菜肴一样，既要让油盐酱醋等调料恰到好处，还要掌握好火候，而且不能多加搅动。否则，翻来覆去，国乱民烦。不仅饮食于人民、于国家十分重要，而且烹调饮食的过程对于治理国家而言也十分有借鉴意义。

治大国若烹小鲜（绘画作品）

4．吃出来的哲学

饮食之道大致有三个层次：一是充饥果腹，二是味道的享受，三是意义的引申。饮食之中处处有生活哲学，如："饭蔬食，饮水，曲肱而枕之，乐亦在其中矣。不义而富且贵，于我如浮云。"（《论语·述而》）孔子说，用不正当的手段得来的富贵，对自己来说就像浮云一样。在孔子看来，有理想、有志向的君子，不会总是为了自己的吃穿住而奔波。这些日常的饮食细节，体现了儒家思想体系中的君子之行。由饮食而引出的生活之思还有，"君子之接如水，小人之接如醴。君子淡以成，小人甘以坏。"（《礼记·表记》）"人常咬得菜根，即百事可做。骄养太过的，好看不中用。"（姚舜牧《药言》）"麦饭豆羹淡滋味，放箸处齿颊犹香。"（洪应明《菜根谭》）这些都是吃出来的哲学。

《菜根谭》插图

5．品出来的美学

在中国传统文化里，一切与美相关的东西，大多生发于自然。饮食之中也有美的鉴赏和领悟。例如"品味说"云："备尝世味，方知淡泊之为真。"（《菜根谭》）"为无为，事无事，味无味。"（《道德经·六十三章》）这里的淡泊之美、无味之美，尝饮之余令人回味无穷，给人无尽的思考。又如"余味说、韵味说"云："辨于味，而后可以言诗也。"（司空图《与李生论诗书》）"大飨之礼，尚玄酒而俎腥鱼，大羹不和，有遗味者矣。是故先王之制礼乐也。"（《礼记·乐记》）无味是五味之致，是有意识地在汤羹中不加调味，食者却又能品味出味外之味。商周时期的厨师把此种烹饪艺术总结成美学理念"至味无味""大羹不和"。后来人们常引申为以无为的态度去有所作为和境界高的事物往往不事雕饰。可见，饮食之道对人文之美的孳乳多么丰富而深刻。

第三章

栋宇间显三才之妙
——中国古典建筑文化

中国古典建筑是传统文化的又一载体。文化与建筑之间水乳相融，建筑承载文化，文化也是建筑的灵魂。建筑最初的功能是『庇护』，保障人类最基本的生存繁衍。建筑既受气候、地理的影响，也受人世诸事的浸染，因而建筑种类必然具有多样性。这也是人理解自然、适应自然的表现。

古人修筑房屋，主要是为躲避风雨雷电及外物下落侵扰的伤害，屋顶自然成为建筑中首要的构件。为使身体部分也得到保护，建筑的四面需要有墙且梁栋支撑坚固。安全问题得到解决后，人们日复一日住在里面，还需要住得舒适健康。例如，冬暖夏凉、通风透气。然后，还需要获得感官的愉悦，布局合理、整洁干净之外，还要高大宽敞、环境优美、便利繁华等，古典建筑便不再是单体，往往是一个多体的配套。古典建筑因与人类生活具有密切性，而更加具有人文情怀。本章先向读者介绍古典建筑的分类、主要构件及其功用，然后介绍古典园林的发展历程和审美特点。

第一节　以何为席，以何为盖？——中国古典建筑的分类

中国古典建筑具有悠久的历史和光辉的成就。古代的建筑艺术也成为中国传统文化中十分重要的领域。对于古典建筑有几方面的基本知识需要掌握，如古典建筑的分类、古典建筑的主要术语、古典园林艺术等。本节我们先介绍中国古典建筑的分类。

一、古典建筑的分类

1. 依据气候、地理条件分类

人类生存的不同地域、气候条件影响着远古原始建筑的形制，远古典型建筑主要有以下四种：穴居、半穴居、巢居、干栏式建筑。

（1）穴居、半穴居，主要适用于北方的黄土高原。

《易·系辞》云：“上古穴居而野处。”在人类走过了自然洞穴阶段之后，穴居、半穴居类原始建筑至少在新石器时代就已经出现。这类建筑是中国古典建筑具有“土”意义的早期萌芽。

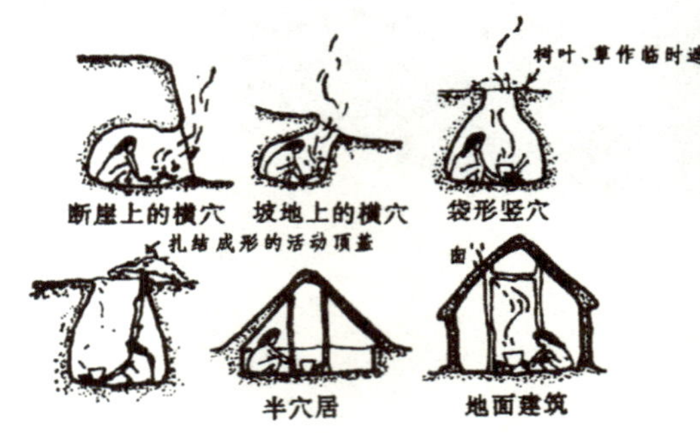

由穴居到半穴居到地面建筑的发展示意图

（2）巢居、干栏式建筑，主要适用于南方潮湿、多虫的生活环境。

巢居、干栏式建筑

干栏式建筑是长江流域及其以南地区的土著建筑形式，大约出现在新石器时代晚期。干栏式建筑以桩木为基础，构成高于地面的基座。它是一种用桩柱绑扎方式立柱、架梁、盖顶的半楼式建筑，是巢居的继承和发展。迄今发现最早的干栏式建筑是距今约七千年的浙江余姚河姆渡遗址。

2. 依据人类生存的各种需求分类

人们生息繁衍需要宫室房屋，去世之后也需要一定的空间，如陵墓坟冢。发生战争，人们需要修建城池楼

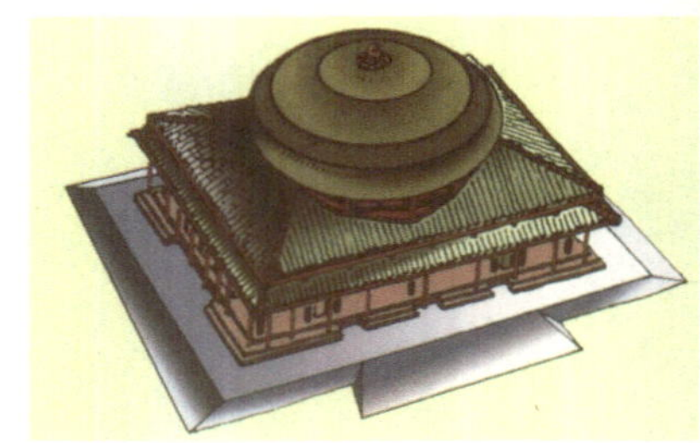
西周明堂复原图

站；从事信仰活动，则需建造塔寺观庙等。依照不同的生存需要，人们建造了不同种类的建筑。

（1）生活类

生活类古典建筑主要分为两种：一种是表现最高统治者工作、生活的皇家宫廷建筑群落，另一种是表现平民百姓生产、生活的民居建筑。其中，皇家宫廷建筑群落是中国古典建筑中成就最高的建筑类型，如故宫就是皇家宫廷建筑的典型代表。故宫的前三殿、后三宫都被置于中轴线上，无论是从建筑规模还是从建筑形制上看，都在古典建筑中首屈一指。而平民百姓的民居建筑中最为典型的当属四合院。该类民居建筑通常分为前后两院，前院通常供仆役生活居住，后院则是招待贵客、举行家庭聚会以及主人起居生活的场所。四合院的空间布局受到传统礼制观念的影响，有着尊卑、长幼、亲疏等区别。

（2）市井、交通类

北宋词家柳永在《望海潮》一文中，就主要通过建筑的描述来展现杭州的美景。“钱塘自古繁华，烟柳画桥，风帘翠幕，参差十万人家。”大意是说，钱塘自古以来就十分繁华。如烟的柳树、彩绘的桥梁，挡风的帘子、翠绿的帐幕，楼阁高高低低，大约有十万户人家。这里描述的钱塘古典建筑历史悠久，繁富而精美。

故宫

四合院

江南民居

乐平戏台

水乡民居的码头

侗族风雨桥

市井飞梁

● 万里长城

● 城楼、城门

● 特殊的防御工事“瓮城”

● 开平碉楼

（3）战争防御工事类

① 瓮城

瓮城又称月城、曲池，是古代城池中依附于城门，与城墙连为一体的附属建筑，多呈半圆形，少数呈方形或矩形。当敌人攻入瓮城时，如将主城门和瓮城门关闭，守军即可对敌形成“瓮中捉鳖”之势。

② 开平碉楼

开平碉楼位于广东省开平市，是中国乡土建筑的一个特殊类型。它是一种集防卫、居住和中西建筑艺术于一体的多层塔楼式建筑。开平碉楼为多层建筑，远远高于一般的民居，便于居高临下地防御。碉楼的墙体比普通的民居厚实坚固，不怕匪盗凿墙或火攻。碉楼的窗户比普通民居开口小，安有铁栅和窗扇，外设铁板窗门。碉楼上部的四角，一般都建有突出悬挑的全封闭或半封闭的角堡（俗称“燕子窝”），角堡内开设了向前和向下的射击孔，可以居高临下地打击敌人。同时，碉楼各层墙上开设有射击孔，增加了楼内居民的攻击点。

③ 承启楼

承启楼是座四环式圆寨，有高大的土墙、深深的出檐，底层不设窗，唯有小小的石拱门作为出入口，到三四层楼才有采光通风的小窗，表现出建筑的防御特征。“承启楼”圆寨建于清康熙年间（1662 ~ 1722年），直径 73 米，是由同圆心的大圆环和小圆环三环相套而成的巨大古堡。每环之间以环井形天井间隔，外圈周长达 229 米，底层土墙厚达 1.5 米。最外环高 4 层，中环为 2 层，第 3 环为平房，中央圆心点上是一座八卦形的八角祖堂，全楼共有 400 个房间，总面积约为 5376 平方米，曾住过 80 户 600 多人。

（4）信仰类

信仰类建筑主要有塔寺、庙宇、道观以及民间信仰的殿宇等。

① 塔寺的样式有窣堵波、楼阁式塔、密檐式塔、喇嘛塔和金刚宝座塔。中国固

有的楼阁和从印度传入的窣堵波相结合，产生了中国式的佛塔，它是佛寺中最主要的建筑之一。窣堵波是古代佛教特有的建筑类型之一，主要用于供奉和安置佛祖及圣僧的遗骨（舍利）、经文和法物。其外形是一座圆冢的样子，也可以称作佛塔。公元前 3 世纪时，佛塔曾流行于印度的孔雀王朝，是当时重要的建筑。

楼阁式塔模仿楼阁的造型，将塔建成多层楼阁，内部设有楼梯和楼层，可以攀登，每一层外部设塔门和塔窗。玄奘的墓塔为楼阁式塔。

密檐式塔是从楼阁式塔发展而来的，在高度、体量方面与楼阁式塔相仿，但与楼阁式塔不同的是，塔身第一层和塔下的须弥座特别大，第二层以上的塔身比较矮小，塔檐紧密相连，塔内大多为实心，各层一般不设门窗。西安小雁塔为密檐式塔。

喇嘛塔是藏传佛教的独特建筑。其台基与塔刹造型讲究，高大基座上安置了一个巨大的圆形塔肚，上竖一根长长的塔顶。塔顶上刻有许多圆轮，再安置上华盖和仰月宝珠。北京妙应寺白塔为喇嘛塔。

金刚宝座塔是佛教密宗的主要建筑形式，主要建筑样式为方形的塔座（金刚宝座）加上上部的五座塔。宝座上的塔有密檐式、楼阁式、覆钵式等多种形式，有的金刚宝座塔还建在佛教建筑顶上。北京碧云寺的塔为金刚宝座塔。

② 庙宇、道观、民间信仰的殿宇在中国古人的信仰类建筑中所占的比例也不小。如山西五台山南禅寺，它是五台山佛教寺院中最小的一座。我国历史上曾多次发生大规模的毁寺禁佛事件，史称“灭法”，唐武宗的“灭法”仅是其中之一。会昌五年（845 年），唐武宗命令除东西二京左右街各留寺院四座，以及诸郡多留寺院一

承启楼

“承启楼”圆寨

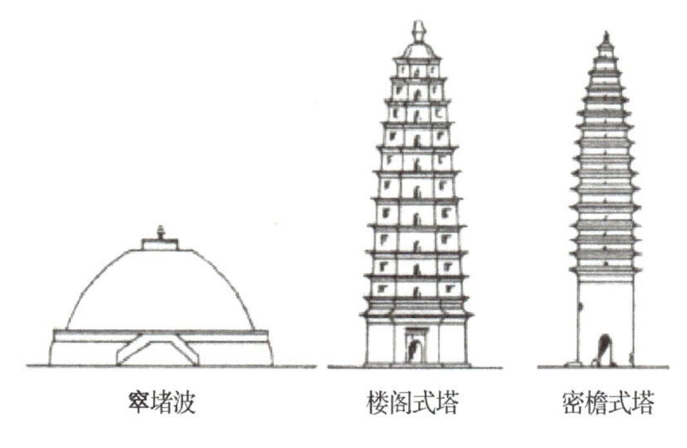

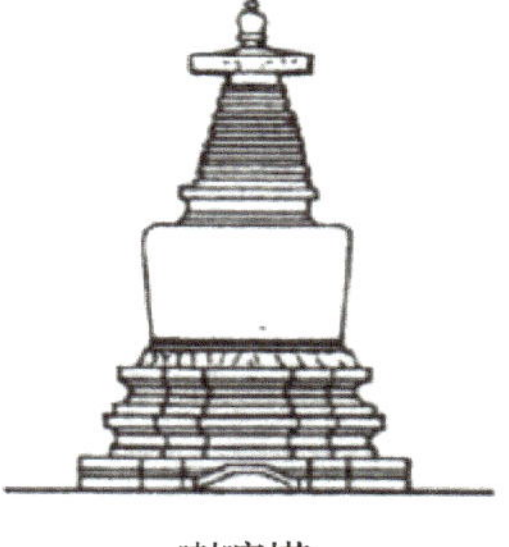

金刚宝座塔

塔寺样式图

玄奘的墓塔

西安小雁塔

北京妙应寺白塔

北京碧云寺金刚宝座塔

山西五台山南禅寺

白云观

妈祖阁

乾陵

座外，其余寺院全部拆毁，僧尼还俗。这次灭法拆毁大寺 4600 多座，小寺院 4 万余座，被勒令还俗的僧尼达 20 万余人之多。五台山除南禅寺外，无一幸免，而南禅寺这样一座小寺院竟然躲过了这一大难，真可谓奇迹。

白云观是中国最有名气的道观之一，它在《西游记》中出现过，享有“全真第一丛林”之誉。据载，白云观是唐玄宗为“斋心敬道”、奉祀老子而建。在广大道教徒心中，白云观具有崇高的地位。妈祖阁则是民间信仰的代表建筑。妈祖阁俗称天后庙，相传天后乃福建莆田人，本名林默，又名娘妈，能预言吉凶，死后常显灵海上，帮助商人及渔民消灾解难、化险为夷。不少沿海城市，如上海、天津、泉州等均建有类似的建筑，显示了妈祖信仰在中国沿海地区人民心目中的重要地位。

（5）彼岸的世界：地宫、陵墓

古人认为，人死后会进入另一个世界，也需要固定场所安息。乾陵是中国乃至世界上独一无二的一座两朝帝王、一对夫妻皇帝合葬陵，里面埋葬着唐王朝第三位皇帝高宗李治和中国历史上唯一的女皇帝武则天。

明孝陵宝顶位于方城明楼以北，是朱元璋和马娘娘的梓宫所在地，其中还陪葬了46位妃嫔。宝顶近似圆形，直径约400米，周围砌有砖墙，南墙以13层条石砌筑，正中横刻“此山明太祖之墓”7个楷书大字。宝城宝顶是中国古代帝王陵墓封土形制的一种建筑，即在地宫上方用砖砌成圆形（或椭圆形）围墙，内填黄土后夯实，顶部做成穹隆状。圆形围墙称宝城，穹隆顶称宝顶。

宝城宝顶

二、中国古典建筑的屋顶样式

屋顶就像一个建筑的“头”“首”“冠”，考察一个建筑的时候，屋顶的实用性和审美性都是非常重要的考察对象。中国古典建筑的屋顶样式丰富，并有等级高低之分。在这里，我们介绍几种主要的屋顶样式，即庑殿式、歇山式、攒尖式、悬山式、硬山式和卷棚式。

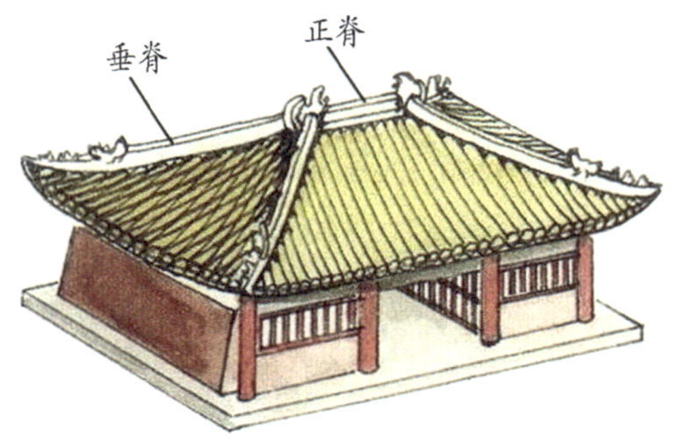

庑殿式屋顶各部分名称示意图

1．庑殿式屋顶

庑殿式屋顶有一条正脊和四条垂脊，屋顶前后左右四面都有斜坡，非常特别。

庑殿式屋顶是中国古典建筑中等级最高的屋顶样式，在古代，只有最尊贵的建筑物才可以使用，如重要宫殿、庙宇主殿堂等。明清时期，庑殿式屋顶的建筑中，最著名的要数紫禁城中的太和殿和太庙中殿，它们是重檐庑殿式屋顶，为中国古典建筑的最高规格。

太庙

2．歇山式屋顶

歇山式屋顶有一条正脊、四条垂脊和四条戗脊。歇山式屋顶的正脊比两端山墙之间的距离要短，因而歇山式屋顶在上部的正脊和两条垂脊间形成一个三角形的垂直区域，称为

● 歇山式屋顶各部分名称示意图

● 垂脊中断

● 山花

"山花"。在山花之下，梯形的屋面将正脊两端的屋顶覆盖。

歇山式屋顶最早见于汉阙石刻，并且早期的歇山式屋顶较小，直到明清时期的官式做法中才有了"大歇山"。歇山式屋顶在建筑的等级上还是很高的，最开始只有五品以上官员的正堂才能使用，后才渐渐用于其他民宅。歇山式屋顶比较好辨认，它好像是庑殿式屋顶的垂脊在中间"歇了一歇"，故名"歇山顶"。也正是由于正脊两端到房檐处中间折断了一次，所以歇山式屋顶的两侧会形成一个三角形的墙面，也就是山花。

3. 攒尖式屋顶

建筑的屋面在顶部交汇为一点，形成尖顶，这种建筑叫攒尖建筑，其屋顶叫攒尖式屋顶。攒尖式屋顶没有正脊，只有垂脊，垂脊的多少根据实际建筑需要而定，一般双数的居多，单数的较少。攒尖式屋顶多见于亭、阁，尤其是亭子，绝大部分都是攒尖式屋顶。

其中，较重要、较尊贵的建筑中使用攒尖式屋顶的例子，目前可见的主要有北京故宫的中和殿、交泰殿和天坛内的祈年殿等。

4. 悬山式屋顶

悬山式屋顶有一条正脊和四条垂脊在山墙处伸出。伸出山墙之外的屋顶是由下

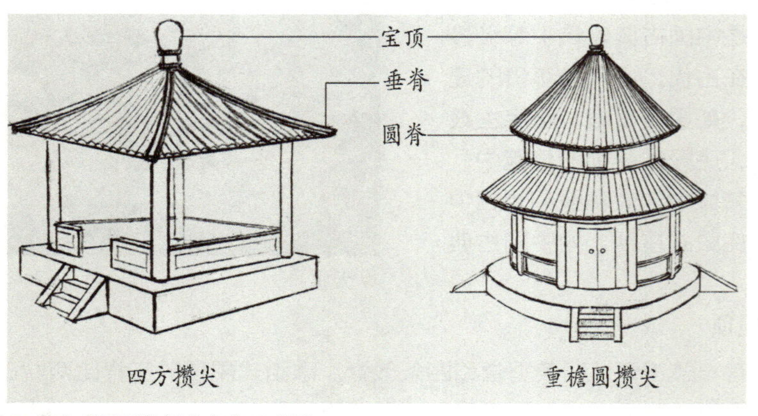

● 攒尖式屋顶各部分名称示意图

祈年殿

悬山式屋顶各部分名称示意图和实体建筑

面伸出的桁（檩）承托的，所以悬山式屋顶不仅有前后出檐，两侧山墙上也有出檐。悬山又称“挑山”，就是因为其桁（檩）挑于山墙之外。屋面有前后两坡，而且两山屋面悬于山墙或山面屋架之外的建筑，称为悬山式建筑。

古代，悬山式屋顶在等级上低于庑殿式屋顶和歇山式屋顶，高于硬山式屋顶，只用于民居，是东亚普通建筑中常见的一种样式。

5. 硬山式屋顶

硬山式屋顶造型的最大特点是比较简单、朴素，有一条正脊和四条垂脊，只有前后两面坡，而且屋顶在山墙墙头处与山墙齐平，没有伸出的部分，山面裸露没有变化。明清时期及其后，硬山式屋顶广泛地应用于我国南、北方的住宅建筑中。

硬山式屋顶是一种等级比较低的屋顶样式，在皇家建筑和一些大型的寺庙建筑中几乎没有硬山式屋顶。同时正因为它等级比较低，所以屋面都使用青瓦，并且是板瓦，不能使用筒瓦，更不能使用琉璃瓦。

硬山式屋顶各部分名称示意图和实体建筑

6. 卷棚式屋顶

这是中国古典建筑中一种圆脊形的屋顶，即将歇山、悬山或硬山式屋顶之正脊做成圆弧形曲线可看作样式组合或新变。也就是说，卷棚式屋顶与歇山、悬山、硬山式屋顶相组合，成为卷棚歇山式、卷棚悬山式、卷棚硬山式屋顶。它多用于北方民居、园林等建筑中。南方常见的“轩”，其室内天花亦名“卷棚”，是在弧形椽子上钉以薄板或置望砖，常用于厅堂、廊屋及园林建筑。卷棚式屋顶线条柔和，形象优美，大多出现在园林建筑中，更增添园林的优雅韵味。

本节介绍了六种主要的屋顶样式：庑殿式屋顶、歇山式屋顶、攒尖式屋顶、悬山式屋顶、硬山式屋顶，以及卷棚式屋顶。还有更多的屋顶样式，在此就不一一列举了，如有兴趣，可通过阅读楼庆西教授的《屋顶》《屋顶艺术》和王其钧教授的《中国传统建筑屋顶》来汲取更多的古典建筑屋顶知识。

● 卷棚式屋顶示意图

● 卷棚式屋顶与其他屋顶样式的组合实体建筑

附：中国古典建筑中的屋顶

硬山　悬山　卷棚

单檐歇山　攒尖　单檐庑殿

重檐庑殿　重檐攒尖　重檐歇山

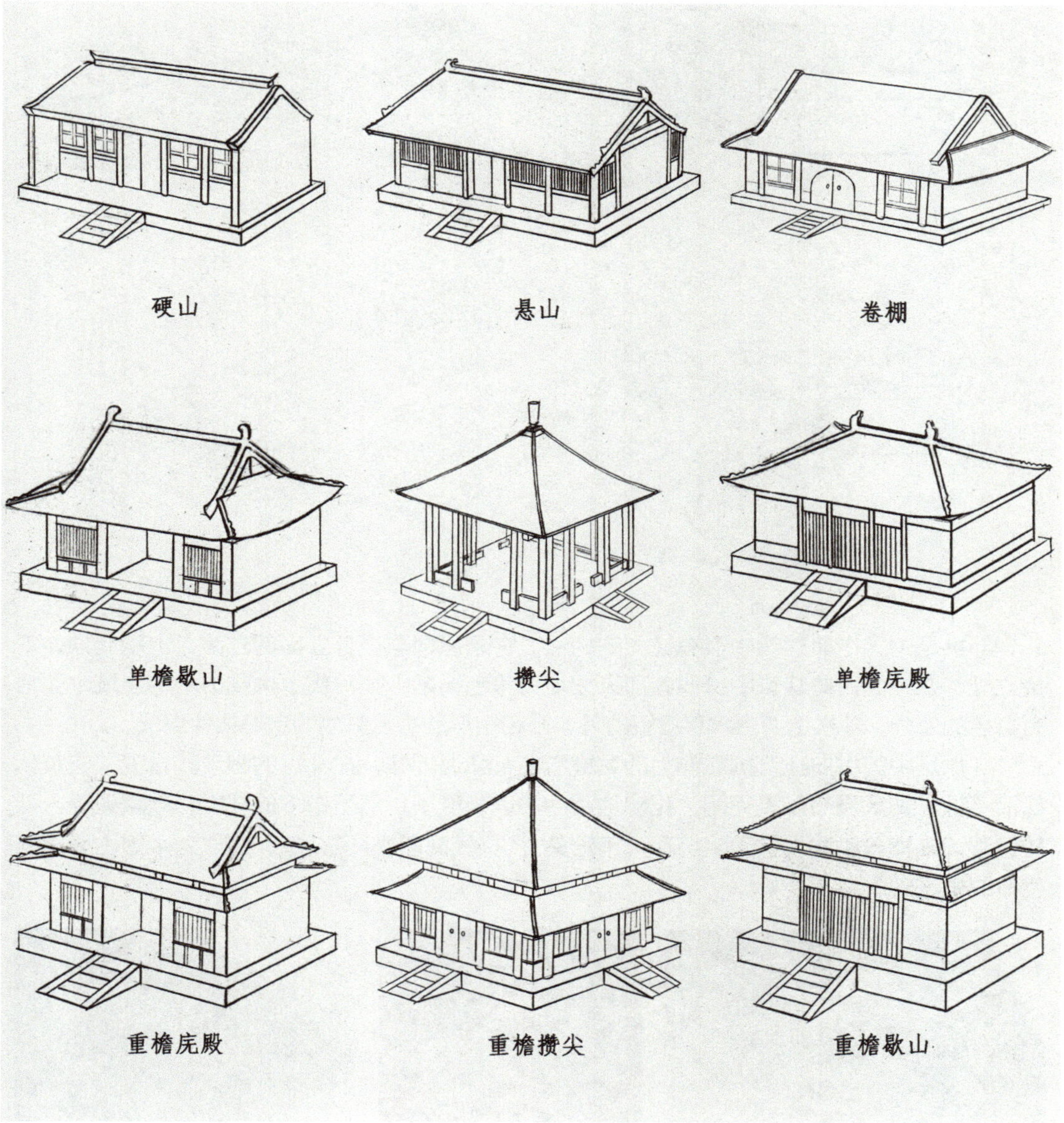

第二节　星光点点，河汉璀璨——中国古典建筑特征词汇举隅

前面我们介绍了中国古典建筑中的屋顶及其样式，本节我们来介绍古典建筑的其他几个重要构件。这些建筑构件都体现了先人的智慧和审美，可谓星光点点、河汉璀璨。

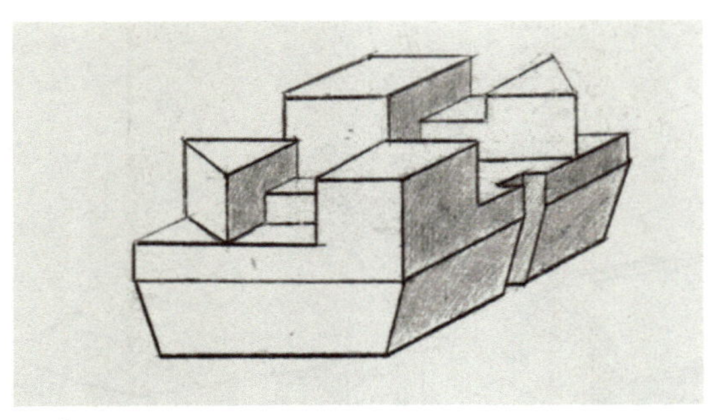

● 斗

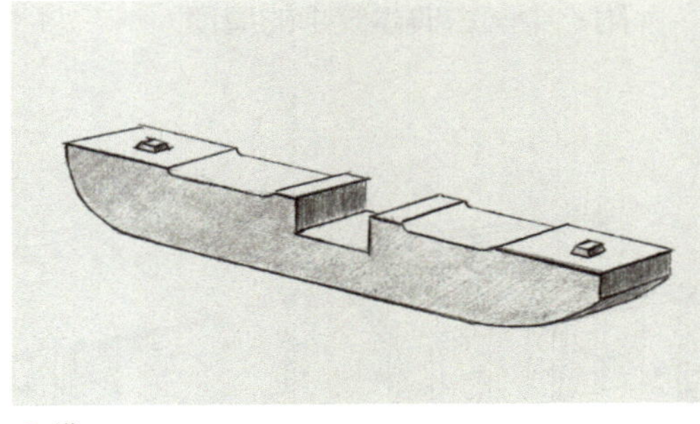

● 拱

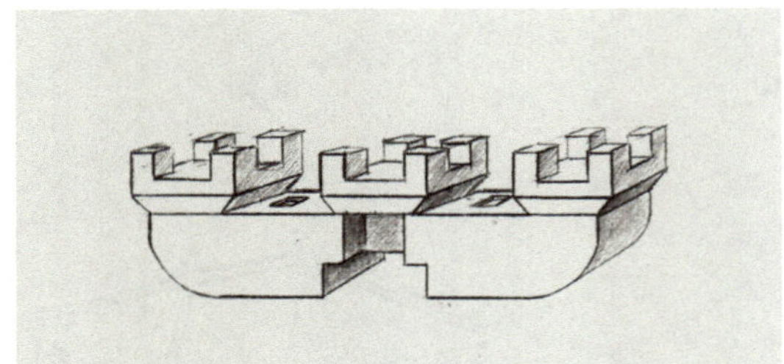

● 升

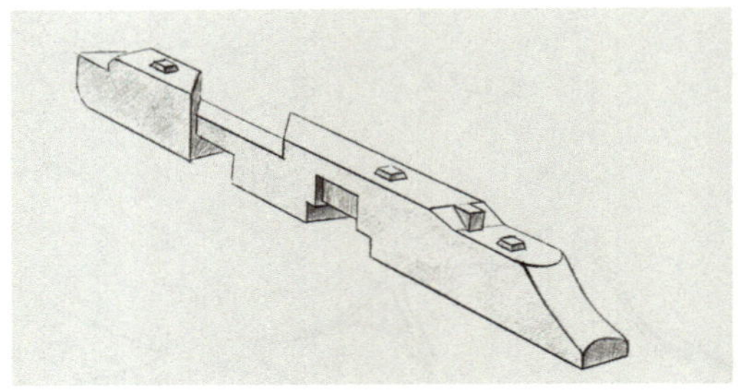

● 昂

一、斗拱

斗拱是中国古典建筑中很有魅力的构件。它是屋顶与屋身立面的过渡，上承屋顶，下接立柱，在中国古典建筑中扮演着顶天立地的角色，是中国古代木构或仿木构建筑中非常有特色的部分。斗拱主要由水平放置的斗、升和矩形的拱及斜放的昂等构件组成。

斗拱是中国古典建筑抗震能力的关键所在，如遇地震，在斗拱的起承转合下，建筑体松而不散，如太极般以柔克刚，化解地震冲击。藏匿于华丽屋檐下的斗拱，默默无语，斗转星移间支撑着中国古典建筑历尽风雨沧桑。它是那样的朴实无华，却成为中国古典建筑生命的中流砥柱。

● 各种样式的斗拱实物

二、吻

“吻”亦称“正吻”“大吻”，是中国古典建筑屋脊上的兽形装饰。正脊两端的称为正吻，根据其形象的不同又可分为鸥尾、鸱吻或吻兽。

为什么要选用这些小兽安放在古典建筑上呢？因为这些小兽是人们心中的吉祥兽，象征消灾灭祸、逢凶化吉，还含有祛除邪恶、主持公道之意。古人把建筑装饰上这些走兽，

鸱尾

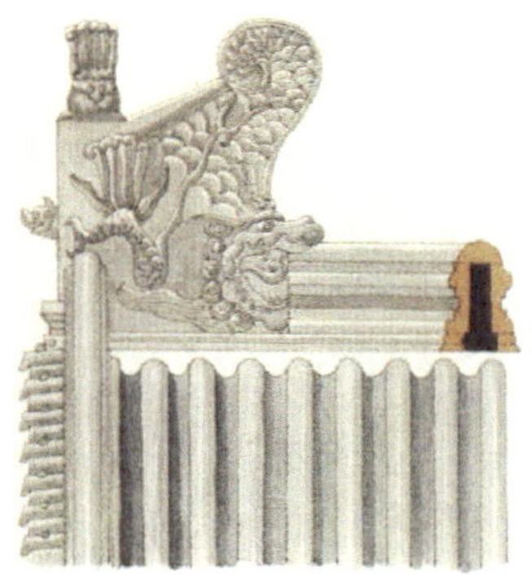

鸱吻

使建筑更加雄伟壮观、富丽堂皇，充满文化艺术魅力。

三、须弥座

须弥座原是佛教造像的底座，从印度传入，后来代指建筑装饰的底座。须弥座有莲花形的、金刚柱形的、马蹄形的、束腰带雕饰的、全面雕饰的等等，纹饰种类较多。

须弥座传入中国后，常用来承托较为尊贵的建筑，如宫殿和庙宇中的大殿，以及影壁底座等。

四、瓦当

在屋面上覆盖瓦缝的筒瓦，其最下面一块半圆形或圆形的端头装饰，即“瓦当”。瓦当最早见于西周晚期。瓦当上刻有文字、图案，也有用四方之神的“朱雀”“玄武”“青龙”“白虎”做装饰的。

瓦当图案设计优美，字体行云流水，极富变化，有云头纹、几何形纹、饕餮纹、文字纹、动物纹等等，为精致的艺术品，属于中国特有的文化艺术遗产。

莲花须弥座

束腰带雕饰的须弥座

全面雕饰的须弥座

各式各样的须弥座

瓦当

四神纹瓦当

● 各种各样的瓦当

五、影壁

影壁又称照壁，古称“萧墙”，是设在建筑或院落大门里面或外面的一堵墙壁，面对大门，起到屏障的作用。同时，它也是一种极富装饰性的墙壁。

● 影壁

影壁最早起源于建筑风水说。古人迷信，认为自己居住的房子会有鬼来“拜访”。因此，大户人家一般会在自己家的大门后建一堵墙，这样鬼闯入后会在墙上看到自己的影子，就会被吓跑。还有一种说法是，古人建房子讲究风水，风水讲究导“气”。古人认为，“气”不可以直接冲向厅堂和卧室，否则不吉利。为了解决这个问题，就在大门后面建了一堵墙。可是又不能让“气”不流通，所以这堵墙和房子并不连通，于是就形成了萧墙，也就是影壁。当然，影壁也有其功能上的作用，那就是遮挡住外人的视线，即使大门敞开，外人也看不到宅内。影壁还可以烘托气氛，增加住宅的气势。目前，我国现存古代最著名、壁体最大、雕工最精的影壁当属山西大同的九龙壁。

● 九龙壁

六、雀替

雀替是安装在柱子上端的用来与柱子共同承受上部压力的物件，其位置在梁与柱或枋与柱的交接处。它除了具有一定的承重作用外，还可以缩短梁、枋的跨距或是增加梁头的抗剪能力。

雀替的纹样、雕饰不仅逐渐增多，而且越来越精美，到清朝时尤为丰富多彩而精致，几乎可以说雀替因此逐渐变成了

● 龙门雀替

建筑上一种纯粹的装饰性构件。明朝以前的雀替几乎没有雕饰，即使有一些也只是彩画，而从明朝起，雀替大都雕刻云纹、卷草纹等。清朝中期以后，有些雀替还雕刻有龙、禽之类的动物纹，非常精美。自雀替在南北朝的建筑上出现起，在以后的千余年里，它变化出了多种样式。除了各式各样的花牙子外，还有大小雀替、通雀替、龙门雀替、骑马雀替等。

● 龙雀替

● 梅竹纹雀替

● 葫芦纹雀替

● 回纹雀替

● 牡丹花雀替

七、藻井

天花是遮蔽建筑内顶部的构件，而建筑内呈穹窿状的天花则称作“藻井”。这种天花的每一方格为一井，又饰以花纹、雕刻、彩画，故名“藻井”。“藻井”一词，最早见于汉赋。藻井在古典建筑中起装饰作用，有着重要的功能。一般来看，大的佛殿中，主体佛像上方都要做藻井，这样显得佛像更加庄严。制作藻井，通常使用木材，采取木结构的方式做出方形、圆形、八角形等，以不同层次向上凸出，并在每一层的边沿处都做出斗拱。

● 平棋方格藻井

● 圆形藻井

方形藻井

龙凤藻井

藻井通常位于室内的上方，呈伞盖形，由细密的斗拱承托，象征天宇的崇高。藻井上一般装饰有彩画、浮雕。《风俗通》载："今殿作天井。井者，东井之像也。菱，水中之物。皆所以厌火也。"东井即井宿，二十八宿中的一宿，古人认为它是主水的，在殿堂、楼阁的最高处作井，同时装饰以荷、菱、莲等藻类水生植物，希望借以压服火魔的作祟，以护祐建筑物的安全。

最具特色的藻井在太和殿，也就是紫禁城的"金銮殿"，这是明清两朝帝王举行大朝会的地方。太和殿的藻井充分体现了皇权至高无上的地位，藻井中巨龙蟠卧，口衔宝珠，覆以黄色琉璃瓦，以示太和殿为天下最中。开间与进深用九五，象征帝王九五至尊；以彩绘象龙，象征帝王为真龙天子。

不同形状的藻井

太和殿的藻井

八、窗

窗承载着丰富的文化底蕴，多少文人墨客对它寄予了深深的感情。“小院闲窗春已深”“庭院深深深几许，云窗雾阁常扃”，这些诗句都蕴藏着古代文人对窗的溢美之词。中国古典建筑的窗式样变化丰富，各有风采，大致可分为直棂窗、格扇窗、槛窗、什锦窗、支摘窗、空窗、漏窗等。

什锦窗主要用在园林建筑及北京四合院住宅中，具有极强的装饰作用。其形状多种多样，各种图案均采自造型优美的器皿、花卉、蔬果与几何图形，如玉壶、扇面、寿桃、五方、六方等。支摘窗还具有可支起可放下的优点。

漏窗不能开启，但有沟通内外景物的作用。通过漏窗，我们可以看到另一边的景色，似通还隔，若隐若现。漏窗发展到后来，大多内置多姿多彩的图案，本身就是优美的景点。空窗与漏窗的区别是，空窗只有窗洞而没有窗棂。在建筑中，如果空窗属于“虚”的要素，那么漏窗则属于“半实半虚”的要素。空窗的设置可以使几个空间互相穿插渗透，将内外景致融为一体，又能增加景深、扩大空间，营造深邃而优美的意境。

● 直棂窗

● 格扇窗

● 槛窗

● 什锦窗

● 支摘窗

● 空窗

● 漏窗

● 罩

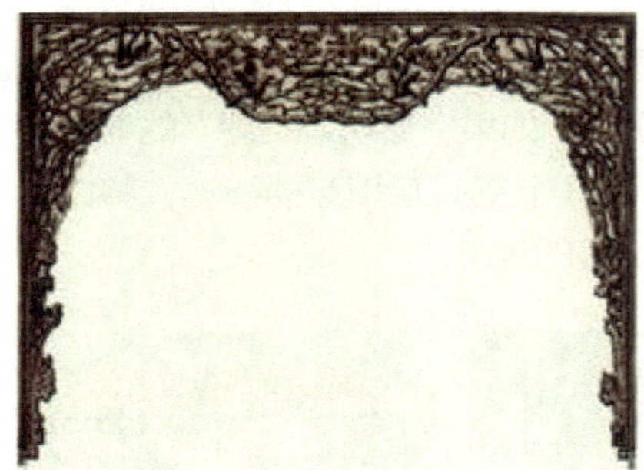

● 飞罩

● 栏杆罩

● 几腿罩

九、罩

罩是室内隔断的一种，用硬木浮雕或透雕而成，其立面形象大体呈倒凹形。罩包括飞罩、栏杆罩、几腿罩、落地罩等，一般根据紧贴柱子所安构件而定其称谓，安一段短栏杆的称为栏杆罩，安一条形似几案的腿的木条的称为几腿罩，安一扇隔扇的叫落地罩。它们最大的特点是“隔而不断”，对于柱梁两侧的两个空间有所界划，但绝大部分敞开，使两个空间仍然彼此连通。罩只是对空间做虚拟式的界定，即感觉上已将室内分隔成了两个部分。下面我们介绍几种主要的罩。

1．飞罩

飞罩是罩的形式之一，是一种比较轻巧的富有装饰性的室内隔断。它的形象是两端下垂，但不落地，呈凌空状态，如拱门，如燕子展翅欲飞，所以得名“飞罩”。其特点是“隔而不断”。

2．栏杆罩

栏杆罩是罩的一个小类，就是用两根立柱将室内空间从开间或进深方向分为三段。三段的顶部是一横披，横披下安着一道横枋，枋下柱间饰骑马雀替。在两柱所分的三段空间中，中段较宽，作为通行的通道，而两侧的两段较窄。在这两段较窄空挡的下部安装矮栏杆，栏杆上有精细的雕刻，富有室外栏杆的意味，所以这种罩称为“栏杆罩”。

3．几腿罩

几腿罩的形象与栏杆罩、落地罩相比，更简单一些。除了上面的横披和横枋下的骑马雀替不变外，几腿罩两侧下部没有栏杆，更没有隔断，只有小的垂柱，而且柱头不达地。因为其柱头形如几案的腿，所以称为“几腿罩”。

4．落地罩

落地罩也是罩的一个小类，就是在建筑的开间左右柱或是进深的前后柱的柱边各安一扇隔扇，上面饰以雕刻或是用棂条拼成各种图案，隔扇直落至地面，因此被称为“落地罩”。落地罩的大体形象与栏杆罩相仿，也是上有横披，下部分为三段，中段宽大，两侧两段较窄。不同的只是两段较窄的空挡内安装的是隔扇而不仅仅是矮栏杆。

落地罩

因此，在通透性上，落地罩不如栏杆罩。

除了落地罩，还有一种只悬挂在房间中柱间的罩的形式，这种用木棂条组成的不落地罩又称作“天弯罩”。天弯罩只是作为房间上部的装饰，其隔断的作用则被大大减弱。

本节我们一共介绍了九种古典建筑中的特征术语，包括斗拱、吻、须弥座、瓦当、影壁、雀替、藻井、窗、罩，其中斗拱是古典建筑的灵魂构件。

第三节 境外之象，诗情画意——中国古典园林艺术

一、中国古典园林发展的历史阶段

1．先秦至秦汉

此时期一般被称为“自然时期”，是从“囿”到“苑”的发展时期。其中，商周的园林主要称为“囿”，秦汉的园林主要称为“苑”。原始时期，先民主要的生产活动是狩猎，后来慢慢进化到种植定居，驯养了一些野生动物，也种植了一些植物，这样就出现了圈养。在甲骨文、金文中出现了“因、眺、囿”“鉴、翻、圃”等字。随着生产力的进一步提高，出现了专门从事农事、畜牧、手工业制作以及各种杂务

囿

上林苑

劳动的奴隶阶层。劳务之后，奴隶主和帝王们就有了足够的时间来进行各种游乐活动，其中也包括“狩猎”。那些被选择用于狩猎的地方，一般是禽兽比较集中，山青林茂，水草丛生之处，这就是用于种植植物与圈养动物的“囿”。囿主要有三个特点。其一，片地宽广。一般方圆几十里、上百里左右。其二，工程浩大。囿的周围有界垣，囿内有台屋构筑。其三，人工设施增加。狩猎的地方距离统治中心地较远，不免要在囿内建寝殿屋宇。

汉朝时，这种早期的“囿”有了新发展。它不再是原始状态的自然山林，而是日趋专门化了。帝王们在这里建“宫”设“馆”，除了为满足游猎需要，增添了寝殿屋宇等生活设施，还配置了观赏植物、人工山水等景色，使其初步具有了“园林”性质。从汉朝起，它的名称也从“囿”改称“苑”或“苑圈”了。汉武帝时，著名的“上林苑”中有“建章宫”“太液池”等园林设施数十个，设置了“射熊馆”“鹿观”“虎圈观”等多种动物的圈观，并种植了各地送来的奇花异草。

2. 魏晋南北朝

这一时期崇尚玄学的文化态势，汇成了一种“时代的趋向”——隐逸意识流风远播，欣赏自然美蔚然成风。园林从利用自然发展到模仿自然，筑山造洞和栽培植物都有了很大的发展。造园的主要目的是追求自然情致，如北魏张伦的“景阳山”，有若自然，是自然山水园林的代表。

● 山水方滋

3. 隋、唐、宋

隋、唐、宋是中国古典园林的兴盛期。由于经济和文化艺术的发展，这一时期的园林主要呈现出两个特点。一是在苑囿的营建中注意了游乐和赏景的作用，如在殿宇建筑外已注意到叠石造山、凿池引泉；布局也趋于融洽优美，具有休憩、游赏甚至宴乐之功能。二是绘画、文学等与造园艺术互相促进。如“诗画兼备”的王维，也是一位杰出的造园专家，他设计营建的“辋川”是诗中的辋川、画中的辋川，还是禅中的辋川。

唐朝士大夫建园造楼蔚然成风。山清水秀、奇石拥翠、四时景致变换瑰丽的辋川吸引着心灵活泼、极具悟性的诗人王维，也注定与他结下一段良缘。王维在辋川半官半隐，创作了大量形神俱佳、气韵生动、画意盎然的山水田园诗篇。在著名的《辋川集》中，作者以辋川山庄的文杏馆、鹿柴、临湖亭、金屑泉、白石滩、竹里馆、漆园、椒园等二十景入诗，这二十首诗，每首都是一幅独立成画的精美小品，组合起来又成一幅井然有序的辋川别墅图。不知是辋川的美，启发了王维的诗、画、禅、乐，还是王维的多种艺术修养使辋川别具一格。辋川园林之精巧，山水之清秀，境界之静美，令人赏心悦目。而王维之诗，一字一句，皆出常境。

4．元、明、清

元、明、清，特别是明清时期，古典园林艺术臻于鼎盛和升华的阶段，这既表现在前所未有的园林数量上，也表现在进一步提升的园林质量上。具体说来，皇家园林规模庞大，如圆明园、北海、颐和园等。私家园林也得到空前发展，如拙政园、留园、个园等。此外，园林设计上升至理论化阶段。明朝计成的《园冶》，是中国第一部园林艺术理论专著。

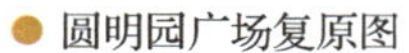

● 圆明园广场复原图

● 个园

二、中国古典园林的审美特点

古典园林作为建筑的一部分，除了具有基本的实用职能外，也是美的另一种载体，处处彰显了古人的审美方向和审美价值。纵览中国古典园林，其设计营造既满足实用之需，又极具风格，且不失文化情韵。其背后更是深蕴古典文化之精义，古人情操志向之风骨，集科技文明、思想文明、艺术文明于一体。

1．建筑融人文与自然于一体

（1）人文的建筑追求与自然的神似。古典建筑以自然山水为基础，以植被为装饰点。山水、植被这些构成园林的基本要素，人们对此不是简单地随意摆置，而是有意地选择有

● 诗画中的园林布置

特色的山水、植被，将其加工、调整成最适合的自然景观。虽由人做，却宛若天开。从而，达到了“一峰山太华千岳，一勺水江湖万里”的神似境界。

（2）建筑之外，还要诗情画意。诗画情韵也是古典园林所追求的精髓之一。诗画和园林的精髓在于所追求的意境，这也是古典园林的本质特征。如，描述庭院布置的有：“别梦依依到谢家，小廊回合曲阑斜。多情只有春庭月，犹为离人照落花。”（张泌《寄人》）

又如，叙写院落和自然天气搭配的有：“梨花院落溶溶月，柳絮池塘淡淡风。”（晏殊《寓意》）“东风袅袅泛崇光，香雾空蒙月转廊。”（苏轼《海棠》）

诗画中的园林与自然

诗画中的庭院布景

再如，由庭院布景引发无限感慨的有：“无可奈何花落去，似曾相识燕归来，小园香径独徘徊。”（晏殊《浣溪沙》）“小径红稀，芳郊绿遍，高台树色阴阴见……一场愁梦酒醒时，斜阳却照深深院。”（晏殊《踏莎行》）

庭院与诗画仿佛一对恋人，亲密无间。许多感觉无须表白，即可心领神会。这就是言外之境、味外之味的意趣。

2. 意境美

诗歌、绘画的意境是借助于语言或线条、色彩构成的，而园林的意境则是借助于实物构成的。园境和诗境、画境在美学上的共同之处是“境生于象外”。诗境、画境都不是局限于有限的物象，而是要在有限中见出无限。同样，园林的意境也不是一个孤立的物象，不是一座孤立的建筑，不是一处有限的风景，而是要有象外之象、景外之景。这种象外之象、景外之景，相比于孤立的物象，能够给予游览者更丰富的美的感受。为了创造园林的意境，表现象外之象、景外之景，明清园林美学着重强调了以下两点。

（1）采取虚实相生、分景、隔景、借景等手法，组织空间，扩大空间，丰富美的感受。沈复的《浮生六记》谈到虚实相生的手法：“若夫园亭楼阁，套室回廊，叠石成山，栽花取势，又在大中见小，小中见大，虚中有实，实中有虚，或藏或露，或浅或深，不仅在周回曲折四字，又不在地广石多徒烦工费。”

具体手法，可以借助轩窗达到这种效果。计成《园冶》云：“轩楹高爽，窗户虚邻，纳千顷之汪洋，收四时之烂漫。”

轩窗的效果

也可以使用亭。亭的特点是空，是虚。正因为空和虚才最大限度地解放了人们的视觉和想象的空间，使人无限地感受空间的景色。“惟有此亭无一物，坐观万景得天全。”（苏轼《涵虚亭》）虚实相间，令人神往。

还可以营造楼、阁等。如：“落霞与孤鹜齐飞，秋水共长天一色。”“天高地迥，觉宇宙之无穷；兴尽悲来，识盈虚之有数。”（王勃《滕王阁序》）“衔远山，吞长江，浩浩汤汤，横无际涯。朝晖夕阴，气象万千。”“先天下之忧而忧，后天下之乐而乐。”（范仲淹《岳阳楼记》）这些都是古代借助亭、台、楼、阁营造美景，继而抒发感慨的典范。

文人墨客对美的感知，对自然的思考，对人生的领悟，多源自园林中的楼、阁、亭等，由景而思，灵感涌现，这就是楼、阁、亭在创造意境方面的妙处。在有限的实体建筑之外，人们的灵感、思绪如脱缰的野马，奔驰万里。

（2）不仅重视实景，而且重视声、影、光、香等虚景与实景的搭配。例如，听雨。“柳外轻雷池上雨，雨声滴碎荷声。”（欧阳修《临江仙》）轻雷声、细雨声伴着池柳碎荷，即使十分轻小，也有效地缓解了院落的寂寥氛围。“小楼一夜听春雨。”（陆游《临安春雨初霁》）

亭的实与虚

滕王阁

岳阳楼

● 香在园林布景中的运用

“伤心枕上三更雨，点滴霖霪，点滴凄清，愁损北人，不惯起来听。”（李清照《添字采桑子》）庭院中种下簇簇芭蕉树，硕大的叶子形成一片浓荫。夜雨降临，滴落在芭蕉叶上的声音，轻扣着主人的心扉。阴翳的庭院、琐碎的雨声默默表达着主人的情感。

又如，观影。林逋的《山园小梅》：“疏影横斜水清浅，暗香浮动月黄昏。”稀疏的梅花枝干的影子，横斜在清浅的水中，清幽的梅花芬芳浮动在黄昏的月光之下。梅、月与小院，共同构建出和谐、优雅的意趣。“云破月来花弄影。”（张先《天仙子·水调数声持酒听》）风起了，刹那间吹开了云层，月光透露出来了。花被风吹动，也在月光的照耀下婆娑弄影。小园在云、风、花、影的互动下，变得春意盎然，连漫步园中的人也随之心情轻松了起来。

再如，品香。“听香亭畔春风起，吹折琼花三两蕊。烟梢留宿白云飞，横渡溪桥归海屿……但见芬芳遍太虚，唯聆馥郁周寰宇。幽香和冻堕琴床，旖旎肝肠熏骨髓。”（叶颙《再赋听香亭》）建筑审美与诗性之美在通感的作用下交织成美妙的感受。“香”不仅可以品、闻，还可以听、观。亭在香的氤氲之下，滋生出客体之外的主观感受，芬芳的亭旖旎，幽香的亭清雅……有了香，亭变得更加多姿，香亭一体，亭与人的交流更富于感性。

本节主要介绍了古典园林的发展历史和审美特点，可以说古典园林是“凝固的智慧”，是“凝固的审美”，是自然与人文结合的杰作。

第四章

仪程繁复　形态多样

——中国传统婚恋文化

从历史学的角度来看，中国古代的婚恋形态经历了从族内婚到族外婚，从多偶婚到专偶婚的发展轨迹。从社会学的角度来看，中国传统婚恋呈现出男女情爱主导的婚姻、政治目的主导的婚姻、强权统治主导的婚姻、经济利益主导的婚姻和宗教信仰主导的婚姻五种形态。从文化学的角度来看，中国传统婚姻的仪程比较繁复，分为婚前礼、正婚礼、婚后礼，其中每一环节又有若干细部的礼仪，这显示了古人对婚姻的理解。中国传统婚姻的目的、原则、特点、意义构成了考察中国传统婚恋文化的几个维度。

在详细讨论中国传统婚恋文化之前，首先请看这样一篇县志，之后思考下面几个问题：第一，这篇县志所讲述的主人公是谁？她有没有结婚？第二，她生前的生活状态是什么样的？她的死因是什么？第三，当地人对她这样的生活方式和死亡方式持怎样的态度？

这篇县志所讲述的主人公是一个未婚女性，她引火自焚而亡，导致这种死亡的原因竟然是为三乡桥头村未婚亡夫郑秩寡守空房，她每天过着长斋念佛的生活，后及又引火自焚而亡。面对这样的事件，我们无比悲痛，期盼着这样的悲剧尽可能少一点，再少一点。可是，这样的生活方式和死因在当时、当地却为人们所称道。祠堂门口牌匾上的“贞女祠”三个字，显示了当时人们对这个女子自焚行为的态度，不是反对，而是宣扬提倡。“一径松风四当花雨，半庭冷月午夜寒霜。”“女中贞烈有过于祠主，撩人凭吊。”可见，“为亡夫枯守一生”的生活方式，在当时、当地人们心中，多么被敬重。对比古、今人对女主人公自焚行为的不同态度，我们感到传统的婚恋观中有许多值得反思的东西。这就是我们学习中国传统婚恋文化专题的必要性。

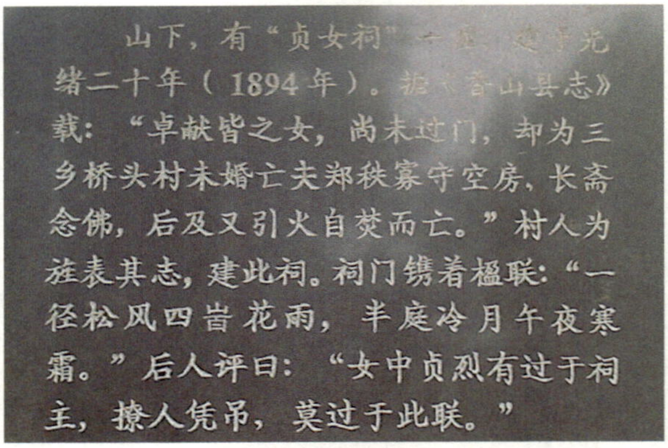

山下，有“贞女祠”[illegible]光绪二十年（1894年）。[illegible]香山县志》载：“卓献皆之女，尚未过门，却为三乡桥头村未婚亡夫郑秩寡守空房，长斋念佛，后及又引火自焚而亡。”村人为旌表其志，建此祠。祠门镌着楹联：“一径松风四当花雨，半庭冷月午夜寒霜。”后人评曰：“女中贞烈有过于祠主，撩人凭吊，莫过于此联。”

● 香山县志·贞女祠

第一节 由内而外，由多而专——中国古代婚恋形态的演变

一、什么是婚姻

婚姻是一定社会制度所确认的男女两性的结合，以及由此产生的关系。这里一共有三个核心点，分别是一定社会制度、男女两性的结合和由此产生的关系。其中，男女两性的结合是婚姻成立的前提条件。婚姻与性关系不同，性关系不过是个人生理上的要求，而婚姻含有社会的意味，带着制度的色彩。性欲是生理的，婚姻则是社会的。

社会组织以家庭为基本单位，而家庭的成立，一定要经过婚姻的历程，所以婚姻状况的好坏对社会有直接、间接的影响。因而，婚姻一语，通常有当作一种社会制度使用的意味，结婚双方彼此间的权利义务，以及彼此对于子女的权利义务，皆包括在其中。

二、人类婚姻形态的历史演变

在人类进化过程中，婚姻形态大致经历了以下几个阶段：原始婚群—血缘家族（族内婚）—对偶婚（族外婚）—一夫一妻制。

由原始婚群到血缘家族经历了数百万年的时间，这是由猿到人的重要发展阶段。这一时期的婚姻形态可分为杂乱婚和班辈婚。杂乱婚阶段的婚姻状态是杂乱无章的，所谓“男女群居杂处无二别”。不同辈分之间的婚恋行为时常发生。这样的婚姻状态显然不利于人类的生存和发展。

当时的族群规模虽大，但生产力非常低下，征服自然的能力很有限，人的生活和生产能力受到严峻的考验。为了更好地生存，原始族群必须分化成若干个小集团。正如马克思所言："由血缘家族所指明的社会状态，证明以前（原始集团）有一种杂交状态存在，这与达尔文的说法相反，一俟原始群团为了生计必须分成小集团，它脱离杂交状态而形成血缘家族。"也就是说在原始社会极为残酷的条件下，人类为了能更好地生存和发展，排除了父母辈、子女辈、孙辈混为婚媾的乱伦关系，从而由"杂乱婚"进入"班辈婚"阶段。

班辈婚是指在一个族群内部，只有同辈分的男女才允许发生婚恋关系，包括兄弟姐妹之间均可能成为婚媾的对象，但是不同辈分的人之间不可以发生婚恋关系。这是婚姻家庭发展史和人类发展史上的一大进步，也正是在这时候人类产生了最初的伦理观念的萌芽。

由族内婚转向族外婚，是人类发展的另一个重要阶段。导致这一发展的原因主要是：经过漫长岁月的洗礼，大量的实践表明，兄弟姐妹之间经婚媾所生下的后代中，有大量的畸形儿、痴呆儿等，严重危及了族群的整体延续。"男女同姓，其生不蕃。"（《左传》）"同姓不婚，惧不殖也。"（《国语·晋语》）人们逐渐认识到这种现象是"族内婚"带来的危害后，就开始努力消除这种危害，当然这中间经过了很长时间的观察、排查、分析、总结、改进等思维提升的过程。

原始社会生产力极其低下，人类主要依靠狩猎、采摘等来维持基本的生命延续。生产工具十分拙陋，一些大型获取食物的活动，如狩猎、工具制造等需要依靠群体和群体之间的合作才能完成。这给居住较近的群体创造了接触和增进感情的机会。加之改变族内婚所带来可怕后果的迫切需要，族外婚就在劳动合作中自然而然地发生了。恩格斯认为，家庭组织方面的两大进步：一个在于排除父母和子女之间的两性关系，另一个在于排除了同一族群内部的兄弟姐妹之间的两性关系。显然，第二个进步比第一个进步重要得多，也困难得多。

族外婚阶段又可以分为三个时期：多偶婚、对偶婚和专偶婚。

1．多偶婚

多偶婚建立在几个兄弟及其妻子之间或几个姊妹及其丈夫之间的群婚制度的基础之上。这里所说的兄弟包括堂兄弟、再从兄弟、三从兄弟，姊妹也包括堂姊妹、再从姊妹、三从姊妹和彼此都视为有姊妹关系的更远的姊妹。这是一种排斥兄妹血缘婚而允许其他两组兄弟和姊妹之间互婚的群婚，相较血缘婚前进一步，因此也称作多偶婚或伙婚。

2．对偶婚

在许多组男女互婚的情况下，通过自然进化的长期过程，必然形成主夫和主妻，他们彼此最相爱、生活得最和谐，从而逐渐疏离了其他妻子或丈夫。这样，对偶婚就自然而然地形成了。在这个阶段，男女双方可与多个异性发生性关系，但存在相对固定的一个异性伴侣，生下的子女归女性氏族所有。对偶婚中的异性伴侣越固定，越容易发展为专偶婚。在对偶婚制度下，一方面，女儿往往是父母的财产，在婚姻交换中财产和新娘的价值是统一的，这种靠抢劫、斗争得来的妻子，或是用财物换取、购买来的妻子只会是独占的，不可能白白送给别人。于是群婚形式的多偶婚、对偶婚逐渐消失。另一方面，对偶婚中的双方在年轻时改换配偶较容易，到了中年以后，对偶关系逐渐稳定，有的甚至可以维持二三十年，共生一批子女。还有一些配偶，相互产生独占的意识，自觉地朝着专偶婚的方向发展。这些都促使了多偶婚、对偶婚向专偶婚的方向转变。

3．专偶婚

这种婚姻形态具有两个特点：一是产生了爱情的萌芽，爱情具有专一性和排他性，这是人类脱离群婚的一大进步；二是夫妻占有共同经营的家庭经济，使个体家庭从母系氏族中分离出来，家庭私有制逐渐形成。

由多偶婚、对偶婚向专偶婚发展的过程，诚然是从母系向父系过渡的一场尖锐的革命斗争。虽然女性由此失去了原始社会的优越地位，形成历史性的悲剧，但它极大地促进了人类婚姻史的进步，推动了人类社会的发展。

第二节 有情人终成眷属吗？——中国传统婚恋文化的形态分析

“关关雎鸠，在河之洲。窈窕淑女，君子好逑。”这首远古的绝唱表达了先民们对理想爱情的向往。建立在爱情基础上的婚姻，又何尝不是今人心中美好的憧憬！然而，在历史的长河中，传统婚恋形态却经历了很多种情况。本节我们一起来分析中国传统婚恋文化的多种形态，它大致可分为男女情爱主导的婚姻、政治目的主导的婚姻、强权统治主导的婚姻、经济利益主导的婚姻和宗教信仰主导的婚姻。

一、男女情爱主导的婚姻

“桃之夭夭，灼灼其华。之子于归，宜其室家。”能与心仪的爱人组成家庭当然是最为理想的婚恋状态。以感情为基础，两个人幸福地生活在一起，“宜其家人”。繁衍子嗣，和睦家人，齐心协力把日子过得红红火火，真是幸福人生的景象。如历史人物中的李清照和赵明诚，文学作品中的卢家莫愁，都是有情人终成眷属的理想婚姻模式。

● 李清照与赵明诚（绘画作品）

古今典籍中从来不乏对婚姻家庭的反映。这是因为古人认为：“夫妇之性、人伦之重，故夫妇正则父子亲，父子亲则君臣敬。”（《毛诗正义》）婚姻不是儿戏，它关系着社会的人伦纲常，故需慎重。于是，在各种“慎重”的考虑之下，“情爱”不再成为缔结婚姻的唯一因素，更多的因素成为缔结姻亲、组建家庭的参考条件，如门第、血统、各种利益等，如下面这几种婚姻形态。

二、政治目的主导的婚姻

陈鹏在《中国婚姻史稿》中说：“亘中国婚姻史之全部，自天子至士大夫，其婚姻之缔结，多属政治行为。”其形式大抵可分为内政之婚、外交之婚、朋党之婚、仕宦之婚等。且不管这种分法如何，总之，不是出于深厚的感情基础而结合，而是出于能达到某些政治目的而进行的联姻，就可归为政治目的主导的婚姻形态，如昭君出塞。

● 张鸿飞《昭君出塞图》

又如，文成公主嫁给松赞干布。

● 尼玛泽仁、德西史金《文成公主入藏图》

历史上，皇室的亲眷们以自己的婚姻换取国家和平安定的“和亲婚”屡见不鲜，这是典型的外交婚。《后汉书·贾复传》载，汉光武帝对贾复说：“闻其妇有孕，生女邪，我子娶之；生男邪，我女嫁之，不令其忧妻子也。”这种“指腹婚”也充满了政治关联的味道。

三、强权统治主导的婚姻

此种婚姻形态，男性往往具有较高的权势，女性则完全处于被动地位，对自己的婚姻没有选择权，如选婚制的“八月算人”。这是古代帝王的婚配形式，始于西汉，东汉时作为制度被确立下来。《后汉书·后纪》载：“汉法常因八月算人，遣中大夫与掖庭丞及相工，于洛阳乡中阅视良家童女，年十三以上，二十以下，姿色端丽合法相者，载还后宫，择视可否，乃用登御。”

● 薛涛（绘画作品）

又如，罚婚。这是一种针对犯人及其家属而采取的惩罚措施，将犯人的妻女罚配给边关军卒。历史上的薛涛本生于官宦人家，因为父亲得罪了人，不得已成为一名营妓。后来，她凭借自己的才华脱了乐籍。

再如，赠赐婚。家长、族长或权势者，把自己手中控制的女子作为礼物赠给别人。西汉，窦漪房等五名家人子被吕太后作为礼物赏赐给代王刘恒。历史上的赵飞燕、赵合德姐妹本是阳阿公主家的舞女，汉成帝在公主家中见到二人十分喜欢，于是阳阿公主便将二人送给了汉成帝。尽管她们的结局有喜有忧，但都有一个共同点，那就是她们不能选择自己的婚姻，只能任权势高的人摆布。

● 赵飞燕（绘画作品）

强权统治主导的婚姻，还有"媵""妾"制婚。这是周朝宗法制度下实行的一夫多妻制的变相形式。媵指妹随姊、侄女随姑同嫁一个丈夫。妾则多为出身低微的女子或服劳役的奴婢，地位比"媵"低。媵妾制在秦汉以后变成封建帝王的后妃制。妻只能有一个，而媵、妾则可以有几个，乃至数十、数百个。如清初期，哲哲、大玉儿、海兰珠，姑侄三人都嫁给了皇太极，通过媵妾制婚姻形式攀附强权，缔结军事政治联盟。

● 孝端文皇后　博尔济吉特氏画像

四、经济利益主导的婚姻

古代婚姻在缔结过程中非常注重聘礼，聘礼越重，女子的身价筹码越高。女子出嫁时陪送嫁妆，也体现了婚姻当事人的经济动机。"聘则为妻，奔则为妾。"(《礼记·内则》)这里的聘，指的是正式的婚娶仪式。其中，"纳采""纳吉""纳征"等送礼物行为是重要的聘妻环节。

1．"烝""报"婚是典型的经济利益主导的婚姻

烝、报具有奴隶制时代的野蛮特性，上层女性被男方聘娶以后，作为财产，夫死后她必须按规矩转房给夫族中的另一个男子，后代法律文献中也称"收继"或"转房"。烝指父亲死后，儿子可以娶庶母；报指兄、叔死后，弟弟或侄儿可以娶寡嫂或婶母。《史记·匈奴列传》中记载了一些地区的财产、子嗣转继风俗："匈奴之俗……父子兄弟死，取其妻妻之，恶种姓之失也。故匈奴虽乱，必立宗种。"如王昭君嫁给匈奴呼韩邪单于，三年后呼韩邪单于去世，王昭君又转嫁给呼韩邪单于之子，即子妻庶母。对于这一现象，有些人曾诟病为乱伦现象。其实，王昭君不过是遵从了匈奴的旧俗而已。从保护宗种和财产利益的角度来考虑，物质与人力资源并不十分充足的匈奴，存在"烝""报"婚的现象便可以理解了。

2．交换婚是经济利益主导的婚姻的另一种形式

这种婚姻有两类。一类是古代的两个国家或两大姓氏，或族与族之间的互相通婚，目的是壮大亲族，扩展势力。如《国语·晋语》曰："今将婚媾以从秦。""媾"字，《说文》释为"重婚"，"重叠交婚"的意思。如历史上的周朝，姬、姜两姓世代互相通婚。另一

类是两户人家之间兄妹、姐弟互换通婚，也就是民间所称的“调亲”“换亲”“亲上加亲”。这类交换婚，女子通常作为解决兄弟婚姻问题的砝码，或以妹换嫂，或以姐换弟媳。男女双方约定换婚后，两家不再互相收受聘礼，因为两家各嫁出一女、娶回一女，互不吃亏。但其置青年男女间的情感于不顾，常常造成悲剧。这种婚姻的发生多出于两种考虑：一是物质基础薄弱的两家出于对经济问题的考虑，“家贫无有聘财，以身为质”；二是为了维系两家世代友好的关系，不过这种情况很少。一般来说，交换婚须两家都有儿有女，不幸的结局居多。

3．典妻婚是经济利益主导的婚姻的一种特殊形式

典妻婚指的是丈夫把妻子出租给需要的人。时间长的叫作典妻，时间短的称租妻。例如根据柔石同名小说改编而成的影视作品《为奴隶的母亲》讲述的就是典妻现象。农民阿祥久病不愈，无力还债养家，便把年轻美丽的妻子阿秀以一百块大洋“典”给多年无子的老秀才，为期三年，为老秀才家传宗接代。为了替丈夫还债和给儿子春宝治病，阿秀含泪忍辱出了家门。刚到老秀才家，秀才太太和老秀才对她还不错。不久阿秀顺利怀孕，生下儿子秋宝。老秀才喜不自禁，秀才太太却开始苛待阿秀，不仅强行抱走了秋宝，还让她干起了粗活累活。老秀才本想留下阿秀，后来看出阿秀忘不掉原来的家和孩子，就只让阿秀做自己家的佣人，没有孩子生母的身份。秀才太太对阿秀百般凌辱，强迫秋宝叫自己妈妈，而对于孩子的生母阿秀，她只许孩子叫婶婶。这个家，人难留；那个家，情难舍。三年前，满怀屈辱与不舍而去的女人，三年后又痛苦而彷徨地回来。亲生的两个孩子一个是穷人家的孩子，一个是大户人家的少爷。悲剧的是，两个孩子都不肯认她这个母亲。

典妻之可恨，不仅在于其摧残女性的身心，更在于它将女性物化，女性仅仅是作为生儿子的工具。在男权社会里，女性必须为了传宗接代牺牲自己的一切，甚至生命。

五、宗教信仰主导的婚姻

宗教信仰主导的婚姻是指婚姻的结合是出于某种信仰，宗教信仰成为结婚的动因。在这方面比较典型的是“冥婚”。冥婚又叫“鬼婚”“阴婚”，是为死去的人找配偶，是中国古代的民间陋俗。“禁迁葬者，与嫁殇者。”（《周礼》）郑玄：“（迁葬）谓生时非夫妇，死既葬，迁之，使相从也。”冥婚历史久远，至少汉朝就有了。例如，曹操就曾给最喜爱的儿子曹冲举办过冥婚。曹冲十三岁就死了，曹操便下聘已死的甄小姐作为曹冲的妻子，把他们合葬在一起。旧时举办冥婚主要出于这样一些原因。

1．迷信心理

有的少男少女在订婚后，未等迎娶过门就因故双亡。那时老人们认为，如果不替他们完婚，他们的鬼魂就会作怪，使家宅不安。因此，一定要为他们举行一个冥婚仪式，最后将他们并骨合葬，使他们成为夫妻。

2．感情寄托

有的人出于疼爱、想念儿女的心情，认为生前没能为他们择偶，死后也要为他们完婚，以尽到做父母的责任。这是人的感情寄托所至。

3．讲究风水的习俗

旧时人们普遍迷信所谓的坟地“风水”，以为出现一座孤坟会影响家宅后代的昌盛。当时有些“风水家”（古称“堪舆家”）为了多挣几个钱，也多竭力怂恿搞冥婚。

冥婚多出现在贵族或富户中，贫寒之家不搞这种活动。根据琼瑶的同名小说改编而成的电视剧《鬼丈夫》中就有一段“活人与死人举行婚礼”的情节。男女主人公生前十分相爱，然而一场大火烧毁了男主人公的脸。他为了不连累女主人公，避免让她寡守一生，就对外宣称自己死了。没想到，即使得知了自己的死讯，女主人公依然执着地要与之结婚，于是两家在悲喜交加的氛围中举办了冥婚仪式。

即使到了今天，冥婚事件仍然时有发生。据 CCTV 法制频道道德观察节目的报道，一些地区仍有举行冥婚的民俗，“结阴亲”价格很高，当地多发盗挖尸体案件。这一封建陋俗的存在，不仅让亡者的亲友在身体上和精神上备受不孝、不负责任的舆论折磨，也成为罪恶根源。

作为生活在新时代的公民，我们应该树立唯物史观的科学理念，破除封建迷信、革除陋俗，摒弃一切与现代社会不相适应的旧传统、旧习俗、旧观念，更好地维护社会的安定环境。

在传统婚恋形态中，男女情爱主导的婚姻如同珍珠一般，在人们的心灵深处闪耀着纯洁的光芒，令人向往。

第三节 三书六礼——中国传统婚姻的仪程与制度

“夫礼始于冠，本于昏，重于丧祭，尊于朝聘，和于乡射。此礼之大体也。”“昏礼者，将合二姓之好，上以事宗庙，而下以继后世也，故君子重之。”（《礼记·昏义》）可见，在古人心目中，结婚是人生的一件大事，一定要认真地办一办。传统婚礼主要有哪些仪程呢？一般来说，传统婚礼可以分为婚前礼、正婚礼和婚后礼三个部分，核心内容为“三书”“六礼”及其他一些仪程。

● 三书

三书，主要有聘书、礼书、迎亲书。聘书即定亲之书，男女双方缔造，纳吉（过文定）时用。礼书即过礼之书，是礼物清单，详尽列明礼物种类及数量，纳征信（过大礼）时用。迎亲书即迎娶新妇之书，结婚当日（亲迎）接新妇过门时用。

六礼，根据《仪礼》的记载，主要有纳采、问名、纳吉、纳征、请期、亲迎。其中，前五礼属于婚前礼，亲迎属于正婚礼。

● 纳采

一、婚前礼

（1）纳采：纳采择之礼。男方欲与女方结亲，请媒妁向女方提亲，得到应允后，再请媒妁正式向女方家纳采择之礼。《仪礼·士昏礼》：“昏礼，下达纳采，用雁。”纳采是全部婚姻仪程的开始。后世纳采仪式基本循周制，而礼物另有规定。

（2）问名：男方遣媒人到女方家询问女方姓名、排行、生辰八字。发展到后世，称换庚帖。这一过程也相当于订婚。古语“男子称名，女子称字”，女子的名是不能轻易示人的。

（3）纳吉：合八字之后，如果得了吉兆，认为婚姻可以成立，男方就要拿礼物到女方家报喜，谓之纳吉，也就是正式提亲。

（4）纳征：亦称纳成、纳币，即男方向女方送聘礼。《礼记·昏义》孔颖达疏：“纳征者，纳聘财也。征，成也。先纳聘财而后婚成。”男方在纳吉时得知女方允婚后才可行纳征礼。

（5）请期：又称告期，俗称选日子，是指男方家派人到女方家去通知成亲迎娶的日期。《仪礼·士昏礼》：“请期用雁，主人辞，宾许告期，如纳征礼。”请期仪式历代相同，即男方家派使者去女方家通知成亲的日期，送礼，然后致辞，说明所定婚期，女方父亲表示接受后，使者返回复命。

● 问名

● 纳吉

● 纳征

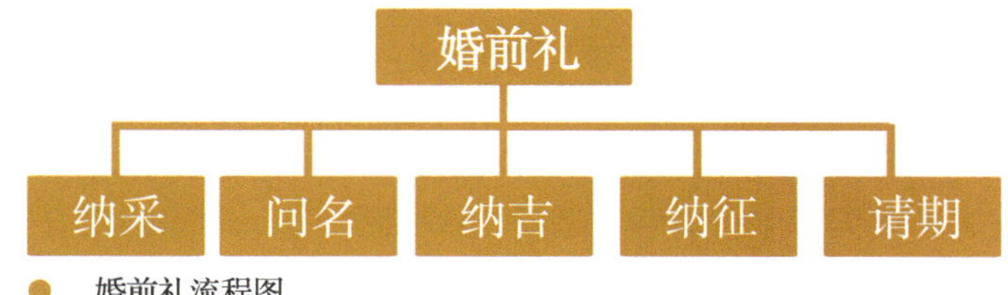

● 婚前礼流程图

二、正婚礼

正婚礼主要包括亲迎、拜堂、沃盥、同牢合卺、馂余设衽等仪程。其中，拜堂又称“三拜之礼”。

（6）亲迎：六礼中的“亲迎”，指新郎亲自迎娶新妇回家的礼仪，是正婚礼的开始。

（7）拜堂：周制昏礼中没有夫妇拜堂之礼。司马光《书仪》：“古无婿妇交拜之仪，今世俗始祖见交拜，拜致恭亦事理之宜，不可废也。”可知宋朝交拜之礼已经流行。元朝拜堂，新婚夫妇除交拜外，尚有同拜天地之礼，即先拜天地，再拜婿之父母，最后夫妇交拜。这就是如今流传下来的三拜之礼。

（8）沃盥：新人入席前洁手。

（9）同牢合卺：同牢是指新婚夫妇共食同一牲畜之肉，合卺是指把一个瓠破而为二，各用其半，以为酒器。

（10）馂余设衽：馂余，吃尽余食；设衽，铺设卧席。

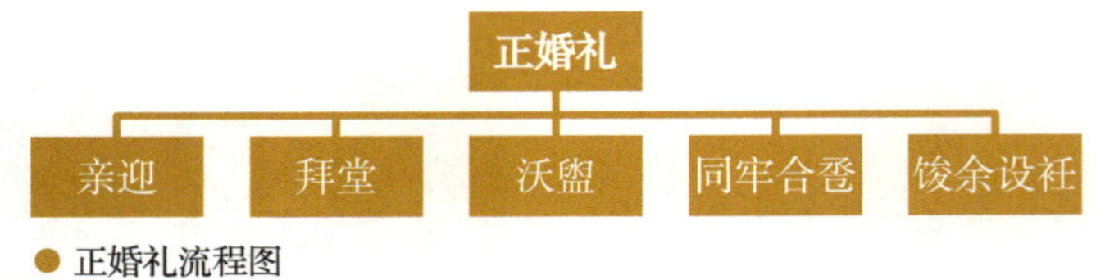

● 正婚礼流程图

三、婚后礼

正婚礼之后的礼节为婚后礼，主要包括妇见舅姑、妇馈舅姑、舅姑飨妇、庙见、反马、归宁等。

（11）妇见舅姑：成婚后的第二天早晨，新妇就早早起床、沐浴，拿着盛着枣、栗和腶脩等物的竹器到公婆的寝门外等待。“枣”取早起之意，“栗”取战栗之意，“腶脩”取振作之意。

（12）妇馈舅姑：新妇亲自侍奉公婆进食，待二老食毕，妇要象征性地吃公婆的余食以示恭孝。

（13）舅姑飨妇：公婆为新妇安食漱口，并以“一献之礼”酬新妇，以示长辈的关怀。朱庆馀《闺意献张水部》中有：“洞房昨夜停红烛，待晓堂前拜舅姑。”王建的《新嫁娘词》中也有：“三日入厨下，洗手作羹汤。未谙姑食性，先遣小姑尝。”这些诗句都是对婚后礼的描写，诗中婚后礼一环依旧十分庄重，新妇对公婆也非常尽心。

（14）庙见：婚后三个月，新郎须择日率新妇至夫家宗庙祭告祖先，以表示婚姻已取得夫家祖先的同意。从此，新妇才算加入夫宗，具有参加祭祀和被祭祀的资格。

（15）反马：“反”通“返”，指送还马匹。新郎在亲迎新妇完成婚礼以后（通常是在三个月内），将新妇来时所坐车的驾车马匹解下，送还给岳家，以示不会让妻子回娘家。而新妇则要保留所坐车的车厢，以自谦不确信会不犯错误，不被休弃。

（16）归宁：反马礼后来演化成回门礼，也称“归宁”，俗称“回娘家”——新妇出嫁后第三天，在丈夫的陪同下（有些地方是新妇独自回娘家）返回娘家看望父母，称为“三朝回门”“三日归宁”。

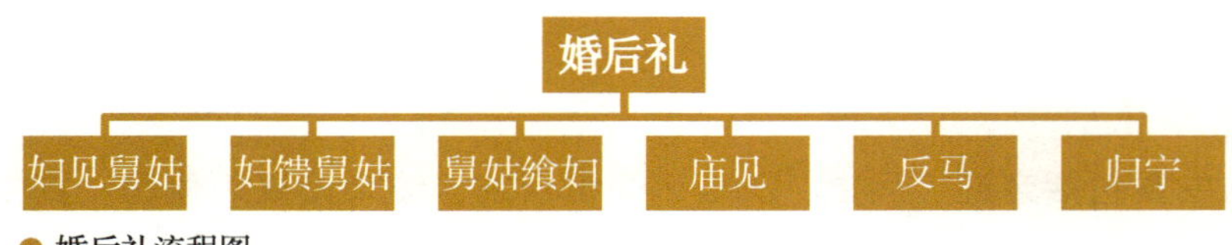

● 婚后礼流程图

除了这些主要的婚礼环节外，还有催妆、铺房、下婿、障车、拦门、传席、跨马鞍、撒帐、闹房等婚嫁杂俗，各地区、各时代不一，这里就不一一介绍了。

附：汉族婚礼基本仪程

汉族婚礼的主要框架：婚前礼→正婚礼→婚后礼

内部的婚礼仪程：

婚前礼（纳采→问名→纳吉→纳征→请期）

↓

正婚礼（亲迎→拜堂→沃盥→同牢合卺→馂余设衽）

↓

婚后礼（妇见舅姑→妇馈舅姑→舅姑飨妇→庙见→反马→归宁）

第四节 身不由己的被动——中国古代的离婚制度

古代的离婚，又叫“绝婚”“离弃”“休妻”“出妻”。一般而言，传统婚恋观不提倡离婚，而提倡“从一而终”。“妻者齐也，一与之齐，终身不改。”（《礼记》）“夫有恶行妻不得去者，地无去天之义。”（《白虎通·嫁娶》）古代的离婚率比现在低很多，这与古人“从一而终”的观念有一定的关系。从“离婚”的两个别称“休妻”和“出妻”来看，古代的离婚具有单向性，即女性一般不能提出离婚，只有男性可以抛弃妻子。关于离婚的规定，主要以符合“七出”情况的“出妻”为主，以“和离”“义绝”和一定条件下的“呈诉离婚”为补充。

一、七出三不去

《大戴礼记·本命》载：“七出者：不顺父母，出；无子，出；淫僻，出；嫉妒，出；恶疾，出；多口舌，出；窃盗，出。”这七种情况是封建社会休妻的主要标准。

1．不顺父母

不顺父母主要是指儿媳不孝顺公婆，得不到公婆的欢心，只要公婆不喜欢儿媳，即可成为出妻的理由。《礼记·内则》曰：“子甚宜其妻，父母不悦，出。”如《孔雀东南飞》中的焦仲卿和刘兰芝，《钗头凤·红酥手》中的陆游与唐婉。他们不可谓不相爱，但是他们都因为男方的“父母不悦”，最终导致了出妻的结局。

《孔雀东南飞》中的焦仲卿母亲和刘兰芝

2．无子

无子主要指生不出儿子。法律规定，四十九以下无子，不合出之。古代娶妻的目的之一是生子，如果夫妻不育，责任全在女方。在“不孝有三，无后为大”的观念下，即使妻子很贤惠，但生不出儿子，男方也可以以“无子”为由，休妻或纳妾。

3．淫辟

淫，指妻子与人通奸。古人认为“万恶淫为首”，与他人通奸的后果是导致家族血缘的紊乱，男子最不能容忍。即使女子与其他异性过分亲密，也会被认为是“污身”“失身”而遭到遗弃。

● 描写陆游和唐婉感情的《钗头凤·红酥手》

4．嫉妒

在古代社会，男子可以纳妾。如果女子从思想、行为上不接纳丈夫的妾室，男子可以此为理由将她休掉。

5．恶疾

恶疾主要指妻子患有严重的传染性疾病，特别是患有遗传性的严重疾病。比如，如果女方患了麻风病，男方可以出妻。

6．多口舌

古代强调“女子无才便是德”，以顺从为女子的行为准则。女子结婚后被剥夺了独立人格。她们的责任是谨慎地侍奉公婆、丈夫，抚育儿女，操持家务。所谓“妇事舅姑，如事父母”“专心纺织，不好戏笑”，女子如果对夫族的事务发表独立见解，或按照自己的意愿行事，则被斥为“多口舌”，而男方可据此休妻。

7．窃盗

窃盗主要指暗地里拿别人的财物，还指妻子擅自动用、处分夫家财产。《礼记·内则》：“子妇无私货，无私畜，无私器，不敢私假，不敢私与。”女子在出嫁前没有财产，出嫁后作为妻媳也无私有财产，甚至女子从娘家带去的财产的所有权也被剥夺了。

8．三不去

为维护封建道德，古代婚姻制度又规定了丈夫不得休妻的三种法定事由，客观上取得了保护女性权利的效果，这就是所谓的“三不去”，即使有“七出”的理由，丈夫也不得将妻子休弃。按照《大戴礼》的记载，“三不去”包括“有所取无所归”“与更三年丧”“前贫贱后富贵”。意思是说，妻子娶进门时有自己的家庭，准备离婚时女方娘家已经没有人了，这时不能休妻；为公婆守孝超过三年的妻子不能休；丈夫在贫贱时娶了妻子，富贵后则不能休妻。战国的孟子曾经想过离婚。《韩诗外传》云：

孟子妻独居，踞。孟子入户视之，向其母曰：“妇无礼，请去之。”母曰：“何也？”曰：“踞。”其母曰：“何知之？”孟子曰：“我亲见之。”母曰：“乃汝无礼也，非妇无礼。《礼》不云乎，‘将入门，问孰存。将上堂，声必扬。将入户，视必下。’不掩人不备也。今汝往燕私之处，入户不有声，令人踞而视之，是汝之无礼也，非妇无礼也。”于是孟子自责，不敢去妇。

意思是说，孟子的妻子独自一人在屋里，伸开两腿坐着。孟子进屋看见妻子这个样子，对母亲说：“我的妻子不讲礼仪，请允许我休了她。”孟母说：“为什么？”孟子说：“她伸开两腿坐着。”孟母问：“你怎么知道的？”孟子说：“我亲眼看见的。”孟母说：“这是你没礼貌，不是妇人没礼貌。《礼记》上说，将要进门的时候，先问屋中有谁在里面；将要进入厅堂的时候，必须先高声传扬，让里面的人知道有人来了；将要进屋的时候，必须往下看，为的是不让人没准备。现在你到你妻子闲居休息的地方，进屋没有声响，因而让你看到了她两腿伸开坐着的样子。这是你没礼貌，并非是你妻子没礼貌！”孟子认识到自己错了，再不敢随便休妻。孟子厌恶妻子的不雅姿态，但孟母深明大义，教导孟子不随便休妻，避免了夫妻分离事件的发生。“三不去”从道德主义的角度出发，是对古代已婚妇女仅有的一点保护。

二、和离制度

和离制度是我国封建社会中一种允许夫妻通过协议自愿离异的法律制度，不同于前面的男方一纸休书休妻。所谓和离，大多是一种协议休妻或“放妻”，往往成为男方为掩盖“出妻”原因，以避免“家丑外扬”而采取的一种变通形式。

“和离”始见于唐朝《唐律·户婚》，“诸犯义绝者离之”条后规定：“若夫妻不相安谐而和离者不坐（问罪）。”和离需由丈夫签“放妻书”。后代循唐例，也称“和离”为“两愿离婚”。离婚很少有好聚好散的，和离在古代已是最大限度地维护双方的尊严了。后来，和离的做法为近代法律所借鉴。

三、义绝制度

义绝制度不是独立的离婚制度，而是一种刑事案件附带的民事法律后果。如果夫妻之间、夫妻一方与他方的一定亲属间，或者双方的一定亲属间发生了法律所指明的相互侵害，如殴斗、相杀等犯罪事件，在追究犯罪人刑事责任的同时，夫妻关系必须解除。义绝具有强制性，合当义绝而不绝者要受到处罚。如宋朝著名词人李清照与后夫张汝舟的离婚，轰动当时。赵明诚死后，李清照在战乱中嫁给张汝舟，但这人只是贪图她收藏的珍贵文物，被识穿后，不仅恼羞成怒实行家暴，而且在家吹嘘自己考试作假的事。李清照便向官府告发张汝舟，张李二人“义绝”。官府判定强制离婚，李清照重获自由。

四、呈诉离婚

呈诉离婚就是指在发生特定事由时由官司处断的离婚。依照我国古代封建法律的规定，如果“妻背夫在逃”“夫逃亡三年”“夫逼妻为娼”“翁欺奸男妇”等，男女双方都可以呈诉要求解除婚姻关系。

总的来说，我国古代的离婚方式主要有四种：七出、和离、义绝、呈诉离婚。其中，“七出”与“和离”为离婚常见方式。“三不去”为否决离婚的依据。

动动脑

休书与和离书有哪些不同？

第五节 祭祀、继嗣、内助——中国传统婚恋文化的内涵

本节我们分析传统婚恋文化的内涵，主要从中国传统婚姻的目的、原则、特点三个方面来介绍。关于这部分内容，我们致力于对历史做客观的介绍。传统文化良莠相见，因而应持不照搬历史，反思分析、去粗取精的态度来对待这部分内容。

一、中国传统婚姻的目的

概括来说，中国传统婚姻的三个目的为祭祀、继嗣、内助。祭祀："妻者，传家事，承祭祀。"（《唐律疏议·户婚》）继嗣："昏礼者，将合二姓之好，上以事宗庙，而下以继后世也，故君子重之。"（《礼记·昏义》）内助："专心纺织，不好戏笑，洁齐酒食，以供宾客。"（班昭《女诫》）简单来说，中国传统婚姻的目的有三个维度，就是对上承传祭祀，对中主持家务，对下繁衍子嗣。

● 清朝夫妇

二、中国传统婚姻的原则

1. 三纲

从孔子的"君君、臣臣、父父、子子"（《论语·颜渊》）到孟子的"父子有亲，君臣有义，夫妇有别，长幼有序，朋友有信"（《孟子·滕文公上》），再到董仲舒的"君为臣纲，父为子纲，夫为妻纲"，都可以看出，在古人心目中，有夫妇有别、夫为妻纲的想法。这是古人对男女两性的自然属性、社会角色异同及家庭秩序的理解。

2. 男尊女卑

在夫为妻纲礼教的束缚下，古人很容易形成男尊女卑的意识形态，并认为这合乎天地运行的规律。如："天尊地卑，乾坤定矣。卑高以陈，贵贱位矣……乾道成男，坤道成女。"（《周易·系辞上》）"男女之别，男尊女卑。"（《列子·天瑞》）

成语"举案齐眉"的本义是说妻子在侍奉丈夫吃饭时不敢仰视，把食具举到眉眼那样的高度递给丈夫，一副恭敬谦顺的样子。这个成语在赞扬夫妻和美的同时，也间接显示了封建社会家庭内部男女地位的不平等。

● 举案齐眉

3. 三从四德

在男尊女卑思想的影响下，关于女性语

言、神态、品行的进一步规定顺势而出，这就是“三从四德”。三从，“妇人有三从之义，无专用之道。故未嫁从父，既嫁从夫，夫死从子。”（《仪礼·丧服·子夏传》）四德，“九嫔掌妇学之法，以教九御：妇德、妇言、妇容、妇功。”（《周礼·天官·九嫔》）“三从”与“四德”合称，成为封建社会女子的行为规范，也成为男子选择妻子的主要标准之一。

● 班昭《女诫》

4．从一而终

“妻者，齐也，一与之齐，终身不改。”（《礼记》）古人认为“妻”具有“齐”的意义，女子成亲之后，终生不改嫁。了解了这些古代的婚姻原则，我们再回到本章开篇：为什么女子在未婚夫去世的情况下寡守空房，长斋念佛后引火自焚，却没有改嫁呢？当地人为什么还对女子如此死水般的生活和她非正常的死亡方式予以颂扬？这是因为“从一而终”的观念根深蒂固。

5．夫妻和谐

古今汉语中有许多祝福夫妻和谐的词句。如班昭《女诫》云：“夫为夫妇者，义以和亲，恩以好合。”又如相敬如宾、夫唱妇随、白头偕老、相濡以沫、琴瑟和鸣、百年好合、和和美美等词语。这类意义的词语越多，说明在实际生活中这类意思的表达需要也越多，人们越喜闻乐见这类现象，夫妻和谐是中国人趋吉思想的典型表现之一。

三、中国传统婚姻的特点

1．重礼轻爱

从“三书”“六礼”的介绍中我们可以看出，婚前礼、正婚礼、婚后礼这三个阶段的婚嫁习俗非常多，各时代、各地区还有自己的仪规杂俗，可以说是“非礼不嫁”。如古人重视“行媒”，这个环节在“婚嫁”的整个过程中必不可少，要“非媒不娶”，要“明媒正娶”。《战国策》云：“处女无媒，老且不嫁，舍媒而自衒，敝而不售。”如果没有媒人，即使男女双方互有好感，也不能私自嫁娶。后来这一规定还上升为法律。《唐律》载：“为婚之法，必有行媒。”如果有人没有行媒就嫁娶，其结果如同以身试法。婚礼的仪程如此讲究，一方面是我国素有“礼仪之邦”美誉的局部表现，另一方面也显示了国人对结婚这一人生历程的重视。

● 非媒不娶、明媒正娶（绘画作品）

2．姻缘天定

典籍中的“姻缘”理念屡见不鲜。“自古姻缘天定，不由人力谋求。有缘千里也相投，对面无缘不偶。”（《乔太守乱点鸳鸯谱》）“愿天下有情人都成眷属，是前生铸定事莫错过因（姻）缘。”（《西厢记》）元曲《墙头马上》中的女主人公李千金与裴尚书之子裴少俊婚前私奔、未婚先孕。当裴尚书责问起她这种行为时，她给出的原因是自己与裴少俊是“三生石上有前缘”。诸如此类的说法比比皆是。姻缘天定观念对古今艺术创作皆有着不小的影响。例如下面这段歌谣唱道：

那一世，你为古刹，我为青灯；
那一世，你为落花，我为绣女；
那一世，你为青石，我为月牙；那一世，你为强人，我为骏马。
我知道，我将生生世世与你结缘，于是我跪在佛前求了五百年，
求他让我在最美丽的时候遇见你，求他让我们结一段美丽情缘。

这段歌谣唱出了有情人对生生世世拥有缱绻美好感情的期盼。歌谣中每一组设立的物象关联性都非常密切。青灯是古刹的光明所在，落花为绣女的匠心之寄，月牙为青石披上光辉，骏马和强人则目标一致、同进同退。歌谣中的彼此，在一世又一世的亲密陪伴中，默契、和谐、共同成就。姻缘天定观念在古今文学艺术作品中长久流传，彰显了国人将人生重大问题向宇宙、天道靠拢思维模式的古今演变，再现了古人借助人之外的强大力量来理解人类家庭、婚姻、情感方面的未解之谜的思维理路。

3．门当户对

中国传统婚姻不仅是两个人的事，也是具有社会意义的事情。《礼记·昏义》云：“昏礼

者，将合二姓之好，上以事宗庙，而下以继后世也。”通俗地说，婚姻至少是两个家族群体的事，婚姻除了完成传宗接代的任务之外，还担负着一定的政治、经济、社会使命。因而，中国古代的婚姻往往出现强强联姻连横，弱弱联盟合纵，以此来巩固自己家族群体的物质利益和社会资源的优越性。甚至在六朝、唐、宋时期，门当户对观念已经体现在立法当中。如：“同姓不婚、士庶不婚、良贱不婚。”“人各有志，色类须同，良贱既殊，何宜配合？”（《唐律疏议》）其中，“贱民”包括部曲、乐人、杂户、官户、奴婢。“良人”指平民。贱民如隐瞒身份与良人为婚，杖一百。良人私娶贱民，徒一年半。

婚恋中的门当户对观念与当时流行的“门第与血统”观念关系密切。魏晋时期，魏文帝设九品中正制，“上品无寒门，下品无世族”成为当时社会的一大特色。婚姻方面，世族与寒门之间禁止缔结婚姻。《北史·陈元康传》载：左卫将军郭琼因罪处死，其妻乃名门卢氏之女，被赐于寒门陈元康，元康大喜，立即清理门户，撵走了自己的原配夫人。《北史·孙搴传》载：孙出身寒门，官府把罪人之妻、名门之女韦氏赐之，孙像中了探花似的，风光极了。看来，名门之后即使成了寡妇也不用怕，仍然争着被人娶。可见，门第高下成为当时衡量婚姻是否可行的重要因素。

● 世家大族

唐朝的魏征、房玄龄都尽力与山东世族通婚。唐高宗时的宰相薛元超，自认为平生三大遗憾之一就是没有娶“七宗五姓”的女子为妻。在当时所有尊贵的世家大族中，有五个姓氏最为尊贵，即陇西（今甘肃省东南部）李氏、赵郡（今河北赵县）李氏、博陵（今河北安平县、深县、饶阳、安国等地）崔氏、清河（今河北清河县）崔氏、范阳（今保定市和北京市一带）卢氏、荥阳（今河南省荥阳市）郑氏、太原王氏。其中李氏与崔氏各有两个郡望宗族，所以称为“七宗五姓”“五姓七望”“五姓七家”。门第，是世族的一个变种，是门当户对观念的表现。门当户对观念的本质仍然是较少考虑情爱的因素，较多地考虑婚姻所带来的“一荣俱荣”的连锁效益。

在当代，面对婚配，今人仍然讲究“门当户对”，只是这种门当户对不再囿于经济、地位、资源等方面的对等。在人民生活水平、人格独立性都有了较大提高的今天，人们更看重的是“三观”的契合。也就是说，好的婚姻不仅是利益共同体，更是精神上、价值观上、性格上的门当户对。

动动脑

婚前礼“纳吉”中需要带大雁，“纳征”中也需要带大雁，以及正婚礼的某些环节中也需要有大雁。那么，大雁在传统婚礼仪程中究竟有什么文化寓意呢？

第五章

私学与官学 学而优则仕——中国传统教育考录文化

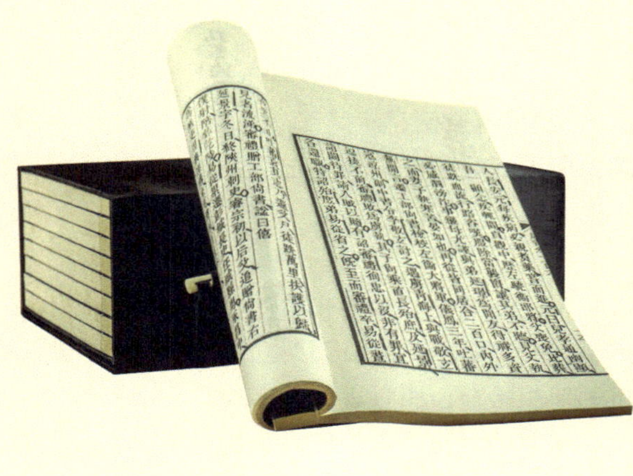

人类发展到一定程度，积累了一定的生活生产经验时，就需要把这些知识、经验、技术等进行传承，避免后人走弯路。因而，教育是人类既往知识、经验、技巧的传授，对于人类整体的发展举足轻重。可以说，哪个民族地区文化起源越早，积累越多，对于教育的需求就越强烈。进入文明社会后，教育的目标变得多样，性质也变得复杂。教育和选拔人才受生产力的影响，但更受生产关系和政治的影响。除知识经验的传授外，在某种历史条件下，教育也成为治国理政的工具。政治性、时代性、历史性综合体现在教育的选拔、教学、考录等环节中，这些环节的调整又引导着不同时期人们学识结构和思想意识的发展。

本章我们先向大家介绍我国教育史上两种主要的授学方式——官学和私学，然后介绍我国特色的选官制度——科举制度，分析它对我国人才选拔事业的利弊。

第一节 学在官府——中国历代官学教育

“风声、雨声、读书声，声声入耳。家事、国事、天下事，事事关心。”每当吟诵这副经典对联的时候，我们不禁感慨是怎样的教育使我国古代的读书人自觉地将“刻苦读书”和“报效国家”联系在一起的。接下来就让我们共同了解一下中国传统教育考录文化。中国古代的授学方式主要分成官学和私学，二者相辅相成、相与为用。本节我们先来介绍官学教育的发展史及作用。

一、夏、商、周的官学

1. 夏朝的学校

夏朝的学校主要有两种——庠和校。庠是饲养家畜、储存谷物的地方，又名“米廪”，由老人看管并教育少年儿童。校是木囚，指用木头围成的养马之所，后演变为习武、比武之所。

2. 殷商的学校

商朝教育与夏朝相比较而言，有了较为成熟的文字体系和“教材”（典籍）体系，并且出现了“瞽宗”这种学校形式。在军事方面，瞽宗开展以习射为主的教育；在意识形态方面，瞽宗开展以尊老为主和尊神为主的思想教育，树立人道伦序观念和敬神保民意识。敬神祈福活动中少不了用乐，乐在这类活动中的意义，不仅仅是黄钟大吕、干戚羽旄，而是带有“乐以化人”的色彩。“瞽宗习乐”“以乐造士”成为殷商学校的主要特点。

3. 周朝的学校

“学在官府”是西周教育制度的主要特征。国家出现了文字记录的法制规章、典籍文献，以及祭祀典礼用的礼器。不过，这些全都掌握在官府，普通百姓根本无缘接触到。按照学习的程度，周朝国家教育又分为“小学”和“大学”两类。小学是启蒙教育，学生除了识文断字以外，还要学习礼节仪式、音乐舞蹈、骑马射箭、书写计算等方面的基本知识。大学则在小学教育的基础上，使学生进一步学习修身、治国、平天下的本领，以便日后参与国家治理。

周朝官学，设在周王朝都城的大学规模较大，分为五个部分：“辟雍”居中，四面环以圆形水池；水南叫“成均”，学习乐舞；水北叫“上庠”，学习典籍；水东叫“东序”，学习干戈（武艺）；水西叫“瞽宗”，学习礼德。中间的“辟雍”则是天子亲临讲学的地方。设在诸侯国都城的大学叫作“泮宫”，规模较小，规定水池只能环绕半圆，称为“泮水”。以上这些学校，都由国家控制，只培养贵族子弟，庶民和奴隶都被剥夺了受教育的权利，这就是史书上所说的“官学”。（程裕祯《中国文化概论》）西周学校以“六艺”为基本教育内容。所谓“六艺”，即礼、乐、射、御、书、数。这一时期（公元前 770 ~ 前 221 年）是中国奴隶制社会解体和封建制社会形成的时期，在中国古代教育史上，进入官学衰废、私学兴起的新时期。

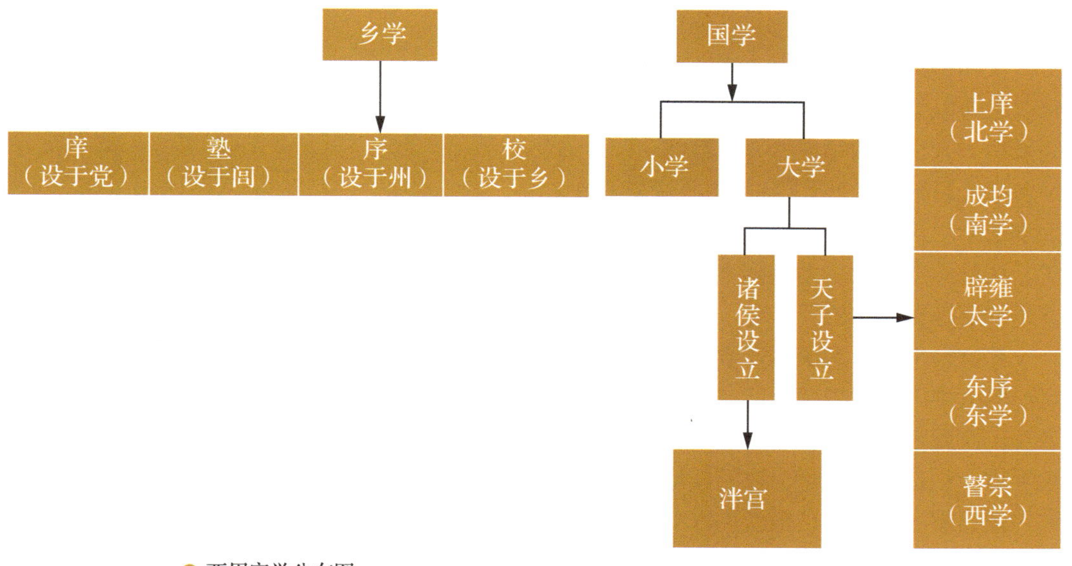

西周官学分布图

辟雍模拟立体图

二、秦朝的学室

秦朝郡县普遍设有官学——学室。学室中的学生称为“弟子”。弟子的来源有一定限制，规定至少是“史”的儿子。所谓史，即政府各级机关的文书、书记、档案员等低级文官。在秦朝的兵役与徭役都很重的情况下，弟子可以免除兵役与徭役。不能不说，这是政府对于培养人才的一种重视。学室的教育内容有两个方面：一是要学习文化，书写姓名，认识名物，读诵《仓颉篇》《爰历篇》《博学篇》；二是要明习法令，因为秦朝崇尚法治，所以明习法令对于弟子将来入仕当官是十分重要的，学习要求也非常严格。

秦始皇像

三、汉朝的太学

汉朝中央官学主要是太学，设在长安。两汉教育以儒学经典为教材，主张教育要明经修行。太学的教师称为“五经博士”。五经包括《易》《诗》《书》《礼》《春秋》。太学的学生称为“博士弟子”。到了东汉末年，鸿都门学创立，为汉朝学习、研究文学艺术的高等专科学校。

● 画像石　汉朝官学授课场景

“文翁兴学”是汉朝官学史上一件可圈可点的大事。西汉景帝以前，四川没有官办学校。汉景帝末，文翁任蜀郡守，在成都设置学官，创建地方官学，以石头修筑校舍，称为“石室”，又称“玉堂”。文翁兴学的主要办法是：派遣张叔等 18 人进入京师太学，学成归来便委以重任；在成都城南修建石室学宫，免除学生的徭役，使其能集中精力学习知识；常将学生带在身边，协助处理一些公务，甚至允许学生进出内室，以示恩宠和信赖；对于品学兼优的学生，则委以郡、县吏的重任，大力奖掖。

● 文翁石室

如果说孔子是中国历史上的“第一位教师”，他首创私学，给我们留下了一个“软件”——《论语》，那么文翁则是中国历史上的“第一位校长”。他首创地方公立学校，给我们留下了一个“硬件”——成都石室中学。文翁兴学不仅培养了一批吏材，而且推动了邻近属县的兴学，如“巴汉亦立文学”。班固在《汉书》中评论说：“至今巴蜀好文雅，文翁之化也。”文翁兴学，实为中国历史上地方政府设立学校之始。直至现在，“石室中学”已培养了数以万计的各种人才，在同一地址连续办学已有两千一百多年，成为世界教育史上的奇迹，实现了教育的“可持续发展”。

四、魏晋南北朝的官学

从汉朝设立太学以后，历代王朝都设立最高学府，称为国学。西晋时除太学外，又建立了专门招收官员子弟的国子学，旨在培养贵族子弟，与太学传授相同内容，五品以上官员的子弟方能入学。其创立原因，一是整顿太学；二是调和社会上士族、庶族之间的矛盾，满足士族阶级享有教育特权、严格士庶之别的愿望，维护门阀士族的利益。国子学的设立使中央官学多样化，等级性更明显，也使传统教育体制由单一格局发展成太学和国子学并行的双轨制，使传统教育走向多元化格局。

● 国子学

南北朝时，南朝宋、齐的国学一度包括儒学、玄学、文学和史学四个馆。它们各就其专业招收学生进行教学和研究，是我国最早的分专业的综合学校。玄学、文学、史学与儒学并列，是为学制上的一大改革，反映了当时思想文化的实际变化。

五、唐朝的“六学二馆”

唐朝的官学称为“六学二馆”。学生因父祖官位高低不同，进入的学校层次可能就不同。“六学”主要有：

（1）国子学，主要招收文武三品以上官员的子孙，学习经、史及文字学；

（2）太学，主要招收文武五品以上官员的子孙，学习内容同国子学；

（3）四门学，招收文武七品以上官员的子弟和庶人之俊异者（俊士），学经、史，间习时务策；

（4）书学，招收八品以下官员的子弟及庶人通其学者，修《石经》《说文》等文字学；

（5）算学，招收对象同上，学习《九章算术》《周髀算经》《缀术》等；

（6）律学，招收对象同上，以律令为专业，兼习格式法令。

“二馆”，指弘文馆、崇文馆。其中，弘文馆隶属门下省，崇文馆隶属东宫，各置学士以教生徒。中央官学主要招收官员子弟、皇亲国戚子孙及外国留学生，庶族平民子弟仅占少数，鲜明地体现了封建社会教育的等级性。

唐朝官学

六、明清的国子监

明清学校，中央有国子监及宗学（贵族学校），地方有府学、州学、县学。国子监是隋朝以后的中央官学，为中国古代教育体系中的最高学府。明朝由于首都北迁，在南京、北京分别设有国子监，设在南京的国子监被称为“南监”或“南雍”，设在北京的国子监则被称为“北监”或“北雍”。明朝国子监学生通称“监生”，依其来源分为四类。一是会试落榜的举人，称为举监。二是由地方官学生员中选拔入监的，称为贡监。明初规定，府、州、县学每年贡举一名。嘉靖以后，改为府学每年举二人，州学每二年举三人，县学每年举一人。三是一定级别以上的官员及功臣后代，称为荫监。四是缴纳钱物而买到监生资格的，称为例监。监生是一种社会政治身份，成为监生就意味着获得了做官的资格。监生本人，连同家属二人都可免除徭役，生活、医疗等方面的待遇也相当优厚。清朝国子监的生源也是这四类，依据是否具有府、州、县学生员

国子监辟雍殿

的身份，分为贡生和监生两大类，前者的地位和待遇高于后者。

北京国子监内有十三经刻石碑共 190 座，原放置于东西六堂，现位于国子监与孔庙的夹道之内。石碑上所刻的十三经包括《周易》《尚书》《诗经》《周礼》《仪礼》《礼记》《春秋左传》《春秋公羊传》《春秋谷梁传》《论语》《孝经》《孟子》《尔雅》，共 63 万余字。国子监的教学内容以“四书”“五经”为主。此外，明朝学习《性理大全》，加读《说苑》《大明律令》《御制大诰》，还有习字、习射等。清朝学习《圣谕广训》，以及诏、诰、表、判等公文及策论的写作。

● 十三经刻石碑

第二节 学术下移——中国传统私学教育

一、私学的兴起

春秋战国时期，官学教育衰废，私学兴起。以孔子、墨子为代表的一批新型知识分子以新的办学形式聚徒讲学，从而成为创办私学、传播学术文化的先驱。

比较典型的聚众授徒之地，如稷下学宫。“稷”是齐都临淄一处城门名，“稷下”即齐都临淄城稷门附近，齐国君主在此设立学宫。学宫因处稷下而称“稷下学宫”。

稷下学宫施行“不任职而论国事”“不治而议论”“无官守，无言责”的方针，学术氛围浓厚，思想自由，各个学派并存。人们称稷下学宫的学者为“稷下先生”，其门徒被誉为“稷下学士”。稷下学宫最有名的两个人是孟子和荀子。两人都曾在稷下学宫任职，荀子在齐襄王时期曾三为“祭酒”。从稷下学宫的施行方针及其成果意义来看，稷下学宫完全可以说是世界历史上真正的第一所大学，第一所学术思想自由、学科林立的高等学府。

● 聚徒讲学

● 稷下学宫

二、私学教育的发展史

1．春秋战国时期

产生于春秋战国时期的中国古代私学教育，以孔子的私学规模最大，影响最深远。孔子当时的私学规模有“三千弟子、七十二贤人”之说。

私学最大的特点是由“学在官府”，变为“学在四夷”。在这之前都是官办教育，而到了孔子所处的春秋时期，官学逐渐颓废，私人办学兴起，于是形成了学派林立、百家争鸣的局面。当时较大的学派有儒家、墨家、道家、法家、阴阳家等，这一时期被誉为中国古代思想发展的黄金时代，这不能不说是私学教育发展的功劳。

2．秦汉至魏晋南北朝时期

到了秦统一中国时，秦始皇采用了李斯的治国方针，“以法为教，以吏为师”，不但焚书坑儒，还颁发了“禁私学令”，否定了教育在社会中的作用，这成为秦王朝加速灭亡的原因之一。

汉初，汉武帝“罢黜百家，独尊儒术”，但私学还是得到发展，如马融、郑玄等经学大师的弟子达千人之多。魏晋南北朝时期，官学式微，而私学兴旺发达，还出现了影响深远的私学启蒙读本《千字文》和《颜氏家训》，为后代私学提供了很好的教材。

聚徒授学

私人办学

秦火焚书

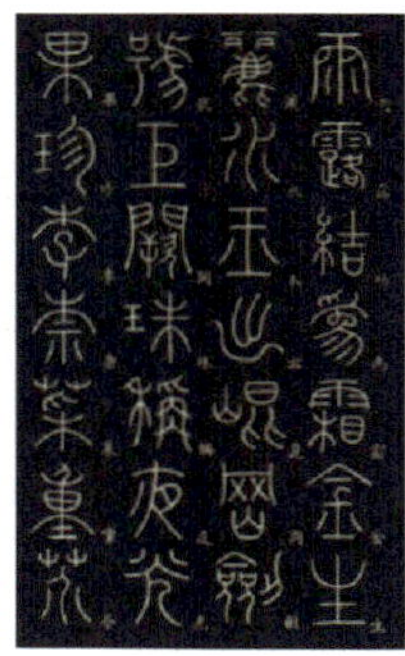

唐李阳冰篆书《千字文》局部

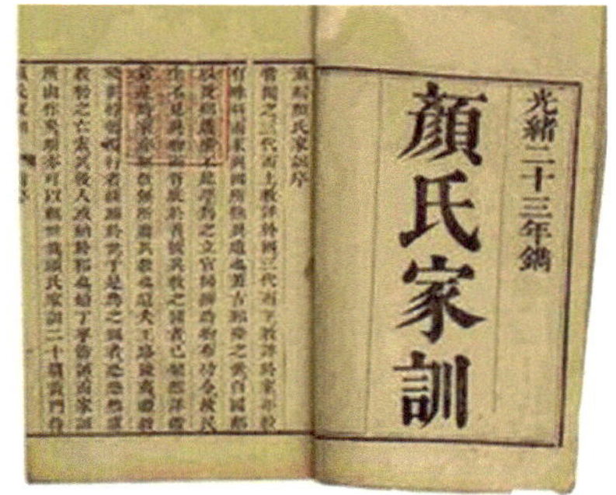

颜之推《颜氏家训》

3. （隋）唐宋时期

● 颜师古像

● 孔颖达像

唐朝是中国社会经济发展的鼎盛时期，私学更是遍布城乡，但其制度不一，教师程度悬殊，既有名士大儒，如颜师古、孔颖达在任官之前，均是私学教师，“以教授为业”，一代名儒刘焯、国子学博士尹知章，归田后均在家乡教授生徒，也有部分村野教师，设立启蒙识字的私立小学。

宋朝的私学教本则出现了《千家诗》《三字经》《百家姓》《杂字》等，影响十分广泛，私学教材逐渐形成了自己的专有体系。

4. 明清时期

明清两朝，学塾有坐馆或教馆（有钱人聘请教师在家教授子弟的蒙学）、家塾或私塾（教师私人以教书为业，在家收徒教授的蒙学）、村塾或村学（一般工商业者或农民集资兴建的蒙学）、义学或义塾（由地方宗族设立或热心教育的知名人士捐资设立的蒙学）等四种形式。各种类型的私学教育因具有自发性、广泛性、多样性、灵活性等特点，对中国古代民众文化素养的提高乃至社会发展都起了重要作用。

三、私学教育的形式

1. 书院教育

私学教育的最高产物是唐以后发展起来的书院教育制度。书院教育制度起源于唐朝，兴盛于两宋，直至清朝没落，历经一千多年的发展，在中国古代教育史、学术史上占有重要地位。如岳麓书院，曾有朱熹等著名理学家长期在那里讲学，吸引大批学生慕名前往。其他著名的书院，宋朝的有白鹿洞书院、嵩阳书院、应天府书院、茅山书院、石鼓书院、华林书院、雷塘书院等，明朝的有紫阳书院、东林书院等。

● 白鹿洞书院

● 岳麓书院

古代书院与封建科举制度的功能和目标不尽相同。虽然古代书院倡导的仍然是占主导地位的儒家学说，但重在人才的培养和学术的研究，具有鲜明的办学兴教特点。其中值得借鉴的地方，一是主张自由讲学，将学术研究和教学活动相

● 嵩阳书院

● 应天书院

紫阳书院

石鼓书院

赵国明《家训的作用》

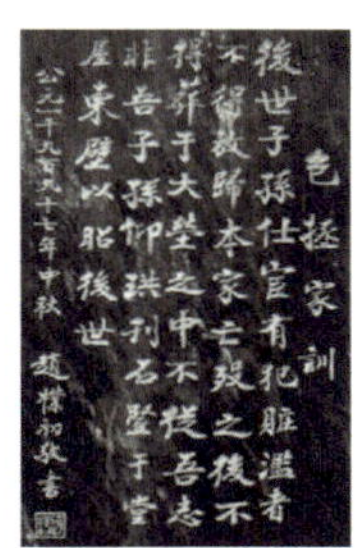

包拯家訓

後世子孫仕宦有犯贓濫者不得放歸本家亡歿之後不得葬於大塋之中不從吾志非吾子孫仰珙刊石豎於堂屋東壁以貽後世

《包拯家训》

结合，注重自学，同时问难论疑，教学相长。二是书院的学术研究形式自由多样，允许著述、学术讨论以及建立学派。三是强调德育教学，不一味迎合科举；提倡学术创建，反对固守陈说；开门办学，兼收各家之长等。

2．家庭教育

家庭教育是私学的一个重要领域。历史上不少家庭教育非常有章法，而且还总结了家训的方法、经验传之后世。著名的家训有《颜氏家训》《包拯家训》《曾国藩家训》等。如包孝肃公家训云：“后世子孙仕宦，有犯赃滥者，不得放归本家；亡殁之后，不得葬于大茔之中。不从吾志，非吾子孙。”（《能改斋漫录》）

又如，《曾国藩家训》云：“位不期骄，禄不期侈。凡贵家之子弟，其矜骄流于不自觉；凡富家之子弟，其奢侈流于不自觉，势为之也。欲求家运绵长，子弟无傲慢之容，房室无暴殄之物，则庶几矣。”这段家训为曾国藩亲笔书写，被他的九弟曾国荃的子孙珍藏流传下来，曾氏后人视若珍宝，遵照而行。

除了父亲之外，母亲们也有很好的教育实例。例如，孟母三迁。孟子幼时，其舍近墓，常嬉为墓间之事，其母曰：“此非吾所以处子也。”遂迁居市旁。孟子又嬉为贾人衒卖之事，母曰：“此又非所以处吾子也。”复徙居学宫之旁。孟子乃嬉为设俎豆揖让进退之事，其母曰：“此可以处吾子矣。”遂居焉。孟母此举在孟子成长过程中非常重要。环境和群体对人的影响是模仿学习的关键环节。如果模仿对象不良，学习结果也不会好。反之，模仿对象优良，结果就呈正相关性。正是孟母的睿智和悉心培养，才使孟子成长为知书达礼、学识渊博的思想家。

再如欧阳修之母郑氏，四大贤母之一。欧阳修早岁丧父，母郑氏督教甚严，家贫无纸笔，尝以荻画地教子，希望儿子不仅才学出众，为人做事也要对得起自己的良心。再如，欧阳修因为支持范仲淹的改革而得罪了利益集团，被贬至偏远地区。欧阳修担心母亲过不惯贫困的生活，母亲却反过来安慰他：“汝家故贫贱也，吾处之有素矣，汝能安之，吾亦安矣。”意思是说，咱们家本来就很贫困，穷日子我早就过习惯了，只要儿子你能适应，我就能适应。母亲的这些语重心长的教诲，以及整个家族流传下来的家风，深深地印在欧阳修的脑海里，伴随着他一生。欧阳修一生为官清正，直言敢谏，不怕得罪权贵，连宋仁宗都忍不住感叹：“如欧阳修者，何处得来？”意思是像欧阳修这样的人才，上哪里去找呀！

● 教子图

● 以荻画地

● 苏母教子

又如，苏轼十岁时，读到了《汉书》中范滂为忠献身的故事。看到“范滂对母说‘儿忠孝不全’，范母说‘我为儿骄傲’”一段时，苏轼问母，若我像范滂，您若何？苏母曰：“你成范滂，我即范母。”范母和苏母都鼓励孩子树立忠孝立身的观念。在母亲的指引和陪伴下，苏轼一生虽饱经风霜，但仍然心系国家和人民。他豪迈的情怀、豁达的性格和在兴修文教事业上的贡献，为后世文人士大夫所称赞。

此外，还有“孟母断机杼”“陶母剪发待宾”“岳母刺字”等许许多多贤母教子的佳话，从接人待物到言谈举止，从提高学识、启迪心智，到健全人格，家庭教育在人的成长中发挥了重要的作用。

以上是官学和私学在我国教育史上的发展历程和作用。官学条件好、资源多，主要培养贵族子弟，除经史子集、算学等专门学问外，还教授治国之道，但是它对普通百姓的知识水平提升，作用远不及私学。私学，或聚众授徒，或开办书院，或内承庭教……使知识不再是高高在上的“神秘之事”。知识的下移和普及在一定程度上帮助底层百姓摆脱蒙昧状态，使他们在合适的历史条件下，也有了改变阶级的机会和能力。而且，这种知识的普及和民众素质的提升需要的政府资源相对较少，但对全社会的文化道德修养、知识技能水平的提高却起到了巨大的推动作用。

第三节　朝为田舍郎　暮登天子堂——中国历代科举制度

有一首关于中国古人四大喜事的歌谣这样唱道：“久旱逢甘霖，他乡遇故知，洞房花烛夜，金榜题名时。”可见，“高中皇榜”在古人心目中是多么令人开心而重要的一件事。本节我们主要介绍科举制度的发展历程和它在人类文化发展史上的意义。

● 科举考试

我国古代的统治者在一千五百年前就发明了通过考察来检验人的学识的办法，并将此作为选拔官吏的重要途径，这是一个了不起的智慧之举。大约在三千年前，我国就建立了形态完备的国家，进而需要配备大批的专职官吏。为了选拔优秀人才到国家管理岗位，统治者想出了许多办法。比如海选、海推的举孝廉法；魏晋时，设立了专职举荐机构和官职，称为中正府和中正官，采用“九品中正制”。但这些选拔方式都有一个弊端，那就是会掺杂举荐者的个人成见和利益，难以做到公平公正。于是，一个更为客观公正的方法被发明了出来，这就是考试。古代通过考试选拔官员的形式称为“科举”，这是因为选拔又称“选举”，采用“分科选拔”的方法，所以叫作“科举”。

隋炀帝正式设置进士科，考核参选者对时事的看法。由此，中国科举制度正式诞生，时为公元 605 年。清朝光绪三十一年，即公元 1905 年，举行了最后一科进士考试。科举制度历时一千三百多年，其主要发展历程如下。

一、隋朝——中国古代科举制度的起源

隋朝是中国最早设立古代科举制度的朝代。隋朝统一全国后，为了适应社会经济和政治关系的发展变化，加强中央集权，于是把选拔官吏的权力收归中央，用科举制取代九品中正制。

二、唐朝——中国古代科举制度的完备

唐朝正式进入科举考试的普及时期。这一时期科举考试的科目已经比较多，及第后的头衔已经出现了专有的称呼。考前、考中、考后诸环节的安排也逐渐完善。

1．考试科目：常科和制科

每年分期举行的考试称常科，由皇帝下诏临时举行的考试称制科。常科的科目有秀才、明经、进士、明法、明书、明算等五十多种。明经、进士两科便成为唐朝常科的主要科目。

● 选拔人才

2．及第头衔：状元、榜眼、探花

唐朝科举考试的最高一级考试为殿试，如果考中了则成为“进士”。进士榜称甲榜，或称甲科。殿试分三榜，又称三甲。一甲赐“进士及第”。及第，第，次第。放榜时，

把喜讯送到家中，及第，意为中选，高中。一甲前三名分别称为状元、榜眼、探花。二甲赐“进士出身”，三甲赐“同进士出身”。二、三甲第一名皆称“传胪”。一、二、三甲通称“进士”，但在后来安排职位时则会根据成绩有所区别。一甲的进士安排的职位最好。如果乡试、会试、殿试中都获得第一名，则称为“三元及第”。历史上，获此殊荣的至少 16 人。进士榜用黄纸书写，故叫黄甲，也称金榜，中进士也称“金榜题名”。同榜人要凑钱举行庆贺活动，以同榜少年二人在名园探采名花，称探花使；集体到杏园参加宴会，叫探花宴。宴会以后，同榜人同到慈恩寺的雁塔下题名以显其荣耀，所以又把中进士称为“雁塔题名”。唐朝新科进士刘沧曾在《及第后宴曲江》中写道：“及第新春选胜游，杏园初宴曲江头。紫毫粉壁题仙籍，柳色箫声拂御楼。”这首诗描述了及第后游览、饮宴、题名等庆贺内容，并认为“雁塔题名”堪比“升仙之喜”，表达了及第之后的喜悦之情。

唐制常科登第后，一般还要经吏部考试，叫选试。合格者，才能授予官职。如果吏部考试落选，则只能到节度使那儿去当幕僚，再争取得到朝廷正式委任的官职。如韩愈在考中进士后，三次选试都未通过，不得不去担任节度使的幕僚才能再度回朝廷任职。

3．考前准备：投卷

唐朝取士，不仅看考试成绩，还要看是否有知名人士的推荐。因此，考生纷纷奔走于公卿门下，向他们投献自己的代表作，这种做法叫投卷。考生向礼部投的叫公卷，向达官贵人投的叫行卷。投卷确实能使有才能的人崭露头角，如诗人白居易向顾况投诗《赋得古原草送别》，受到老诗人的极力称赞。诗歌《近试上张籍水部》写道：“洞房昨夜停红烛，待晓堂前拜舅姑。妆罢低声问夫婿：画眉深浅入时无？”诗人朱庆馀以新妇自比，以新郎比张籍，以公婆比主考官，借以征求张籍的意见，贴切地反映出考生行卷时小心谨慎、忐忑不安的心情。

考试与投卷相结合，虽然在一定程度上推动了唐朝文学创作的繁荣，克服了科举“以一试定去留”的局限，但实行时间久了，便出现了问题。进士科的考试不仅考核试卷成绩，往往还要考察士子平日的诗文水平和社会声誉。这些做法掺杂了太多“人”的因素。士子们为了登第，往往“驱驰府寺之门，出入王公之第。上启陈诗，唯希咳唾之泽；摩顶至足，冀荷提携之恩”。除了一心苦读，士子们还需巴结权贵。即便如此，官宦子弟仍然占尽优势，因其家族人脉资源较多，投卷时更容易受重视，也更有机会科场及第。正因为如此，出现了“错认颜标”的笑话。

三、宋元——中国古代科举制度的沿革

自隋朝开科取士之后，徇私舞弊现象日益严重。对此，宋朝建立了糊名（又称“弥封”或“封弥”）和誊录制度。先由弥封人员将考生的姓名、籍贯等密封起来，再由誊录人员将试卷内容原封不动地誊录下来，最后将誊录的试卷交给考官评阅。这样，考官评阅试卷时既不知道考生的姓名，连考生的字迹也无从辨认。这一制度使科举徇私舞弊现象大为减少。唐朝考生须有当世达官贵人向考官推荐奖誉，才可及第。宋太祖即位后不久，就废止了权臣向考官推荐考生的特权，禁止考官与外界接触，以使科举考试更为公平。

宋朝还实行了“三舍法”，即把太学分为外舍、内舍、上舍三等，外舍 2000 人，内舍 300 人，上舍 100 人。官员子弟可以免考试入学，而平民子弟需考试合格才可入学。“上等以官，中等免礼部试，下等免解。”后来地方官学也推行此法，这也反映了班级教学的特色。满足一定的年限及条件后，外舍生得升入内舍，内舍生得升入上舍；上舍生考试成绩优异

者直接授官，中等者直接参加殿试，下等者直接参加省试。宋朝的科举制度改革，事实上将太学变成了科举的一个层次，使学校教育变成了选官制度的一个部分。这在很大程度上提高了士人学习的热情。

四、明清——中国古代科举制度的衰落

1．明清科考的主要内容

明清科考的一个特色内容是八股文。八股文即用八个排偶组成的文章，一般分为六段。八股文以“四书”“五经”的文句做题目，考生只能依照题义阐述其中的义理，且措辞要用古人语气，即所谓代圣贤立言。

2．主要考试环节

明清科举制度规定，凡是习举业的读书人，不管年龄大小，未考取生员（秀才）资格之前，都称为童生或儒童。根据明朝史书的记载，只有通过了县试、府试两场考试的学子才能被称作童生，成为童生方有资格参加院试，成绩佼佼者才能成为秀才。取得秀才身份后，考生可继续参加乡试。乡试考三场。首场考“四书”“五经”的经义（八股文）；二场考论，及判、诏、诰、表等公文写作；三场考经、史和时务方面的对策。之后的会试，考试科目与乡试相同。最高级别的考试是殿试，只考一场对策。

根据明清科举制度，正式科举考试分为童生试、乡试、会试和殿试。其中乡试为省一级考试，考试合格者为举人，第一名为解元。会试是举人在京城参加的全国统一考试，考试合格者为贡士，第一名为会元。殿试是由皇帝亲自主持的考试，分三甲，一甲三人，第一名叫状元，第二名叫榜眼，第三名叫探花，赐进士及第；二甲人数若干，第一名称传胪，赐进士出身；三甲人数最多，赐同进士出身。

● 贡院中的科考

3．考场概观

科举考场称为贡院，贡院规制严密，构建为全封闭式，围墙高筑。在考试期间，贡院四周有官兵巡逻。院内建有瞭望楼。

4．阅卷录取

明清科举中，乡试、会试的阅卷有严格的分工和程序：①受卷官签收封装，糊名；②打乱次序后编号，誊录；③对读，验明誊录卷与原卷无误；④阅卷。

5．舞弊现象

由于科举制度本身的弊病和八股文的程式化，科举考试的舞弊现象还是愈演愈烈。宋朝对考试作弊的情况实行连坐制。

● 科考作弊处罚

按照区域划分几个考区，同一考区的所有考生相互监督，只要发现一个人作弊，其他考生都会受到牵连，被取消当年的考试资格。

明朝法治严酷，针对考试作弊的行为处罚非常重。作弊考生将被发配边疆，参与者也会受到相同的处罚，发配时间是三届科举考试。明朝通常每三年一届考试，也就是说作憋考生要在边疆待九年，即使侥幸没死，回来后也将被除去士子身份，一辈子都别想再参加科举考试，基本上失去了靠读书出人头地的机会。

清朝在处理考试作弊时更人性化一点，对于情节较轻的罚点钱，情节较重的则要令其戴重枷三个月，还要打一百板子，然后发配到边疆。顺治帝在位期间，发生了科举考试以来最大的作弊案——“丁酉科场案”，参与作弊的考生、考官通通被处死，家属也被流放到了边疆。

尽管明清科考的流程十分严密，统治者对科场舞弊行为的处分特别严厉，但是由于科举制度本身的偏颇和科举考试作为读书人唯一进身之阶的大背景，舞弊行为还是越来越多，最终导致科举制度走向灭亡。

● 明清科举考试的主要环节

次序	一考			二考	三考		
考试类型	童生试			乡试	会试	殿试	
	县试	府试	院试				
考试地点	县	府	州	京城或各省	礼部	皇宫保和殿	
主考官	地方学政	地方学政	地方学政	中央特派官员	钦差大臣	皇帝（委命大臣）	
报考条件	童生	童生	童生	秀才（监生）	举人	贡士	
通过后的身份			秀才（生员、茂才）	举人	贡士	进士	一甲：赐进士及第
							二甲：赐进士出身
							三甲：赐同进士出身
第一名称号	县案首	府案首	院案首	解元	会元	一甲第一名：状元（鼎元） 第二名：榜眼 第三名：探花 二甲、三甲第一名：传胪	
考试时间	三年二次			子、卯、午、酉年八月（三年一次）	乡试次年三月	会试同年四月	
又称				秋闱	春闱		
榜名				桂榜	杏榜	金榜（金甲）	

第四节 柳暗花明——科举考试之后

士子参加科举考试，自然会有考上或考不上两种结果。如果考上了，依次获得种种功名；如果考不上，也不一定就意味着人生从此无望。

一、三鼎甲

科举考试前三名分别叫状元、榜眼、探花，也被称为三鼎甲。其中，第一名称状元始于唐朝，第二名称榜眼始于北宋，第三名称探花始于南宋。元、明、清科考沿用。

1. 状元

据考证，自唐高祖武德五年（622 年）的第一位科举状元孙伏伽开始，到清光绪三十年（1904 年）最后一位状元刘春霖止，科考的榜数为 745 榜，共产生了 500 多名状元。科举自诞生至结束历经千余年，是世界上延续时间最长的选拔人才的制度。

唐朝的科举考试结束后，要由主考官将录取档案交给门下省，再由门下省写成状子呈报给皇帝恩准，这份状子里的头名当时叫“状头”。这本是朝廷官员在完成例行公事时使用的专用术语，也称“状元”。

2. 榜眼

榜眼之名始于北宋太宗太平兴国五年（980 年）。初时第一名称状元，第二、三名俱称为榜眼，意思是第二、三名分立状元左右，如其两眼。如北宋初年王禹偁在《送第三人朱严先辈从事和州》中云：“货船东下历阳湖，榜眼科名释褐初。”清人赵翼在《陔余丛考·状元榜眼探花》中考证：“北宋时第三人亦呼为榜眼。盖眼必有二，故第二、第三人皆谓之榜眼，其后以第三人为探花，遂专以第二人为榜眼耳。”南渡以后，固以第三人为探花。

3. 探花

探花最早出现在唐朝，唐无榜眼，却有探花郎。唐朝新进士榜公布后，及第者在曲江有盛大的宴游活动，以最年少者为探花郎，原意只是戏称，与登第名次无关。据推测，南宋晚期，进士第三名改称为探花，于是榜眼成为第二名的专名。因此说状元、榜眼、探花作为三鼎甲的三个专称，合成于南宋。

二、中进士后的主要庆祝活动

1. 曲江流饮

唐朝的进士科考试设在国都长安，也就是现在的西安。每年一月考试，二月公布各科录取考生的名单和名次。春暖花开的时候，皇帝就在曲江园林举行盛大的宴会，赏赐那些新考中的进士。曲江园林在长安城东南角，这里有一个弯弯曲曲的大池塘，池塘周围有漂亮的花园，以及著名的慈恩寺、大雁塔等景观。皇帝、大臣和贵族们经常到这里游玩，许多文人、学者也喜欢来这里饮酒作诗。在皇帝举行的曲江宴会上，进士们把装了酒的杯子放在曲江水面上，酒杯随水而流，流到谁的面前停下来，谁就拿起杯子饮酒作诗。

● 曲江流饮

2. 杏园探花

杏园探花是唐朝进士及第后举办的庆典之一，主要内容是在杏花园举行探花宴。庆典开始前，选择同榜进士中最年轻且英俊的两人为探花使；两人遍游名园，沿途采摘鲜花，然后在琼林苑赋诗，并用鲜花迎接状元。这项活动一直延续到唐末。唐人李淖在《秦中岁时记》中写道："进士杏园初宴，谓之探花宴。差少俊二人为探花使，遍游名园，若他人先折花，二使者被罚。"宋人魏泰在《东轩笔录》中也记载："进士及第后，例期集一月，共醵罚钱奏宴局，什物皆请同年分掌，又选最年少者二人为探花使，赋诗，世谓之探花郎。"由此可见，"探花"一词最早出现在唐朝，最初是指及第庆典活动中的两位年轻进士。所以，当时所谓"探花郎"，并不是专指进士第三名。如翁承赞是唐昭宗乾宁三年（896 年）进士第三名，因年少貌俊被选为"探花使"。他作《擢探花使三首》云："洪崖差遣探花来，检点芳丛饮数杯。深紫浓香三百朵，明朝为我一时开。九重烟暖折槐芽，自是升平好物华。今日始知春气味，长安虚过四年花。探花时节日偏长，恬淡春风称意忙。每到黄昏醉归去，纻衣惹得牡丹香。"这首诗先叙述了被擢为探花郎后"检点芳丛""饮数杯""折槐芽"等职责，然后以"百花为我""始知春气""春风意忙""黄昏醉归""牡丹香衣"等多角度的细节描写流露出作者成为探花郎时忙碌且欢快的心情。

3．雁塔题名

有一年，曲江宴会结束后，进士们纷纷到慈恩寺游玩，当他们来到大雁塔下时，一位进士心血来潮，把自己的名字刻在大雁塔下面的石壁上，这个做法后来就成了一种习俗——凡是新进士参加完曲江宴会后，都要来到慈恩寺的大雁塔下，选派一位书法漂亮的进士把大家的名字题在石壁上；后谁当上了将、相，就把他黑色的名字改为红色的。

唐朝知识分子把参加曲江宴会和雁塔题名看作一件非常荣耀的事情。唐朝大诗人白居易和其他十六个人一起考中进士，他是其中最年轻的，当时才二十七岁。他曾经非常得意地在诗中写道："慈恩塔下题名处，十七人中最少年。"如今，在西安大雁塔下面的碑石上，还可以看到古代进士的题名。

三、中进士之后的任职

古代考上进士就可以直接做官了吗？一般情况下，状元、榜眼、探花会被派到翰林院任职，状元授予翰林院修撰（从六品）之职，榜眼、探花授予翰林院编修（正七品）之职。

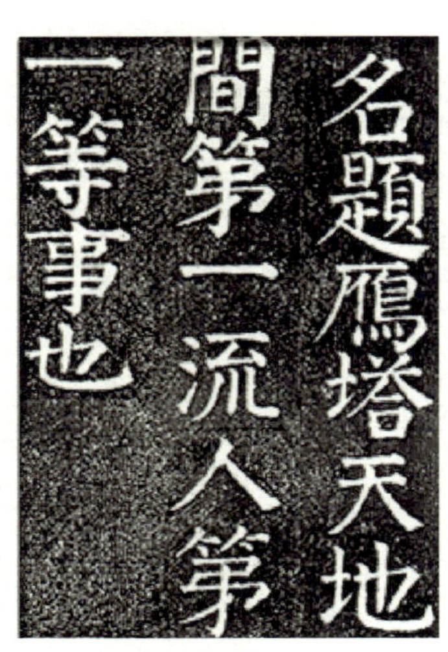

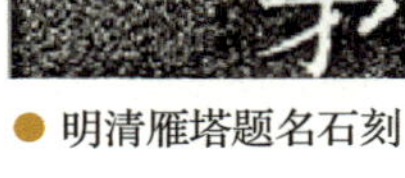
● 明清雁塔题名石刻

以明清时为例，状元通常被授予六品的翰林院修撰之职，在翰林院修史、修志，从事文字工作，熟悉典章礼仪。大约三年后再根据朝廷安排，或到外地为官，或在京城中的六部任职。因此，状元是被授予翰林院修撰后才有明确的品级。翰林院负责修书撰史，起草诏书，为皇室成员侍读等工作。虽然看上去是做些不太重要的事情，但事实上，翰林院却是国家最重要的官员储备中心。状元、榜眼、探花在进入翰林院后，虽然日常从事的都是一些文书方面的工作，但这对锻炼他们的从政能力有极大的帮助。比如翰林负责上一代皇帝实录的编修，这项工作加强了翰林对上一代皇帝执政时期政情的了解。翰林帮助皇帝起草一般性文件的诏书，这项工作有助于翰林适应政务，加强对国家事务的了解。

中国历史上有许多名臣都出自翰林院，如欧阳修、王安石、司马光、张居正、曾国藩、李鸿章等等。所以，状元、榜眼、探花在进入翰林院之后，虽然做的都是边缘性质的工作，但他们的前途不可限量，有朝一日走出翰林院、获授其他官职之后，在工作上往往都比较出色。

四、落第后的幸与不幸

科举考试录取率低，有的人考了一生也未能考中。古代流行《四喜》诗和《四愁》诗。《四喜》云："久旱逢甘霖，他乡遇故知。洞房花烛夜，金榜题名时。"《四愁》云："寡妇携儿泣，将军被敌擒。失宠宫女面，落第举人心。"中举被认为如新婚般欢喜之极，而落第则如同守寡、被俘般哀苦非常。在此我们要考察的是，除去半途而废的人，一个人如果进行了长期的知识积累，经历了多年的勤苦攻读，如果参加科举考试未被录取，是否就陷入了绝境。且让我们看下面的一些历史人物。

● 唐寅像

（1）传统技艺方面——唐寅

唐寅，字伯虎，苏州吴县人，明朝画家、书法家、诗人，三十岁时进京参加会试，涉会试泄题案而被革黜。唐寅落第贬官之后，深感耻辱不就职，回家后夫妻失和，休妻。人生失意的唐寅纵情山水，流连酒色，靠卖画为生。唐寅的作品有《骑驴思归图》《山路松声图》《王蜀宫妓图》等。他的作品闻名遐迩，被藏于世界各大博物馆。

● 李时珍（绘画作品）

（2）生命科学方面——李时珍

李时珍出身医药世家，十四岁时便考取了生员，但他无心作八股文，却爱读《诗经》《尔雅》等有关鸟虫之书及医学书籍，故而多次参加乡试均落第。嘉靖二十一年（1542

● 蒲松龄（绘画作品）

● 徐霞客（绘画作品）

年），二十四岁的李时珍决意放弃科考，随父行医。在行医过程中，他参阅了不少药物学著作，发现其中不少谬误需要纠正，于是决心编撰一部新的药物学典籍，以适应时代之需要。为此，李时珍进行实地调查，到民间收集药方，观察和采集药物标本。足迹所至，包括今河北、河南、湖北、湖南、江西、安徽、江苏等省。他经常风餐露宿，披星戴月，效仿神农亲尝药草。经过二十七年的努力，他终于完成了百万字的《本草纲目》。这部医药学巨著全面系统地总结了我国 16 世纪以前的药物学成就，是中国古代汉族传统医学集大成者。

（3）文学艺术方面——蒲松龄

清朝文学家、戏曲家蒲松龄，十九岁时应童生试，以县试、府试、院试三个第一而考取生员；但此后在乡试中屡试不第，三十一岁时迫于生计，赴江苏宝应任幕僚，以写应酬文糊口，一年后返乡教书，同时日夜攻读，希冀科举入仕，然始终没考上举人，遂绝意功名。蒲松龄与社会底层接触，熟悉劳动人民及穷苦知识分子的生活，对社会的黑暗、官场的腐败、科举制度的残酷有深刻了解，因之不平则鸣，乃提笔抒写孤愤，完成了《聊斋志异》的创作。

在这部书中，蒲松龄借鬼狐神妖的故事，曲折而深刻地反映了清初的社会现实，无情地鞭挞了社会的黑暗，揭露了统治者的残暴，特别是指出了科举制度的弊端。书成之后，不胫而走，蜚声文坛，蒲松龄也被人誉为“短篇小说之王”。

（4）自然科学方面——徐霞客

明末江阴人徐霞客，从小爱读奇书，尤其好读古今史地之书。年轻时，他也曾顺应时俗，学习八股文，准备科举入仕，但在应试失败后，就决心挣脱科举的枷锁，埋首于自己喜爱的史地书籍，向往游览名山大川的生活。

在读书的过程中，徐霞客发现一些地理书或所记不详，或互相矛盾，遂萌发外出考察的念头。从二十二岁起，徐霞客开始出游，东至普陀，北达燕山，西登华山，南至闽粤。崇祯十年（1637 年），五十一岁的徐霞客开始了历时四年之久的西南之行，经江苏、浙江、江西、湖南、广西、贵州，到达云南。途中三次遇盗，四次绝粮，他仍不退却，表现了惊人的毅力和蓬勃乐观的精神。

徐霞客野外考察范围极广，涉及山川源流、地形地貌，动物、植物的生态品种比较，矿产、手工业、居民点、物价的记录，民情风俗、民族关系、天气变化等等。《徐霞客游记》就是他一生考察的结晶。这部书开创了实地考察自然、地理的新方向，为世界上最早关于岩溶地貌的科学文献。

（5）民族实业方面——盛宣怀

盛宣怀，字杏荪，号愚斋，1844 年出生于江苏常州府武进县。盛家世代官宦，盛宣怀的父亲盛康曾先后任湖北、浙江的道员。按照家族的传统，盛宣怀应该通过科举求功名、入仕途，但是他自从二十二岁参加童子试之后就屡试不第。三次落第之后，盛宣怀放弃了科举之路。1870 年，他经李鸿章的幕僚杨宗濂的推荐，投在李鸿章麾下，任行营内文案兼充营务处会办。由于盛宣怀的父亲与李鸿章私交深厚，盛宣怀从此得到李的器重，第二年便得到相当于知府的官职。盛宣怀不仅被誉为“中国实业之父”和“中国商父”，还创办了多项“中国第一”，如第一个民用股份制企业——轮船招商局，第一个电报局，第一个内河小火轮公司，第一家银行，第一条铁路干线——京汉铁路，第一个钢铁联合企业——汉冶萍公司，第一所大学——北洋大学堂（天津大学），等等。

科举落第后，有的人从此一蹶不振，苦吟一生；也有的人及时调整发展方向，往自己更擅长的方面努力，后来所取得的成就甚至超过走科举之路；还有的人举起了反对的旗帜，推动废黜科举制度。

1905 年 9 月 2 日，直隶总督袁世凯、盛京将军赵尔巽、湖广总督张之洞、两江总督周馥、两广总督岑春煊和湖南巡抚端方等一批高官，联名上奏朝廷，明确提出：国家危迫情形，一刻千金，“欲补救时艰，必自推广学校始；而欲推广学校，必自先停科举始”。他们言辞激烈地请求“停罢科举”。面对这些举足轻重的南北封疆大吏的联合奏请，朝廷已不能等闲视之。当天，清政府发布“上谕”，宣布“自丙午科为始，所有乡、会试一律停止”。各省岁科考试亦即停止。至此，在中国历史上延续了一千三百多年的科举制度正式废除。只是，科举制度固然不能满足选拔人才的需要，但它的取缔真的皆大欢喜、百利无害吗？

动动脑

右图是福州文庙内一件真假有争议的状元服，你认为可考察的线索有哪些？

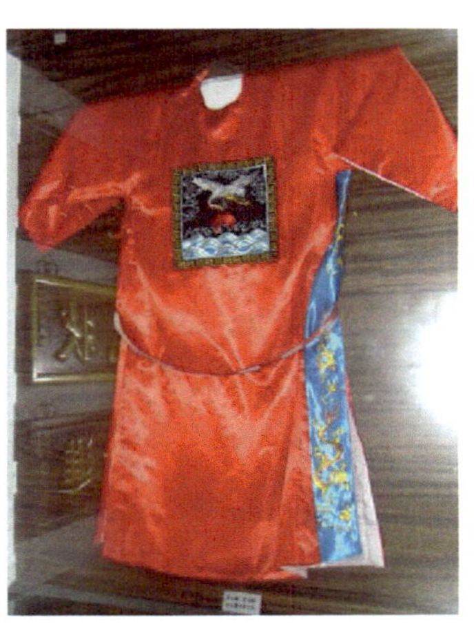

第五节 科举制度的利弊与世界影响

在基础教育的语文教材中，有一篇名为《范进中举》的文章，这是小说《儒林外史》中极为精彩的一篇。寒门出身的范进，在“万般皆下品，惟有读书高”的时代，走上了科举之路。不如意的是，范进考了二十多次还只是个小小的秀才，周围的人非常看不起他。

可是没想到，后来，他在五十四岁时意外中了举人。中举后，街坊的态度、岳父的态度、文人之间的态度等都发生了巨大的改变。卑躬屈膝的来了，点头哈腰的来了，没事儿套近乎的也来了……可范进喜极而疯。小说以讽刺的手法表现了科举的艰难和世态之炎凉。看了这篇文章，不少人会慨叹科举考试弊端多多。其实不尽然，任何一个事物都有两面性，我们今天就来客观地分析一下科举制度之利弊。

一、中国科举制度的利弊

作为一种持续时间最长的考试制度，科举制度必有其可取之处。但其由于考试内容、考试形式的局限，也不能圆满地承担起选拔人才的重任。

1. 科举制度的优点

（1）科举制度的实行，在规则层面上使国家政权向社会各阶层开放，打破了世家大族垄断仕途的状况，促进了社会阶层的上下流动，使相当多的平民知识分子实现“朝为田舍郎，暮登天子堂”。

（2）国家通过科举选拔出了一批经世致用的杰出人才，他们为国家各个领域的发展做出了巨大贡献。这在唐宋时期表现得尤为突出。

（3）科举制度提高了人们学习文化知识的积极性，促进了文化教育事业的发展，全面提高了人们的文化素养水平，有利于国家长治久安。

2. 科举制度的落后性

（1）考试内容陈腐，考试方式较为僵化，不能适应形势发展的需要。

（2）禁锢思想自由，消磨聪明才智，不能全面客观地评估人的才能。

二、中国科举制度对世界的影响

在一定的历史时期内，科举制度取代九品中正制有其进步的地方。自隋唐至唐宋，再到明清，科举考试也在不断地调整、完善、变革。尽管没能尽善尽美，但在特定的历史时期内，它对中国乃至全世界的考录选拔人才制度都起到了促进作用。

1. 中国科举对东亚文化圈的影响

（1）日本的科举。在日、韩、越三国中，日本最早仿行科举，但是实行科举的时间最短。公元716年，大倭忌寸小东人入唐（大倭忌寸小东人，日本《养老律令》修撰者之一），深受开元文风影响，回国后以唐《永徽令》和《开元前令》为蓝本，确立日本贡举《养老律》的基本内容与形式：含秀才、明经、进士、明法四科和医、针等专门技术科目，考试内容同唐代。只是后来由于日本贵族把持科举，以资历名望取士，科举才流于形式化。日本科举虽只实行了约300年，但对日本影响深刻。

（2）高丽、韩国的科举。在中国后周使节的主持下，高丽于光宗九年（958年）开始实施科举，摆脱新罗时代封闭的“骨品制”，建立了较开放的官僚体制。高丽科举模仿唐朝进士科、秀才科、明经科，包含制述、明经两大业，还有医业、卜业、地理业、明法业、明书业、三礼、三传等杂科。高丽朝425年间，几乎每两年一考，共开科251次，选拔6663人。录取名额平均每年16人，比同时期的中国更频繁，这说明科举对平衡官僚供需作用显著，已成国家体制。《高丽史·选举志》称：“名臣硕辅，清明政治，唯有选举可即。”这说明科举制度对高丽和朝鲜时代的人才选拔影响之深。朝鲜时代，制述与明经合而为一，初考讲经，中场考诗赋，终场考策、表、笺。三场考试统称“文科”，与武科合称“两科”。宋时，高丽借鉴北宋“三舍法”协调学校和选才，于高丽仁宗五年（1127 年）在国子监设国子学、太学和四文学。恭愍王十八年（1369 年）又采元制，实施“科举三层法”，即乡、会、殿三阶段科举试。高丽科举借鉴唐宋科举，可视为从属中国的科举。

（3）越南的科举。越南科举发轫于李朝，改革于陈朝，鼎盛于黎朝，发展于阮朝，是东亚文化圈中最迟（1075 年）实行科举也是世界上最晚（1919 年）废止科举的国家。东亚文化圈中，越南科举与中国科举最类似，除举行乡试、会试和殿试外，黎裕宗还仿中国设置武举，考试内容与录取方式与中国大体一致。阮朝甚至还于明命十年（1832 年）引进八股文，且建立了规制严整的试场，与中国的贡院酷似。越南学者说：“阮朝官吏全靠科举选拔，教育制度也生搬中国的内容及采取脱离实际的经院式学习方法。”

总体来说，东亚国家的科举无论是设科用意，还是考试科目、科第名称、考试程序、考试形式与内容等，都与中国基本一致。刘海峰教授说：“在相当长的历史时期中，日本、高丽、越南、琉球等国的人士向中国辐辏，中国的儒家文化则向周边辐射。因此，从公元 7 世纪至 17 世纪一千多年间，中国的物质文明和制度文明曾广泛地影响过东亚诸国，东亚国家文化教育的‘国际化’实际上便是中国化，以至形成‘东亚科举文化圈’。”科举对各国文化水平的提升起了积极的推动作用。

2. 中国科举对西方的影响

孙中山曾在《五权宪法》中说：“现在欧美各国的考试制度，差不多都是学英国的。穷流溯源，英国的考试制度原来还是从中国学过去的。所以，中国的考试制度，就是世界中最古最好的制度。”又说：“英国行考试制度最早，美国行考试制度才不过二三十年，英国的考试制度就是学我们中国的。中国的考试制度是世界上最好的制度。”在西方学者眼中，中国科举制度是古代中国文明最好的方面。西方人认为中国最伟大的皇帝是隋文帝杨坚，因为他建立了科举制度。美国传教士、学者丁韪良在《中国环行记》中提到：“当今在英国、法国和美国正在取得进展的文官考试制度，是从中国的经验中借鉴而来的。”牛津大学教授纽曼也说：“中国只有通过严格考试的人才能出任官职，这是迄今为止存在于东方的无与伦比的优秀制度。”廉士在《中国总论》中认为：“中国通过卓越的考试制度录用文官武将，这是他们唯一不同于古今任何一个伟大的君主国家的地方。”美国学者柯睿格在《哈佛亚洲研究学报》上发表论文说：“以科举考试为核心的中国文官行政制度的创立，是中国对世界的最重要贡献之一。”英国历史学家汤因比与日本创价大学创始人池田大作在《展望二十一世纪》中则提到：“实际上现代英国的官吏制度，是仿照帝制中国的科举制度而建立的。同罗马制相比较，中国的制度取得了很大的成功。约在两千年的时间里，或大或小，它成了统一中国和巩固秩序的支柱。”西方人赞赏的是中国科举制度选拔人才的原则：机会均等，公平竞争，择优录用。他们认为这是一种出类拔萃的制度，值得效法。在中国科举制度的影响下，欧洲开始废弃腐朽的赐官制，确立从竞争性考试中选拔文职官员的制度。

三、中国科举制度西传的过程

中国科举制度对西方产生影响可追溯到 16 世纪后半期。最早向西方介绍中国科举制度的是葡萄牙的两位传教士——克鲁兹和胡安冈萨雷斯·德万多萨。克鲁兹的《中国游记》一书，对中国通过科举考试选拔官员的做法倍加称颂。胡安冈萨雷斯·德万多萨的《伟大的中国》则详细介绍了科举考试的方法和内容："中国是世界各国中治理得最好的，因为它建立了通过竞争来开放一切官职的科举制度，从而利用了所有中国人的聪明才智。"这两本书在欧洲出版后广泛流传，尤其是后者，更引起了欧洲人对中国政治制度的认真关注。

意大利耶稣会传教士、学者利玛窦在《利玛窦中国札记》中介绍了他认为相当于西方学士、硕士、博士学位的秀才、举人、进士的三级科举考试，内容涉及考期、考场、考官、科考内容和规则、录取方式、授职仪式等具体问题。他写道："标志着与西方一大差别而值得注意的一大事实是，他们全国都是由知识阶层的人来治理的。井然有序地管理整个国家的责任完全交给他们来掌握。"葡萄牙耶稣会传教士曾德昭（原名奥伐罗·塞默多），于1613年到中国传教并学习中文，一共待了二十二年。他于1636年返回欧洲途中完成了《中华大帝国史》。此书在介绍科举时，特别强调了"自由报考、公平竞争"的原则："普通老百姓不分职业，均可投考，只有军士、保镖、法警、恶棍、刽子手及称做忘八的妓女监护人才被摒弃在外。……那些仅仅是学生，没有取得任何学位的人，本身没有任何特权，也被人尊称为绅士。大家都把他们敬为国家之灯，中国人知道应如何尊重确实值得尊重的人。"

这些西方人，无论是在中国长住过，还是在中国短期旅游过，虽然来的时候是出于其他原因，离开的时候却都对中国科举制度留下了深刻的印象，纷纷著书立说表达对中国科举制度的称赞。他们将科举制度设立的初衷、实施过程、选人特色和给国家人民所带来的方方面面利益进行充分描述传扬，希望自己的国家能予以借鉴，客观上推动了科举制度的西传。

四、西方文官选用制概况

西方人知道遥远的东方帝国竟然用科举实行竞争考试、择优录取，政权向平民开放，标榜公开取士，了解到这么一种具有优越性的文官制度时，不禁大加赞誉，进而大力仿效。西方学术界公认，现代西方文官制度源自中国科举制度。

1. 中国科举对法国的影响

18世纪欧洲兴起的中国文化热使法国思想家关注到中国科举制度。法国诗人及启蒙思想家伏尔泰认为，通过考试制度选用有能力的官员是促成中国政治制度良性运作的基础。"实际上他们帝国的政体是最好的，是世界上唯一按父权建立起来的帝国！一方面有皇帝依世袭一脉相承的秩序，另一方面又有科举使皇帝不能完全随心所欲的理性制度……人们不可能设想出一个比这更好的政府！在那里，事无巨细均由相互制约的大衙门审理，而只有通过层层严格考试的人才能进入衙门任职。中国的一切都通过这些衙门自我调节，因此政治清明、经济繁荣。"

法国启蒙思想家和古典政治经济学家弗郎斯瓦·魁奈（Francois Quesnay，1694～1774年）于1767年出版的《中华帝国的专制制度》，被西方学术界称为"崇尚中国运动的顶峰之作"。他在书中用专节论述科举，详细介绍考试程序、官员录用过程、科举的社会影响等，并认为这种公开竞争的考试制度是欧洲无法相比的典范。他认为中国的先进性在于中国人的社会地位和身份是可以变动的，一个人的功绩和才能是他获得显赫地位的标准，科举制度的功能就是使社会各阶层处于流动状态。魁奈指出："中国人必须

考中进士才能成为朝廷官员，皇帝会从那些最杰出的人中间选拔阁老或国务大臣、中央行政机构的堂官、各省和大城市的地方最高长官，以及帝国内所有其他的重要官吏。”魁奈被认为是对中国科举制度了解最多、最全面的学者。

孟德斯鸠在《地理》一书中详尽地记述了科举制度，如乡试、殿试，以及试题、监考、考生中榜后的录用分配等。就选拔官员而言，他认为中国的科举远远领先于欧洲：“中国没有世袭的官吏和贵族，皇帝通过科举选拔官吏。有才学的人，不论出身如何都能成为官吏。考试内容是有助于治国的儒家经典，这有利于提高官吏的素质。”

美国学者卜德所说：“科举制度是法国人从中国学来的重要遗产。”1789 年资产阶级大革命爆发后，文官制度初步改革。1791 年，法国试行文官考试，到 1875 年文官系统基本形成。和中国一样，法国的考试制度也是以竞争为基础，选拔优秀的人进入国立行政学校学习，这些人毕业后就可成为政府官员。此外，法国还效仿中国科举的制度化与法律化，制定了一系列与官员考试、任用有关的规章制度。法国以中国科举制度为师的改革，不仅破除了旧的官员任用制度，还开创了现代文官考试制度的先河，对以后欧美文官考试制度的最终确立具有重要的意义。

2. 中国科举对英国的影响

英国经济学家、经验主义哲学家大卫·休谟（David Hume，1711～1776年）指出，科举的优势是其“平等竞争、公开考试、择优录取”的逻辑内核。《大英百科全书》载：在历史上，最早的考试制度出现在中国，它用考试来选拔行政官员，并对已进入仕途的官员实行定期考核。据统计，1570~1870年300年间，英文版的有关中国科举制度和官员制度的书籍有120种以上。1776年，英国古典政治经济学的鼻祖亚当·斯密在《国富论》中提议：每个人被获准在任何机构就职前，必须经过考试。1829年，东印度公司在中国科举制度基础上草创官员考试录用制。1835年7月，英国人英格尔斯在《中国文库》中预言：“这中国人的发明，有一天会像火药和印刷术一样，在欧洲的国家制度中引起另一次伟大变革。”1853年英国《关于建立英国常任文官考试制度》的报告一出台，《爱丁堡评论》即指出：“事实上生活中没什么比中国所实行的制度更相似的了。”报告在五个方面采用了中国科举制度原则，以对英国文官制度提出革命性变革：

其一，采用科举制度公开考试，自由竞争，择优录取等原则；

其二，参照中国科举制度，建立从中央到地方的考试领导体制；

其三，仿效中国的做法，采用分级考试的程序；

其四，规定统一的考试科目；

其五，借鉴中国的经验，确立严格的报考标准。

1855 年和 1870 年，英国政府相继发布了两个枢密院令，除实行公开竞争考试、分级考试，建立主持考试的文官事务委员会外，还在两个方面借鉴了中国科举制度的基本原则：一是将考试制度法制化，以立法形式确保考试制度的执行；二是对初试合格者进行复试。1870 年，一个以中国科举制度为蓝本的英国竞争性文官考试制度正式建立。英格尔斯的预言没错，由于英国当时国力强盛，所实行的文官考试制度又卓有成效，中国科举制度最终通过英国对世界各国的文官考试制度产生了重大而深远的影响。

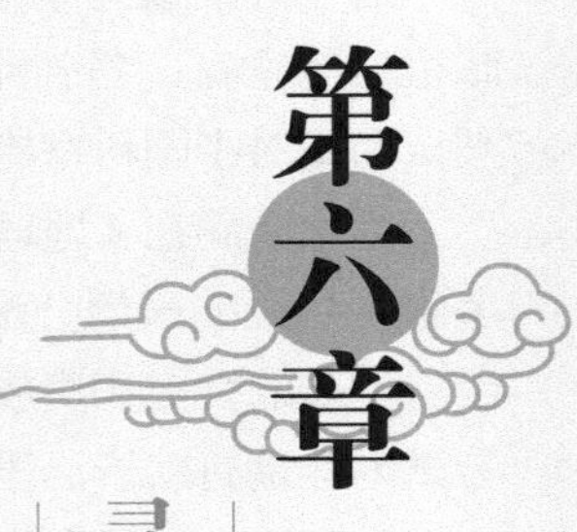

第六章

寻根问祖
——中国古代的姓、氏、名、字、号

中国古人的称呼，主要有姓、氏、名、字、号几种。『姓』标志了最原始的血缘归属。根据顾炎武的统计，原始的『姓』只有二十二个，今天大多数『姓』都是『氏』。『氏』是原始『姓』的分支，一定程度上也能表明血缘的归属和传承脉络。『名』代表的是个人的称呼，成人礼之后获得『字』。『号』表达的是个人一定时期的生活状态、思想、精神面貌以及情操爱好等。易言之，古人的『姓、氏、名、字、号』不仅仅是指称符号，也不是简单地被用来沟通，而是具有民族血缘发展、社会思潮、时代风貌、价值审美等多重文化内涵。

中国古人的称呼，主要有姓、氏、名、字、号几种。它们分别有不同的内涵和功能。“姓”主要指最初的母系氏族的归属。“氏”则是指从姓中衍生出来的分支。“名”代表的是个人的名称。男子女子在成人礼之后，获得“字”，朋友等不可再称呼其“幼名”。“号”多为古人名、字之外的自称，代表了个人一定时期的生活状况或志趣、爱好等。某个氏族的子孙长期在一定的地区活动，并对这一地区的政治、经济、军事、人文等做出贡献，产生较大影响力，就有可能形成“郡望”。中国人的姓、氏、名、字、号不是简单的指称符号，它彷佛一部民族血缘发展史，透视着中国人特有的审美标准、文化风尚和价值追求等。

第一节 中国姓氏的产生与发展

一、姓氏的产生与发展

姓氏，段玉裁注《说文》云：“姓者，统于上者也；氏者，别于下者也。”《左传·隐公八年》：“天子建德，因生以赐姓，祚之土而命之氏。”这些典籍中“姓”与“氏”是分开解释的，“姓”与“氏”的本义不同。这与今天“姓氏”合称合用的情形不相同。

姓和氏有什么不同？就古文字的角度而言，“姓，人所生也。古之神圣母，感天而生子，故称‘天子’。从女，从生，生亦聲。《春秋传》曰：‘天子因生以赐姓。’”

由“姓”字字形的发展演变图可以看出，“姓”，从女从生，下面是地平线，上面是生长出来的一棵树苗。早在母系氏族社会，我国就已经有了主要的姓。顾炎武在《日知录》卷二十三中考证过《经典释文》中“女生曰姓”中有哪些姓。它们分别是“妫、姒、姬、姜、妘、嬴、姞、子、己、风、任、祁、芈、曹、董、偃、归、曼、熊、漆、隗、允”，共二十二个姓。多个姓都有“女”这个部件。如黄帝姓姬，炎帝姓姜，秦始皇姓嬴，周武王是姬姓的后代，他们的姓都与“女”有关。原始部族以母系作为主要的组织机构，只知其母不知其父，家庭婚姻的作用并不十分突出，一般都是由比较权威的女性来掌管一族。姓“从女从生”是有缘由的。

氏，“巴蜀名山岸脅之旁箸欲落墮者曰氏。氏崩，闻数百里，象形，乁声。扬雄赋：‘響若氏隤。’”考察“氏”字的早期字形，氏，按《说文解字》的说法，像巴山岸上落下来的散石。《诗经》当中的记载可以印证这一说法，“坎坎伐檀兮，置之河之干兮”，这其中的“干”通“岸”。“岸”字中的“厂”，象形为江、河或海边伸出一个可以遮挡的东西。“干”与悬崖有关，发展到后来再加上山字头成为“岸”。氏族的“氏”与碎石从悬崖脱离的理路是一样的。这块石头不是从别的地方掉下来的，而是从整个悬崖“岸”上掉下来的。因此，这块石头不是单独的，它在字形上是依附整个悬崖来说明自身的特点的，它原本来自悬崖，是悬崖的一部分。“氏”突出了个体和整体的联系，脱离整体而来的东西就叫作“氏”，因而“氏”就有了“分支、部分”的意思。“氏”是“姓”的分支。先秦时期的“姓”只有二十二个，除此之外，百家姓中的其他

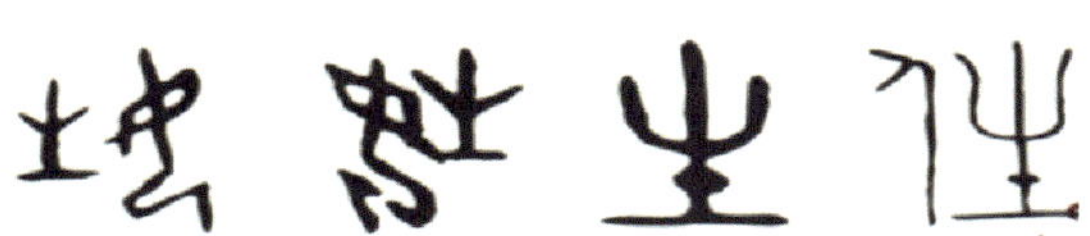

“姓”字的甲骨文、金文、大篆、小篆

甲骨文、金文中的“氏”

“姓”都不是“姓”，而是“氏”。《左传》云：“胙之土而命之氏。”在父系氏族社会，男子独立而有所成就的时候，就封到某个地方，叫作“胙之土”。这句话概括了“姓”和“氏”的区别。“姓”，因生而赐姓，封于哪个地方就是“氏”。

“氏”又根据不同的职业、特点、地域、住处等进一步细分，这就形成了早期的氏的来源。如巫氏的第一个祖先应该是巫师，屠氏的第一个祖先是屠夫。命氏之字的意义往往与氏族始祖的特点相关。陶氏的始祖是做陶器的，杨氏始祖住的地方有很多杨树，林氏始祖住的地方有片树林。古代，内城为城，外城为郭。东郭先生的祖先最早住在外城的东面，而南郭先生的祖先就住在外城的南面，西门官人的祖先最早住在西城门处。

我们常说的“张、王、刘、李、陈，天下一半人”，大多也可以明了他们氏族祖先的主要特征。试举几例，“张”，施弓弦也，从弓长声。左弓右长，把弓拉长叫作“张”。箭射出去叫作“驰”，一张一弛谓之道。张氏，会打仗的神箭手，力量大，开弓的力量很强。“刘(劉、镏)”，杀也。力求切。《广雅·释器》：“劉，刀也。”在文字初创时期，词性区分得还不是很清楚。“刘”开始是一种刀，用刀砍的行为也叫“刘”。刘，刀也，杀也，两个义项都有。刘氏，为善用刀的人。“李”，果也，从木子声，上木下子。虽然当时不一定有李树、桃树的说法，但树上有果实，应该是确定的。李氏的始祖分封在一片有果树的地方。“陈”，宛丘，舜后妫满之所封。从阜从木，申声。敶—敒—陳—陣，中间是东，左边双耳旁是阜，山有高坡。手拿鞭子把车赶到一个背后有坡的地方去布阵。陈和阵，今读只有声母上的一点儿区别。“陈”同于“阵”。陈指动作，把车赶到一个地方，一字排开。进行布阵的动作、行为叫作“陈”。因而，陈，有陈列、摆开的义项，摆出来的结果叫作“阵”。陈氏最早的祖先应该是会带兵打仗、排兵布阵的将军。

●《说文解字》中的“陈”

理解姓和氏的来源非常重要。像“张”这个字，为什么说一张桌子、一张纸，却说一把椅子？量词是从有实意的词中发展而来的。张，意为拉开，在平面展开的东西叫作“张”，如“一张床单”。而“支”上面的“十”表示树枝，下面的“又”表示手，手拿着像树枝一样的东西就叫作“支”，如“一支粉笔”。“一把椅子”，“把”字为提手旁，用手可以拿起来的叫作“把”。通过这样的方式，我们可以形象地理解并记住姓氏的来源、写法和含义。

二、姓氏的主要来源

通过前面的分析，我们可以推测姓氏的来源相当复杂。东汉应劭的《风俗通义·氏族篇》将姓氏来源归纳为九种：“或氏于号，或氏于谥，或氏于爵，或氏于国，或氏于官，或氏于字，或氏于居，或氏于事，或氏于职。”到了宋朝，郑樵的《通志·氏族略》将其详细地分为三十二种。这里我们列举几种主要的姓氏。

（1）最早产生的姓：姜、姬、姒、嬴等。

（2）以国邑为氏：鲁、卫、晋、滕、虞（姬姓）、齐、宋、陈、杞、焦（异姓）等。

（3）以官职为姓：司马、司空、司徒、司寇、史、理、钱、宗、帅等。

（4）以祖父或父亲的名或字为氏：周景王为天子，其子为王子，名朝，而王子朝的孙子就以朝为氏，后写作晁。

（5）以排行次第为氏：周以孟、仲、叔、季为排行的次序，如孟氏。

（6）以爵号、谥号为氏：王、侯（爵号）、文、武、穆、宣、闵、简（谥号）等。

（7）以居住地为氏：池、柳、西门、东郭、南宫、东方、西闾等。

（8）以职业或技能为氏：屠、陶、巫、卜等。

（9）以事为氏：理、李、林（比干之子）、车等。

（10）避讳改氏和皇帝赐姓：唐朝时，姬姓改为周姓，淳于姓改为于姓；赐国姓，徐世勣被唐高祖李渊赐姓李，改为李（世）勣；郑成功本来叫郑森，被南明隆武皇帝赐国姓朱，赐名成功；赐劣姓，如枭氏、蟒氏。

（11）由少数民族的称呼转化而来：宇文、慕容、长孙（成为汉姓的一个部分）；拓跋氏，改为元、穆、陆、贺、刘、楼、于、尉（直接改成汉姓）；史、安、康、曹、石、何（唐西域九姓小国）。

事实上，现在有不少姓既是汉族的姓，也是少数民族的姓，如张、王、李、赵、刘、曹、吴、罗、包、何、慕、金、关、佟、康等，这些都是双边姓。

动动脑

试着想一想你姓名中的“姓”是“姓”，还是“氏”，它的来源可能是怎样的。

第二节 古代的大姓和郡望

一、大姓

“大姓”一般有两个含义：一指最早的二十二个姓，二指封建社会著名的贵族大姓。在我国古代社会，“姓”与“门”和“族”联系在一起，不仅标志着血缘、血统，而且标志着门第和社会地位，多称“高门大姓”“名门望族”。

东汉时，“刘”姓为皇族，是全国的第一大姓。此外还有“四小侯姓”——樊、郭、阴、马，作为皇族的外戚，汉明帝曾单独为他们设立学校。东晋时，中原豪门迁徙到江南，成为当地的“侨姓”，主要有王、谢、袁、萧等。诗云“旧时王谢堂前燕”“想依稀、王谢邻里”“若教王谢诸郎在”等，从“王谢”频频出现在诗词中的现象，可见当时他们在社会上的影响之大。

南北朝时，北朝以“王、崔、卢、郑”为四大郡姓。关中有“韦、裴、柳、薛、杨、杜”主要郡姓。李唐时代，全国以李姓为尊，王、崔、卢、郑四姓的地位依然不减。甘肃陇西李姓、河北博陵崔姓、河北范阳卢姓、河南荥阳郑姓、山西太原王姓，这五个姓再加上山西的裴、薛二姓，合称为“五姓七家”。官宰公卿大都出于这些郡姓，所谓“上品无寒门”。隋唐时采取科举制度选拔官员，寒门有机会进入上层，“朝为田舍郎，暮登天子堂”。但是，门第观念依然深入人心。《西厢记》中的丞相姓“崔”，丞相夫人的侄子姓“郑”；《墙头马上》中的丞相姓“裴”；《李娃传》中的荥阳公、荥阳生都是“郑”姓……就连文学作品中的贵族阶层也绝大多数是高门大姓。“文学源于生活”这句话在“大姓”方面得到了体现。了解了这样的文化传统，我们就不难理解为什么今天还常常有“您贵姓”“尊

姓大名”之类的说法。

二、郡望

人们崇尚门第姓氏，这些大姓也尽力保持自己家族的地位和名望，渐渐地就形成了“郡望”。郡望，是指某一大姓世居某郡而为人们所仰望，实际指某一姓氏的社会影响力。人们注重出身、看重门第，是封建社会普遍存在的社会心理。如韩愈，自称“昌黎人”，昌黎是韩姓的郡望之一，另一郡望是南阳。还有刘姓的郡望是彭城，陈姓的郡望是颍川，周姓的郡望为汝南，张姓的郡望为南阳，王姓的郡望是太原，杜姓的郡望为京兆等。不管这些姓氏分布在什么地方，他们的后人都会以“彭城刘、颍川陈、汝南周、南阳张、太原王、京兆杜”为荣耀。某些民宅上甚至还写着彭城流芳、颍川流芳、太原流芳等，以表明自己的郡望和姓氏，使人一看便知其姓氏归属。

当代门阀制度和郡望意识淡化，但由于某一姓氏在社会经济、文化进程中的较大影响力，家族仍然为世人关注，如五代吴越的开国君主钱镠。据《十国春秋》记载，钱镠统一了吴越两浙以后，保境安民，重视农桑，兴修水利，开拓海运，发展贸易，其功绩显著，富甲一方。当年赵匡胤南征北战，建立北宋时，以武力消灭了八个国家，吴越因为富庶强盛而未被消灭。面对赵匡胤的强大兵力，吴越国君钱镠的孙子钱弘俶为了保护老百姓的生命财产，做出了痛苦而明智的抉择——取消吴越王位，尊赵氏为帝。中国于是和平统一，当地百姓免于兵戈之灾。北宋时编写的《百家姓》第一句就是“赵钱孙李”，由于赵氏为帝，所以“赵”姓排在第一位。“钱”姓排在第二，这是因为当时的老百姓赞赏钱氏国君为中国和平统一而做出的抉择。钱镠的后人中不仅人才辈出，而且遍布世界五大洲。据统计，国内外科学界的钱氏名人就有一百多位，分布于五十多个国家和地区。例如，明清浙江名人有钱谦益、钱大昕、钱大昭，近代有钱玄同，现代有钱学森、钱伟长、钱三强、钱正英、钱其琛、钱复、钱穆、钱锺书等。

第三节 古人的名、字、号

在本章第一节中，我们介绍了姓与氏的区别，“女生曰姓”“祚之土而命之氏”。因生而赐姓，封于哪个地方就是氏。据顾炎武所考，最初的“姓”只有 22 个。“氏”的来源较复杂，但仍有规律可寻，或氏于封地，或氏于官职，或氏于谥号，或氏于专长……根据“氏”的音形义，大多数可以追溯到其来源。后来，姓与氏合并，共同表示一个人血缘的归属、根基、支族。本节我们继续介绍古人的名、字、号。

一、名

名与姓、氏不同，它表示的是一个人的自我存在。在古代，“名”与“姓”是分开的。我们今天所说的“名字”相当于古代的“名”，除此之外，古人还常有“字”和“号”。

“名”的意识出现得很早，“名”这个字早在甲骨文中就已经出现了。甲骨文中“名”的字义，也表明了人们起“名”的原因。《说文解字》云：“名，自命也。从口夕，夕者冥也，冥不相见，故以口自名。”

● 甲骨文、金文、大篆、小篆中的“名”

在蜡烛、电灯尚未被发明出来的远古时代，人们到了晚上就看不见了。许多人聚集在一起，如果想和某一个人说话，要是没有名字，在漆黑的夜晚便很难明确是在跟谁说话。出于明确沟通信息的需要，命“名”的意识很快就出现了。因而，“名”代表一个人的存在，是个性化的东西。它因为沟通的需要而产生。在中国，由古而今，人们起名的方式不少，不过也有一些规律可循。在走过了“名”的纯符号性阶段之后，多数“名”或含有家族渊源，或具有时代的文化、政治、经济特点，或蕴含家庭故事等文化内涵。这里按照年代顺序，试举几例。

商朝，三十位商王全部以天干为名，如天乙子履、外丙子胜、仲壬子庸、太甲子至、沃丁子绚、太庚子辩、小甲子高、雍己子密、太戊子伷、仲丁子庄、外壬子发、河亶甲子整、祖乙子滕、祖辛子旦、沃甲子逾、祖丁子新、南庚子更、阳甲子和、盘庚子旬、小辛子颂、小乙子敛、武丁子昭、祖庚子跃、祖甲子载、廪辛子先、庚丁子嚣、武乙子瞿、太丁子托、帝乙子羡、帝辛子受。其他人则以地支为名。

周朝，《左传》载：“名有五，有信、有义、有象、有假、有类。”除了不以国名、官名、山川、隐疾、牲畜、器帛六种事物命名外，依照出生时的情况命名叫作“信”，以道德品行命名为“义”，以某一物的形象命名为“象”，借某一物体的名称命名叫作“假”，以婴儿和其父的相同之处命名叫作“类”。例如，孔子的儿子出生时，鲁昭公送来鲤鱼，孩子就命名为“孔鲤”，字伯鱼。

春秋战国时期，地域分化严重，取名规范不一。政权分散，礼制也不便统一规范。“名”较多地反映民间社会风貌。例如，晋惠公的儿子叫作“圉”。圉，养马的地方。女儿则取名为“妾”。妾，已婚女子的谦称。鲁文公的儿子取名为“恶”。此外，这一时期的人们还喜欢在“姓”与“名”之间加上虚词、副词，如烛之武、介之推、申不害、吕不韦等等。

汉朝国力强盛，东汉时期五行学说兴起，祈求长生不老之风盛行。人们多取名（孔）安国、（李）延年、（李）延寿、（霍）去病、（田）千秋等等。

魏晋之际，玄学风气盛行，名字也有时代的标志，多带有“之”字，以示清逸。例如，祖冲之、王羲之、王献之、顾恺之、裴松之、颜延之、杨衒之等等。

新中国成立后，又有不少人以取名“卫国”“卫红”“富强”“向东”“立新”等为佳。

此外，在受宗教影响较深的时代或地域也会有较多的人据此起名。如僧祐、僧护、僧辩、僧智等等。

二、字

古代很多人还有“字”。“字”与“名”在功能上都是表示个人、个性化的存在，但“字”在意义和选取方面却不一定与“名”相同或相近。名与字的关系，大致来说，有以下几种情形。

第一，字与名相同或相近。例如，战国屈原，名平，字原；三国诸葛亮，字孔明；东晋陶渊明，字元亮；宋黄庭坚，字鲁直；清东方树，字植之。

第二，字与名相关联。例如，孟子，名轲，字子舆，“轲”“舆”都跟车有关。岳飞，字鹏举。赵云，字子龙。俗语说：“云从龙，风从虎。”陆游，字务观；秦观，字子游。游与观相关，“游逛观览，且游且观”。

第三，字与名相反。例如，赵衰，字子余，“衰”与“余”相对；韩愈，字退之，“愈”与“退”相对；朱熹，字元晦，“熹”与“晦”相对；等等。

第四，字与名五行相生。例如，楚公子，名壬夫（水），字子辛（金），为水生金之意。

第五，按伯、仲、叔、季排行为字。例如，鲁公子庆父，字仲；孔丘，字仲尼；刘邦，字季；张翰，字季鹰。

以上情形还可能叠加出现。例如，班固，字孟坚，其中有排行“孟”，而且“坚”和“固”意义还相近；欧阳修，字永叔，其中“叔”是排行，同时“修”有“长”的意思，“永”也有“长”的意思，“修”与“永”又属于名与字相同或相近的情况。

三、号

古人在“名”“字”之外，还常有“号”，特别是文人雅士之间。“号”，是以委婉、含蓄、幽默的方式对自己的某种理念、情操、追求的一种表达 。“号”，也称“自号”。例如，杜甫自号“少陵野老”。因杜甫曾居长安城南少陵，故自称“少陵野老”，世称“杜少陵”。

唐朝李白，号“青莲居士”。李白在诗中对“青莲”有明显的喜爱，且“青莲”的出现频率较高。

宋朝苏轼，号“东坡居士”因他躬耕于黄州的东坡之上，故自号“东坡居士”。

宋朝黄庭坚，自号“山谷道人”。《宋史》卷四百四十四本传云：“初，游潜皖山谷寺、石牛洞，乐其林泉之盛，因自号山谷道人云。”

明朝唐寅，号“江南第一风流才子”。

明朝徐渭，号“水田月老人”，别号“青藤老人”。

清朝郑燮，号“板桥”。他的家乡有座木板桥，他小时候经常从桥上过，很喜爱这座桥，后来就给自己起别号“板桥”，又号“青藤门下走狗”。他看了徐渭的书画，佩服得五体投地，赞叹道“甘为青藤门下走狗”。

一般而言，古人不直呼对方姓名，而是称呼“字”以示尊重。如果想进一步表达尊敬，有时候还以其官职、故乡、居住地来称呼。如杜甫因担任过检校工部员外郎（官职），被称为“杜工部”。柳宗元是河东人，被称为“柳河东”。韩愈因祖籍为河北昌黎，自称“郡望昌黎”，被称为“韩昌黎”。王安石是临川人，被称为“王临川”，又因他担任过宰相，被封为荆国公，也被称为“王荆公”。他们的文集也大都以此命名，如《杜工部集》《柳河东集》《昌黎先生文集》《临川先生文集》等。

古代帝王、诸侯、卿大夫等死后，朝廷会根据他们的生平行为给予一种称号以褒贬善恶，这种称号称为“谥”或者“谥号”。“谥号”是对死者生前事迹和品德的概括。如《逸周书·谥法解》记“经纬天地曰文”，又“由义而济曰景；布义行刚曰景；耆意大虑曰景”。《史记·孝景本纪》正义：谥法曰：“繇义而济曰景。”刘启因“经纬天地”，故死后谥

号“汉景帝”。此外，还有刘彻“崇武有功”，死后谥号“汉武帝”；杨广“好内远礼”，死后谥号“隋炀帝”。范仲淹谥号“文正”，欧阳修谥号“文忠”，苏轼谥号“文忠”。南宋高宗即位，赠太师，追谥号“文正”。范仲淹的文集称为《范文正公集》，欧阳修的文集称为《欧阳文忠公集》，都与他们的谥号有关联。

简而言之，号是用委婉、曲折的手法表达自己的理想和情趣。理想、情趣又受到性情、环境、爱好、才能、功过等因素的影响。

动动脑

你认为当代的微信昵称、QQ昵称更接近于“名”“字”，还是“号”呢？说说你的理由。

第七章

礼仪之邦
——中国传统礼仪文化

中国礼仪出现很早，持续时间很长，仪程繁复，礼义深刻，可谓『道器兼备』。早期的礼，居『六艺』（礼、乐、射、御、书、数）之首，不仅仅是形态动作标准，也是心性情志的修养。习礼是先秦君子十分看重的内容。中国的古礼比较系统、全面。从大的方面来说，礼有吉、军、宾、嘉、凶五个主要方面。每个大方面内又分若干小的礼仪，渗透到了生活的方方面面。在古代，礼同乐、刑、政一起成为治理国家、规范行为的主要途径。

中国古代礼仪以高尚的道德准则为核心，以较成熟的行为规范为实施方式，渗透于生活的各个方面，全方位地影响着人们的身心。从个人成长的角度看，礼仪引导内心和行为，守礼与否是一个人内在修养和外在素养的表现。从集体和国家的角度看，礼仪帮助调整人与人之间、国与国之间的适度关系，持礼可以使双方形成相互尊重、彼此友好、沟通顺利的局面。

第一节　礼仪的概念、形式及特点

“礼仪”一词中的“礼”和“仪”在古代是两个不同的概念。“礼”指的是一定地区的制度、规则、程序、秩序和社会意识观念。“仪”是“礼”的外在表现形式，如具体的仪程。“礼”“仪”之外，还有礼“义”。“义”指的是具体仪程背后的意义、内涵。作为礼仪之邦，我国的古代礼仪系统共分为吉、军、宾、嘉、凶五部分，贯穿了人由生而死的全部生命历程，也渗透到了生活的每一个侧面，一定程度上提高了人们的生活质量。人具有社会性，需要在与他人的沟通交往中生存和发展。在各类沟通交往中，遵循礼仪可以使人变得有亲和力，给他人留下好感，更容易达成沟通的目的。“表面上礼仪有无数的清规戒律，但其根本目的在于使世界成为一个充满生活乐趣的地方，使人变得和易近人。”（《西方礼仪集萃》）

一、礼仪的概念及常见的见面礼仪

国学大师金景芳教授说：“礼仪即礼节与仪式。”礼仪，是社会学和民俗学的研究课题。礼仪，etiquette，来自古法语单词 estiquette，原义为可供粘贴的小纸条。因为在古代，这种小纸条上写的都是关于礼仪和行为举止要求方面的内容，所以衍生出表示“礼仪”的单词 etiquette。这种小纸条除了可贴在墙上的告示外，还有其他用途，如作为门票、电影票、车票等。整体而言，“礼仪”是一种行为准则，为不同的社会、社会阶层或群体界定了预期的社会行为规范。以见面礼仪为例，不同的社会、不同的群体有不同的形式和规范。

1．鞠躬礼

在中国和日本，鞠躬礼常用于下级对上级、学生对老师、晚辈对长辈，亦常用于服务人员向宾客致意，演员向观众致谢等。鞠躬是弯身行礼，对他人表示敬重的一种礼节。“三鞠躬”为最敬礼。

鞠躬礼

2．拥抱礼

拥抱礼是流行欧美的一种见面礼仪，通常与亲吻礼同时进行。拥抱礼的行礼方法为两人相对而立，右臂向上，左臂向下；右手挟对方左后肩，左手挟对方右后腰；双方头部及上身先向左相互拥抱，然后再向右拥抱，最后再次向左拥抱，礼毕。

3．吻手礼

在英法两国，男子同上层社会的贵族妇女相见时，常使用吻手礼。如果女方先伸出手作下垂式，男方则可将其指尖轻轻提起亲吻，也可用鼻尖轻触一下；如果女方不伸手表示，则不吻。如女方地位较高，男方要屈一膝作半跪式，再提手亲吻。

4．亲吻礼

在东欧、阿拉伯国家，亲人及亲密的朋友间表示亲昵、慰问、爱抚时，通常是在受礼者面颊上或额头上亲吻一下，叫作亲吻礼。亲吻方式为：父母与子女之间是亲面颊、亲额头，兄弟姐妹、平辈亲友之间是贴面颊，其他亲人、熟人之间是拥抱、亲面颊、贴面颊，在公共场合，关系亲近的妇女之间是亲面颊，男女之间是贴面颊，长辈对晚辈一般是亲额头，只有情人或夫妻之间才吻嘴。

5．合十礼

合十礼又称合掌礼，流行于南亚和东南亚信奉佛教的国家。其行礼方式为：两手掌对合，掌尖和鼻尖基本相对，手掌向外倾斜，头略低，面带微笑。

6．拱手礼与招手致意

中国传统的见面礼仪又是怎样的呢？我国古代，人们大多行拱手礼。拱手礼又叫作揖礼，在中国至少已有两千年的历史，是中国传统的礼仪之一，常在人们相见时采用。例如《礼记·曲礼》载：“从于先生，不越路而与人言。遭先生于道，趋而进，正立拱手，先生与之言则对，不与之言则趋而退。从长者而上丘陵，则必乡长者所视。”意思是说，跟随先生走路，不应越过路，到路的另外一边和别人说话。在路上碰见先生，要快步上前，正立拱手。先生和自己讲话，就回答；先生不与自己讲话，就快步退下。跟随长辈登上山坡时，要朝着长辈所看的地方看，预

拥抱礼

吻手礼

亲吻礼

合十礼

备长辈对那地方有所问。行拱手礼时，两手握拳，男性左手抱右手，女性右手抱左手。若遇丧事则正好相反。行礼时，不分尊卑，拱手齐眉，上下加重摇动几下，重礼可作揖后鞠躬。在现代，人们见面时也常招手致意。招手致意的正确姿势应该是：无论是处于坐姿、站姿，还是行走姿态中，都要举起手，掌心向前，朝向致意的对象略加挥动，以便引起对方的注意。这种礼仪适用于会场上。另外，在大街上遇见熟人却来不及握手或不便交谈时，都应该招手致意，千万不可视而不见，见而不理，同时还可以点头微笑表示友好。如果是在机场或车站等与朋友分别的场合，还可以肘关节为中心频频挥手，表示再见、珍重。

招手致意与举手示意不同。举手示意一般指学生在课堂上提问，或自告奋勇回答问题时，自我报名的一种方式。举手示意时举右手，掌心向左侧，一般应举过头顶，以便对方发现。

古人讲："礼者，敬人也。"礼仪是一种待人接物的行为规范，也是交往的艺术。它是人们在社会交往中由于受历史传统、风俗习惯、宗教信仰、时代潮流等因素影响而形成的，既为人们所认同，又为人们所遵守，是以建立和谐关系为目的的各种符合交往要求的行为准则和规范的总和。对一个人来说，礼仪是一个人的思想道德水平、文化修养、交际能力的外在表现；对一个社会来说，礼仪是一个国家社会文明程度、道德风尚和生活习惯的反映。

招手致意

二、中国常见的古代礼仪

1．九宾之礼

"九宾之礼"是我国古代最隆重、最高等级的礼仪。它原是周天子专门用来接待天下诸侯的重典。周朝有八百个诸侯国，周天子按其亲疏，分别将土地赐给各诸侯。何为"九宾"？《史记·廉颇蔺相如列传》："今大王亦宜斋戒五日，设九宾于廷，臣乃敢上璧。"裴骃《史记集解》引韦昭曰："九宾则《周礼》九仪。"按，《周礼·秋官·大行人》郑玄注："九仪谓命者五：公、侯、伯、子、男也；爵者四：孤、卿、大夫、士也。"这"公、侯、伯、子、男、孤、卿、大夫、士"合起来称为"九仪"或称"九宾"。周天子朝会"九宾"时所用的礼仪，就叫"九宾之礼"。"九宾之礼"是很隆重的。施礼时，先是九位礼仪官员从殿内向外依次排列，迎接宾客时则高声呼唤，上下相传，声势威严。按古礼，"九宾之礼"只有周天子才能用，但到了战国时期，周朝衰微，诸侯称霸，"九宾之礼"也为诸侯所用，演变为诸侯国接见使节的一种最高外交礼仪了。如，《东周列国志》："秦王闻樊於期已诛，大喜，乃朝服，设九宾之礼，召使者至咸阳宫相见。"

九宾之礼

2．跪拜礼

跪拜礼

“跪拜礼”早在原始社会就已产生，但那时人们仅仅是以跪拜的形式表示友好和敬意，并无尊卑关系。进入文明社会后，情况就不同了，特别是在封建社会里，“跪拜”是一种臣服的表示。“拜，服也；稽首，服之甚也。”即使是平辈跪拜，也有彼此恭敬的意思。“跪拜礼”的表现形式多样，一般来说有以下两种。一是“稽首”，是臣拜君之礼。拜者头着地，并停留较长一段时间。二是“顿首”，即叩首、叩头。头触地而起，是一种用于平辈间的比较庄重的礼仪。古人就常常在书信的头或尾书以“顿首”二字表达敬意。另外，还有“空首”“再拜”等。

3．袒臂礼

“袒臂礼”又叫“左右袒”，是一种特定场合下的特殊礼仪。所谓“左右袒”，是指露出左臂或右臂，以表示拥护哪一方的意思。它一般用于事态严重的场合，通过“袒臂”表示拥护谁，藉以解决争端，相当于今天的举手表决。“袒臂礼”大约产生于春秋战国时期。

4．虚左礼

古人一般尊崇右，故以右为较尊贵的地位。但乘坐车辆时，却恰好相反，车骑以“左”为尊位。如《信陵君窃符救赵》：“公子车骑，虚左，自迎夷门侯生。”后来经过演变，“虚左”就表示对人的尊敬。古人在“待客”或“给某人留下官位”时，常谦称“虚左以待”。“虚左以待”的行为，就成为尊重人的一种礼仪。

动动脑

表示“把好的位置让给尊贵的人”，为什么叫作“虚左以待”？

第二节 祀神祭人——吉礼

礼仪即礼节与仪式。中国古代有“五礼”之说：吉礼、军礼、宾礼、嘉礼、凶礼。祭祀之事为吉礼，军旅之事为军礼，宾客之事为宾礼，冠婚之事为嘉礼，丧葬之事为凶礼。五礼的内容相当广泛，从反映人与天、地、鬼神关系的祭祀之礼，到体现家族、亲友、君臣之间关系的交际之礼；从表现人生历程的冠、婚、丧、葬诸礼，到人与人之间在喜庆、灾祸、丧葬时表示的庆祝、慰问、凭吊、抚恤之礼，可以说是无所不包，充分反映了古代中华民族的尚礼精神。本节我们先来介绍吉礼。

吉礼居五礼之首，它主要是对天神、地祇、人鬼的祭祀典礼。其主要内容可包括以下三个方面。

一、祭天神

祭天神即祀昊天上帝，祀日月星辰，祀司中、司命、风师、雨师等。古代皇帝对上天多崇拜敬畏。一年之中，大大小小的祭天神活动达几十次之多。如下表为明朝皇帝祭祀活动行事历。

● 明朝皇帝祭祀活动行事历

月份	祭祀活动
正月	祭天、祭祖
二月	祭日、祭社稷、祭先农
三月	
四月	祭祖、祭先蚕
五月	祭地
六月	
七月	祭祖
八月	祭天、祭地、祭社稷
九月	
十月	祭社稷
十一月	祭天、祭祖
十二月	祭祖

通常，祭祀天神的时候由上天的儿子“天子”来主持祭祀。例如祭昊天上帝，又称为祭天皇大帝、百神之君。天子会选择在冬至这天，在国都南郊圜丘圆形的祭天之坛，祭祀昊天上帝。其中，圜丘在南郊是因为阴阳五行中南方是阳位，选在冬至是因为这天是北半球白天最短、黑夜最长的一天，被称为阴尽阳生之日。

二、祭地祇

祭地祇，即祭社稷、五帝、五岳，祭山林川泽，祭四方百物等。

例如，祭城隍。城隍本指护城河。班固《两都赋序》：“京师修宫室，浚城隍。”后经道教演变，城隍成为地方守护神。祭祀城隍的习俗形成于南北朝时，唐宋时城隍信仰滋盛，宋朝时祭城隍成为国家祀典。古人认为城隍是城池的保护神，负责维护城内外治安，后来也主宰当地的水旱、吉凶、冥事、士科，等等。

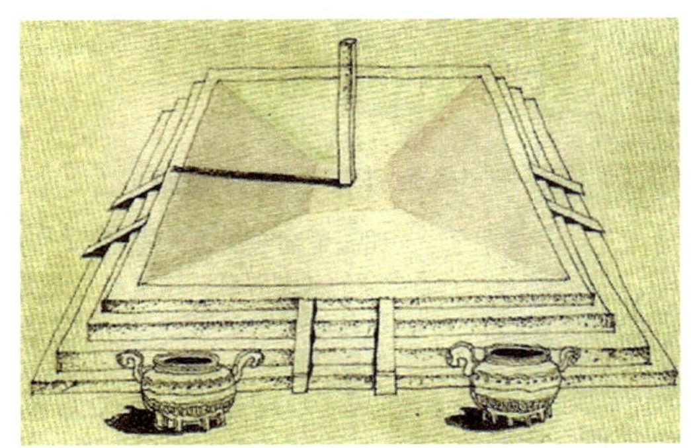

● 社稷坛

● 城隍庙

三、祭人鬼

祭人鬼，主要为春夏秋冬享祭先王、先祖。例如，学生求学，一般举行祭孔礼。贵族子弟的祭孔礼，通常在太学内进行，帝王亲临或派官员参加。全国各地方学校也都建有孔子塑像，由地方官主持祭祀。又如，书生礼拜礼。旧时学生到私塾求学，先要向先师孔子行礼，然后向授业恩师跪拜。古时老师对学生的要求极严，教学完毕后，学生要单个接受老师查问。

再如，拜行业师。一般拜师礼仪分成三个环节。第一，拜祖师、拜行业保护神。这表示对本行业的敬重，表示从业的虔诚，同时也是祈求祖师爷“保佑”，使自己学业有成。第二，行拜师礼。一般是师傅、师母坐上座，徒弟行三叩首之礼，然后跪献束脩六礼、红包和投师帖子等。其中，“束脩六礼”是指徒弟拜师时送的六种礼物，包括肉干（谢师恩）、芹菜（业精于勤）、龙眼干（启窍生智）、莲子（苦心教学）、红枣（早日高中）、红豆（宏图大展）。这六种礼物的寓意很好，有的人还会亲手缝制六个包来装束脩六礼。第三，师傅训话，宣布门规及赐名等。训话一般是教育徒弟尊祖守规，勉励徒弟做人要清白，学艺要刻

● 祭孔、书生礼拜

● 束脩六礼

苦等。传统的师徒关系仅次于父子关系，即俗谚所谓“生我者父母，教我者师傅”“膝下有黄金，只拜天地君亲师”等。

除祭行业先师外，屈原《招魂》一文中描述的礼仪是另一种形式的“祭人鬼”。《招魂》所招为谁之魂，主要有两种不同意见。一说是屈原自招其魂，一说是屈原招楚怀王之魂，多数研究者支持后一说。除开头一段引言说明招魂原因外，《招魂》可分为两大部分。前半部分假托“巫阳”之言，竭力渲染东、南、西、北四方以及天上、幽都的可怕，劝魂不可留居。后半部分则竭力铺陈楚国宫廷的富丽奢华，以招魂归来。辉煌的殿堂，华贵的陈设，妖娆的女子，醇酒美食和诱人的歌舞，是那样耀人眼目、动人心魄。最终以“目极千里兮伤春心，魂兮归来哀江南”收结，流露出无限深情。《招魂》所显示出的想象力和创造力，是令人惊叹的。它用夸饰手法，对恐怖和奢华两种景象做强烈而富于刺激性的描写，形成对照，产生了特殊的美感效果。如果说屈原的《招魂》描述的是“祭人鬼”的仪式，那么他的《九歌》一文，则包含了祭天神、祭地祇、祭人鬼三个方面的内容，有丰富的“吉礼”表现。《九歌》之名称，见于《左传》《离骚》《天问》和《山海经》，可见这是一组古老而著名的乐曲。“九”表示由多篇歌辞组成，不代表实际篇数。屈原的《九歌》共十一篇，是一组祭神所用的乐歌。关于《九歌》和屈原的关系，一般认为，这是屈原根据民间的祭神乐歌改写而成的，既洋溢着古老的神话色彩，又表达着诗人对人生的某种感受。十一篇中，前十篇各祭一神，末篇《礼魂》则是前十篇通用的送神曲。另也有首篇《东皇太一》、末篇《礼魂》为迎、送神曲，中间九篇为娱神曲之说。所祭神灵，可以分为三种类型，天神包括东皇太一、云中君、大司命、少司命、东君，地祇包括湘君和湘夫人、河伯、山鬼，人鬼包括《国殇》中的将士之魂。

● 张渥《九歌图》局部（吉林省博物院藏）

第三节　征伐之礼——军礼

一、军礼概说

军礼是师旅操演、征伐之礼。《周礼·春官·大宗伯》曰：“以军礼同邦国。”郑玄注：“同谓威其不协僭差者。”也就是说，天子以军礼的威严统一邦国的制度，使下面的人不敢僭越。

虎符

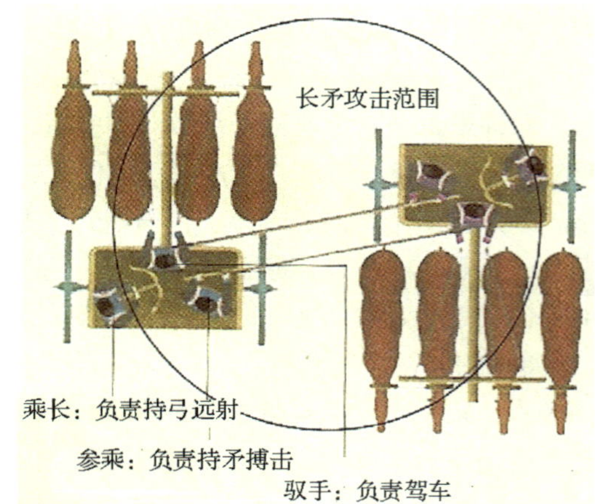

战车格斗示意图

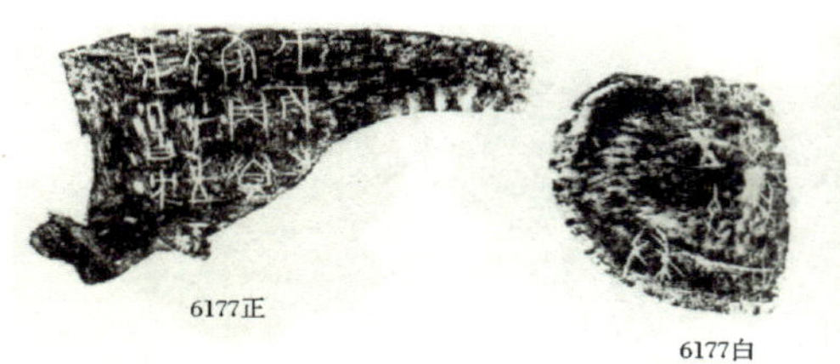

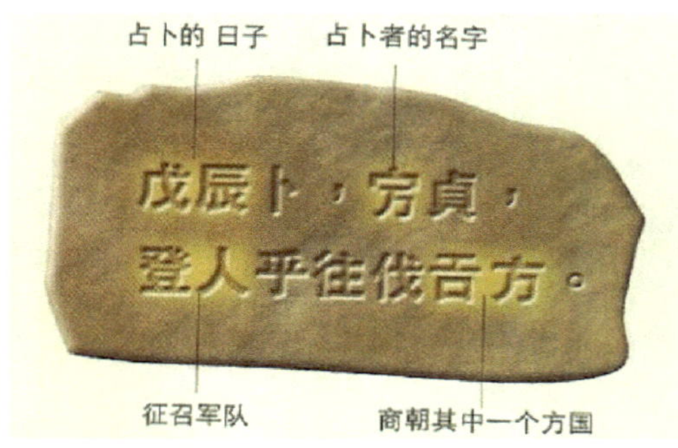

商朝征召军队的卜辞《甲骨文合集》6177及说明

如果哪个诸侯胆敢抗上，天子便要调动军队予以镇压，迫其就范。

军礼主要有大师之礼、大均之礼、大田之礼、大役之礼、大封之礼。大师之礼是军队征伐的礼仪；大均之礼是天子和诸侯在均土地、征赋税时举行军事检阅之礼，以安抚民众；大田之礼是天子定期狩猎，以练习战阵、检阅军马；大役之礼是国家兴办筑城邑、建宫殿、开河、造堤等大规模土木工程时的队伍检阅；大封之礼是勘定国与国、私家封地与封地间的疆界，树立界碑的一种活动。

虎符是辅助军礼实施的重要标志物之一。中国古代对虎的形象十分崇拜，特别是在军事上。虎符是古代国君调兵遣将用的兵符，用青铜或黄金做成伏虎形状的令牌，劈为两半，其中一半交给将帅，另一半由国君保存，只有两半虎符同时使用，才可以调兵遣将。考古学家发现最早的虎符是秦惠君的杜虎符，汉以后的虎符在设计上又有了新的变化。

春秋战国以后不再有完整的军礼，后来的军礼逐渐演变成严明的军纪和严酷的军法了。因此，军礼既包括军队作战时的规则，也包括军队的日常礼仪和纪律。

战车是军礼中又一重要的辅助实施物件。因为车战是商周乃至春秋战国时期的主要战斗形式。战车的多寡，是衡量国力是否雄厚的资本，古代常以“千乘之国”来形容一个国家的军事实力。车兵的选择也非常严格，年龄须在四十岁以下。图为春秋时期战车兵种配置，一驭手，一车左（乘长），一车右（参乘），驭手负责驾车，车左、车右负责搏杀，攻击时，“左攻左，右攻右”。

商朝征召军队的卜辞中记载了征战之礼，军队出师前必要占卜、祭祀。图为商王室出征前征召军队的卜辞。“戊辰卜，穷（賓）貞（鼎），登人乎（呼）往伐舌方。”商室要伐吉方，先要登人（征召军队），这证明了商朝军队还没有常备军，军队都是出征前临时召集的。

一般来说，古代军礼可分为征战之礼、校阅之礼、田猎之礼三种类型。

二、征战之礼

1. 出师祭祀

军队出征，有天子亲征与命将出征两种。它们的礼数规格不同。军队出征前有许多祭祀活动，主要是祭天、祭地、告庙和祭军神。

出征前祭天叫类祭，在郊外以柴燔燎牲、币等，即将征伐之事报告上天，表示恭行天罚，以上天的名义去惩罚敌人。

出征前祭地叫宜社。社是土地神。征伐敌人是为了保卫国土，所以叫“宜”。后代多将祭社（狭义指本国的土地神）、祭地（地是与天相对而言的大地之神）、祭山川湖海的活动同时举行。

出征前告庙叫造祢。造就是告祭的意思，祢本是考庙，但后代都告祭于太庙，并不限于考庙。告庙有受命于祖的象征意义。

祭军神称为“祃祭”。军神，一说是轩辕黄帝，一说是蚩尤。祭祀时要杀牲，以牲血涂军旗、战鼓，叫作“衅旗鼓”。

2. 誓师

祭祀礼毕，出征的军队有誓师典礼，一般是将出征的目的与意义告知将士，揭露敌人的罪恶，强调纪律与作风，也就是一次战前动员和教育。《尚书》中所载的《甘誓》《汤誓》《牧誓》等，都是上古著名的誓师之辞。如果是命将出征，天子要在太庙召见大将军及全军将校，授之以节钺，后代也常授刀剑。君王拿着斧钺的端首，把柄交给大将军，表示将节制军队的权力授予他。

出征前誓师

3. 军中刑赏

军队在外行军作战，刑赏尤须严明。刑赏的依据是军法，即《司马法》。军中刑赏都重视及时见效。所谓“赏不逾时”“罚不迁列”。这是由于战争形势瞬息万变，刑赏及时，才能使人知道什么可做、什么不可做，才能克服消极因素，因势利导，夺取胜利。

4. 凯旋

军队获胜而归，谓之“凯旋”，其时高奏凯乐，高唱凯歌。天子亲征凯旋，大臣皆出城迎接，有时远至数十里之外。如果是命将出征凯旋，天子有时也会亲率百官出城至郊外迎接，以示慰劳；有时则派遣大臣出城迎接。这都称为“郊劳”。

军队凯旋后要在太庙、太社告奠天地祖先，并有献捷献俘之礼，即报告胜利，献上虏获的战利品和俘虏。诸侯战胜敌方，向天子或大国报告胜利消息，也称为献捷。战争结束，如果敌方投降，则有受降之仪。

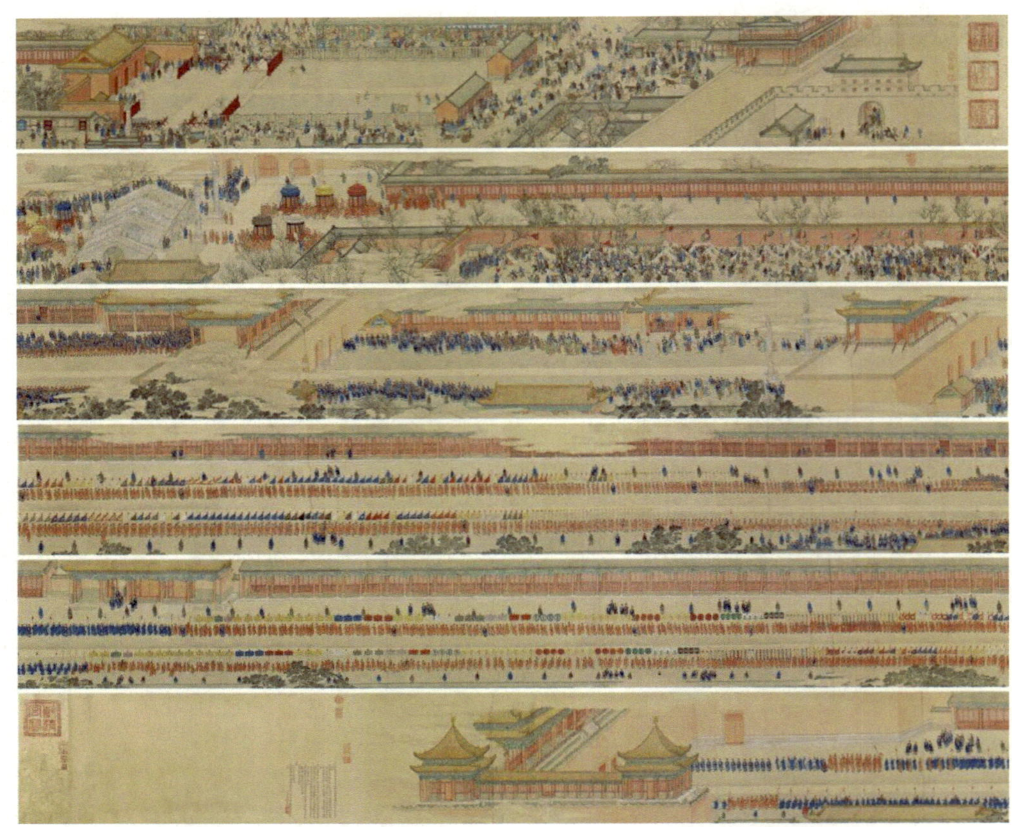

徐扬《平定西域献俘礼图》局部

5. 饮至与论功行赏

战争取得胜利，天子要宴飨功臣，论功行赏。上古把这种“享有功于祖庙，舍爵策勋”的礼仪称为“饮至”。论功行赏之礼最为隆重者，莫过于历代定封开国功臣。如周武王灭商后，封侯建国，以藩屏拱卫天子。

6. 师不功

军队打了败仗，称为“师不功”，或称为“军有忧”。军队回国则以丧礼迎接。国君身穿丧服，头戴丧冠，失声痛哭，并且吊死问伤，慰劳将士。

三、校阅之礼

大阅的目的在于检查备战状况。天子亲临，称为“亲讲武”。我国古代的军事管理一向重视军队的平时训练，认为“兵事以严终”（《穀梁传·庄公八年》）。军队严加警备，强化操练，反而使得敌人不敢轻举妄动，所以要定时校阅演习。《春秋》经传记当时诸侯各国“大阅”“治兵”之事甚多。

● 阅兵礼

四、田猎之礼

田猎礼仪在我国历史上很早就出现了。据记载，夏朝的太康率众到济水之北田猎，数月不归，后羿乘机夺了王位。田猎的意义，依文献所说有下列各项：一是为田除害，保护农作物不受禽兽的糟蹋；二是供给宗庙祭祀；三是为驱驰车马，弯弓骑射，进行军事训练；四是田猎所获山珍野味也用于宴飨宾客及“充君之庖”。

史籍记载历代君王田猎之事甚多，备战之余，他们大都以田猎为游嬉玩乐的方式，因而荒废政务，伤害百姓的也不在少数。汉朝司马相如写《上林赋》，扬雄写《羽猎赋》等都是为了谏讽皇帝勿沉溺于狩猎。

● 陈崇光《狩猎图》（扇面，扬州博物馆藏）

第四节 待客之礼——宾礼

一、什么是宾礼

宾礼，古代五礼之一，指接待宾客的礼仪。最早的宾礼记载见于《周礼·春官·大宗伯》：“以宾礼亲邦国：春见曰朝，夏见曰宗，秋见曰觐，冬见曰遇，时见曰会，殷见曰同，

时聘曰问，殷覜曰视。”孙诒让《周礼正义》云：“谓制朝聘之礼，使诸侯亲附，王亦使诸侯自相亲附也。”这是说，宾礼是指天子款待来朝会的四方诸侯和诸侯派遣使臣向天子问安的礼节仪式。

● 秦王设九宾之礼于廷

古代宾礼主要有八种。其中，春朝、夏宗、秋觐、冬遇、时会、殷同等六种礼节，为诸侯朝觐天子以及诸侯之间互相朝觐之礼。时聘，指有事而派遣使者存问看望。殷覜，指多国使者同时聘问。这两种礼节为诸侯派使者聘问天子以及他国诸侯之礼，又称为聘礼。

● 朝觐之礼

在周朝，春朝、夏宗、秋觐、冬遇四者是分封制度的表现之一。除周王直接控制的王畿外，其他地方都由同姓子弟或异姓功臣统治，他们受封为诸侯，镇守一方、拱卫王庭。根据《周礼》的记载，王畿之内的诸侯，一年中要朝觐四次，分别称为春朝、夏宗、秋觐、冬遇。王畿之外的诸侯，则根据其封地距离京都的远近，各据其服数来朝。王畿外方五百里之地称为“侯服”，其诸侯一年一朝；侯服外方五百里称为“甸服”，其诸侯两年一朝；甸服外方五百里称为“男服”，其诸侯三年一朝；男服外方五百里称为“采服”，其诸侯四年一朝；采服外方五百里称为“卫服”，其诸侯五年一朝；卫服外方五百里称为“要服”，其诸侯六年一朝；九州之外，称为“藩国”，藩国之君一世一朝。《周礼》的要求较为理想化，在现实生活中是很难实现的。

二、时聘、殷覜

时聘、殷覜，此二礼一般被归为“朝聘之礼”。聘礼，是古代国与国之间遣使访问的礼节，主要包括封国遣使入朝、封国之间遣使互访以及中原王朝和周边邻国间的使节来往等内容。先秦时期，聘礼主要指封国遣使入朝觐见天子，故又称为“朝聘”。

周朝诸侯聘于天子之礼是常用的制度，《礼记·王制》载：“诸侯之于天子也，比年一小聘，三年一大聘。”意即在诸侯朝觐天子的间隔之年，诸侯遣卿大夫为使节入聘，问候天子，并陈述职守。有时正当诸侯朝觐之期，但诸侯有事不能亲自前往，也会遣卿大夫为使，代自己朝觐，这也是聘礼的一种。

朝聘图

甘肃嘉峪关魏晋墓壁画　官员觐见图

春秋以来，周王室衰微，诸侯聘于天子的制度也就日渐衰微；诸侯之间遣使互访反而兴盛起来。一般每隔一段时间，各国都要派遣使节，互致问候。以卿为使节称为“大聘”，以大夫为使节称为“小聘”。

而在魏晋南北朝时期，诸侯定期朝见天子也有“小聘”“大聘”“朝”三种形式。每年派大夫朝见天子称“小聘”；每隔三年派卿朝见天子为“大聘”；每隔五年亲自朝见天子为“朝”。右侧的官员觐见图表现的是魏晋南北朝时期官员相互觐见拜会的场面，图中两人手执写有姓名和官职的名刺，一人双手捧剑。

三、时会、殷同

时会、殷同，此二者被称为“会同之礼”。《诗·小雅·车攻》：“赤芾金舄，会同有绎。”毛传云：“时见曰会，殷见曰同。绎，陈也。”“时会”是指天子不定期朝会四方诸侯。“殷同”，也叫“殷见”，指各方诸侯于一年四季分批朝见天子。“会同之礼”则主要是四方齐会、六服皆来，而且既可以在京师，也可以在别地，甚至可在王国境外。由于“会同之礼”是各方诸侯同聚一堂，因此也就成为诸侯大国炫耀实力的大好时机。“会同之礼”，通常是在国门之外建坛壝、宫室，举行典礼。春会同建于东方，夏会同建于南方，秋会同建于西方，冬会同则建于北方。会同也有大、小之分。天子、诸侯各自派遣卿大夫参加的称“小会同”，天子、诸侯亲自参加的称“大会同”。

四、士相见礼

宾礼中还有一种“士相见礼”。商周的士大多受过教育，有知识，有才能，在春秋战国时期又是最活跃的一个阶层。因此，先秦的礼仪制度大部分是以士的举止为基础制定的。士与各级贵族的相见礼也有许多仪节，《仪礼》便专门设有《士相见礼》的篇章，包括“新升为士，或士自相见，或士往见卿大夫，或卿大夫下见士，或见己国君，或士大夫见他国来朝者”等仪节内容。这种仪节虽然行于本国，不是出国聘问的仪节，但因其拜访者“宾”必须执礼物进献受访者“主人”，其行为也是宾主相见的礼节，因此，“士相见礼”属于宾礼的一种。

● 会同之礼

● 士相见礼

● 执挚

● 陪坐

士与尊者相见，为表示敬意必须携带礼物，称为“执挚”。按照《士相见礼》的规定，士之“挚”为雉，即野鸡。为什么用雉呢？郑玄注说，是取雉“交有时，别有伦”之义。古人认为雉“交接有时，至于别后则雄雌不杂”。士也应该像雉那样守信义。由于雉要用死的，取“为君致死”之义，所以如果在夏天执挚，为防止其腐烂，则用干雉，称为“腒（居）”。因为“无挚不成礼”，所以其他各个阶层相见也必须执挚。

士与士初次相见，主人要辞见，表示不敢让宾屈尊大驾前来拜会。经宾一再恳请，主人才迎出大门，互行拜礼。然后主人三揖自右入门，宾也自左入门。宾奉上礼品，主人经三次辞谢，最后在庭中“受挚”。之所以不在堂上接受礼物，是因为国君在堂上受挚，士不能比拟于国君。主人受挚后则请求回访宾，待再次见面，主人就把宾拿来的挚还回，宾也辞让后受挚。如果是士见大夫，主人待宾拜见后，走出大门外就还其挚。只有臣见君才不再还挚。但如果是此国之臣执挚见彼国之君，那么国君也要派人还挚。

宾主见了面交谈时，面容严肃，身体端正，不可随便改变姿势。在陪坐于卿大夫等“君子”时，宾客如看到主人有“欠伸（打哈欠、伸懒腰）”、变动坐姿或席位，以及问讯时日早晚、饭食是否备好等动作时，就应该主动告退。退出时，宾客对于主人起身相送要阻挡辞谢。一般告别相送到门要有“三辞”：一辞而许送叫“礼辞”，再辞而许送叫“固辞”，三辞不许再送叫“终辞”。

士相见的礼仪反映了士人谦恭待人的思想风貌，后世多有沿袭。如初次拜访送上见面礼，与“执挚”意味相同；告别时一再请主人留步，也属于“三辞”的礼节。

孟子云：“有礼者敬人……敬人者，

人恒敬之。”事业非礼不能兴旺，社会非礼不能安定，国家非礼不能强盛，礼之用，难以尽述。礼以伦理道德的外化形式对人们的行为进行指导，不仅是一种文化积累，更是社会秩序稳定的保障。时至今日，礼之具体仪式，虽已随时代改革有所损益，而礼之原理和精神，不宜偏废。

第五节 亲万民礼——嘉礼

本节我们介绍传统“五礼”中的“嘉礼”。“嘉”是个美好的字眼，有美、善之义。嘉礼，指的是亲万民礼。它包含了广泛的社会生活内容，如君主登基，册立皇太子，策拜王侯，节日受朝贺，天子纳后妃，太子纳妃，公侯大夫婚礼，冠礼，宴飨，乡饮酒等；有时还特指婚礼。

嘉礼是一种有关人际关系的礼仪，它起着融洽人际关系、联络感情的作用。其主要内容包括饮食之礼，婚、冠之礼，宾射之礼，飨燕之礼，脤膰之礼，贺庆之礼等。《清史稿·礼志六十三》谓嘉礼“属于天子者，曰朝会、燕飨、册命、经筵诸典。行于庶人者，曰乡饮酒礼。而婚嫁之礼，则上与下同也”。《周礼·春官·大宗伯》指出了嘉礼的作用：“以嘉礼亲万民，以饮食之礼亲宗族兄弟，以昏、冠之礼亲成男女，以宾射之礼亲故旧朋友，以飨燕之礼亲四方之宾客，以脤膰之礼亲兄弟之国，以贺庆之礼亲异姓之国。”由此可知，嘉礼主要指国与家具有喜庆意义的活动，以及一部分用以融洽人际关系、联络感情的礼仪活动。

一、饮食之礼、飨燕之礼

国君通过饮食、飨燕之礼，与宗族兄弟、四方宾客等饮酒聚食，以联络和加深感情，因而有“以饮食之礼亲宗族兄弟”“以飨燕之礼亲四方之宾客”之说。如下图为清帝大婚时的赐宴场面。光绪十五年（1889 年）农历二月十五，皇帝设宴太和殿，赐皇后父亲及其族属宴。皇后则宴请娘家的女性成员。

● 太和殿赐宴图

二、射礼

“六艺”之一的“射”是先秦贵族男子普遍掌握的六种技能之一。复旦大学杨宽教授指出，射礼兼具社交和军事学习的性质，古代贵族非常重视射礼。射礼分为大射礼、宾射礼、燕射礼和乡射礼。

我们以乡射礼为例，介绍一下这种礼仪的主要过程。乡射礼射箭比赛一共进行三轮，称为“三番射”。第一轮是教练，由一名担任司射的人做示范，并宣布比赛规则。这一轮是试射，所以不管射中与否，一律不计成绩。第二轮起，属于正式比赛，凡是射中者，工作人员要用算筹记录其成绩。第三轮比赛时，乐队演奏规定的乐曲。这些乐曲大都选自《诗经》，内容纯正高雅，节奏中正平和。射手要按照乐曲的节奏跟着鼓点射箭，这是检验射手的身心是否和谐。这样子射中了才是最难的。如果射手没有按照这一要求去做，即使射中了也不计成绩。最后，工作人员宣布比赛结果，负方饮罚酒。

射礼

乡射礼所蕴含的人文精神非常丰富。首先，射手要想取得比赛的胜利，要外体直、内志正。儒家的礼仪教育，特别强调形体和心志的正直。在这里，儒家巧妙地把比赛时的形体要求与道德要求融合在一起。

其次，比赛免不了竞争，双方要正确面对竞争。乡射礼提醒射手，要尊重竞争对手，彼此在人格上要互相尊重。双方拿了箭上堂，要互相谦让，请对方先走。上堂的台阶比较狭窄，只能走一个人，那么先上去的人要等后来的人。射完后下堂，两个人还是要彼此谦让，请对方先走。下堂之后，遇到下面一对正要上堂的射手，彼此要作揖致意。孔子说：“君子无所争，必也射乎？揖让而升，下而饮，其争也君子。”意思是说，君子是不会与人做无谓的争斗的，如果一定要与人争高下，那就是射箭比赛吧！不过这种竞争是与对手揖让着上堂，比完了下来一起饮酒的，这种竞争是君子之争。我国古代这种君子之争的风气影响了整个东亚，不管是蒙古、朝鲜还是日本，都受到了这种体育精神的影响，在摔跤、跆拳道、相扑中，选手上场都会互相行礼。

再次，既然是比赛，就一定会有赢和输。乡射礼要求射手正确对待失败，要做到“发而不中，反求诸己”，失败后多从自己身上找原因，不要怨天尤人。

然后，乡射礼能够锻炼心灵和身体的协调能力。单纯的射箭比赛只是比力气和技巧，乡射礼则要求射手按照音乐的节奏射箭，这就要求射手的身心高度和谐。

最后，射箭时，射手要把靶子当作道德标准来瞄准。《礼记·射义》曾云：“为人父者，以为父鹄；为人子者，以为子鹄；为人君者，以为君鹄；为人臣者，以为臣鹄。故射者各射己之鹄。”射箭的时候，射手要反思：自己是一个为君的人吗？或者是一个为父的人吗？相应地，在瞄准靶心时，射手就要想想自己的德行是否像一个君王，或者是否像一个父亲，体验精、气、神等内在的东西。这是一种不可或缺的存问和反思的功夫。如果发而不中，射手就要从自己的修为上找原因。

射礼中，还有另外一些有趣的形式。如《周礼·保氏》中有“五射”之说，是指五种射技，依次为白矢、参连、剡注、襄尺、井仪。白矢，指箭射穿靶子而箭头发白，表示发矢准确而有力；参连，前放一矢，后三矢连续而去，矢矢相属，若连珠之相衔；剡注，指矢行之疾，表示箭的速度像疾风一样快；襄尺，臣与君射，臣君并立，让君一尺而退；井仪，四矢连贯，皆正中目标。

“五射”逐渐演变成了后来的射箭。古人非常喜欢射箭这项运动。君王常常骑马射箭狩猎，一方面可以锻炼他们的身体，有助于他们练习精准的射箭技能，培养正直的德行，另一方面也可以展现他们的君主霸气。同时，在古代，箭也被当作战争工具，两国交战时常备弓箭手，他们是远程攻击的重要力量。

古代射箭术

投壶是射礼的另一种有趣的形式。郑注《礼记》云：“投壶，射之细也。”司马光《投壶新格》又云：“其始必于燕饮之间，谋以乐宾，或病于不能射也，举席间之器以寄射节焉。”由此可知，投壶是由于场地因素或个人因素的限制不能举行射礼而采取的权宜之计。因而，投壶与射礼一样，既是宾主相娱的一种游戏，又是社交的一种方式。这项竞技活动最初在贵族间流行，战国时期开始大众化，成为民间竞相追求的时尚。投壶，广口大腹，颈部修长。比赛时，壶内装豆子，以增强弹性，如投者用力过猛，矢会被弹出。《经说·投壶》载：“耳小于口而赏其用心愈精，遂使耳算倍多，人争偶尔之侥幸，舍中正而贵旁巧。”投入两耳的计分多于壶口。据记载，宋以前投壶的招式大约有四五种，宋朝有四十种，明朝则达一百四十余种。投壶既可供文人娱乐之用，也可用于室内陈设。

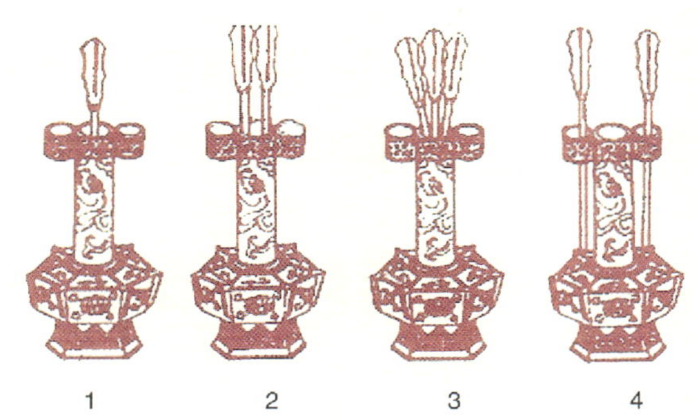

投壶

《朱瞻基行乐图》局部（故宫博物院藏）

三、婚冠礼

冠礼指古代男子成年时加冠的礼节。冠礼在宗庙中进行，由父亲主持，并由指定的贵宾给行冠礼的青年加冠三次，先后加缁布冠、皮弁、爵弁，分别表示有治人、为国出力、参加祭祀之权。冠礼是增强年轻人的自信和责任感的仪式。在儒家文化中，人一生至少要经历冠礼、婚礼、丧礼、祭礼四礼。

我国古代各民族的成年仪礼表现形式多种多样，有加冠、受笄、穿裤、换裙、文身、染齿（或凿齿）等，其中以加冠最具代表性。古代女子的成年礼叫作“笄礼”，是绾起头发插上笄的意思。笄礼在女子十五六岁，或者订婚之后、结婚之前举行。如果女子一直未许人，则可延迟到二十岁。但囿于古代男尊女卑的传统思想影响，古人在言及成年仪礼时，一般多称“冠礼”。

各种冠

各种笄

《周礼》谓婚冠礼“以婚、冠之礼亲成男女”。古代贵族男子二十岁行冠礼后即可成婚，并享受成人待遇，女子十五岁行笄礼后也可结婚，所以把婚礼、冠礼合称为“婚冠礼”。婚礼前包括纳采、问名、纳吉、纳征、请期等仪程。

四、脤膰之礼

脤膰是祭宗庙和社稷用的祭肉。在祭祀结束后，将脤膰分给兄弟之国，借以增进彼此的感情，所以说“以脤膰之礼亲兄弟之国”。

五、贺庆之礼

对于有婚姻甥舅关系的异姓之国，在一方有喜庆之事时，另一方要送礼物以相庆贺。所以说“以贺庆之礼亲异姓之国”。

六、巡守礼

据文献记载，上古时代帝王有定期巡守的制度。到巡守之处，帝王要祭祀当地的名山大川，观察风俗民情，并听取诸侯的述职，考论政绩，施行赏罚。

七、即位改元礼

改元，指中国封建时期帝王在位期间改换年号。一般而言，新帝王即位后改变纪年、颁布年号时所举办的礼仪叫作即位改元礼。改元的时间多为第二年的元月，也就是说无论先帝在哪个月去世，新帝当年都不改年号，要到第二年元月才改元。即位改元礼十分盛大庄严。

嘉礼的范围很广，除上述诸礼外，还包括正旦朝贺礼、冬至朝贺礼、圣节朝贺礼、皇后受贺礼、皇太子受贺礼、尊太上皇礼、学校礼、养老礼、职官礼、会盟礼，乃至观象授时、政区划分等等。

总之，嘉礼是按照人心之所善者而制定的礼仪，主要目的是融洽人际关系、沟通联络感情，通过饮宴、运动、庆贺、加冠等社交活动，起到培养德行、增进感情的作用。

动动脑

乡射礼的精神和奥运精神有什么不同？

第六节 丧灾之礼——凶礼

凶礼，古代五礼之一，指哀悯、吊唁、忧患家国的礼仪活动。它的主要内容有，以丧礼哀死亡，以荒礼哀凶灾，以吊礼哀祸灾，以恤礼哀寇乱，以禬礼哀围败。其中，丧礼是对各种不同关系的人的死亡，通过规定时间的服丧过程来表达不同程度的悲伤的礼节；荒礼是对某一地区或某一国家受到饥馑疫病的不幸遭遇，国王与群臣都采取减膳、停止娱乐等措施来表示同情的礼节；吊礼是对同盟国遇有死、丧或水火灾祸而进行吊唁慰问的礼节。后来，凶礼也多特指丧礼、丧服礼等礼仪。

一、丧礼

1．丧礼的主要环节

按照《仪礼》的记载，丧礼按照进行的顺序，包括四个主要环节。

（1）《士丧礼》：绍述士丧父母自始死至殡之礼。

（2）《既夕礼》：送形而往。

（3）《士虞礼》：迎魂而返。

（4）《丧服礼》：服丧期间，丧服按“亲者服重，疏者服轻”的原则穿着。不同的亲疏关系，服丧期限及所着丧服的布料粗细等均有不同。古人认为，与逝者的关系越亲密，逝者对一个人来说越重要，这个人就会越痛苦，就会以穿着丧服、停止外事活动等形式来表示哀悼。丧服是人们对逝者表示哀悼而穿着的礼服。晚辈为长辈服丧所穿的丧服，又称“孝服”。古代的丧服自周朝已用素服，包括素衣、素裳、素冠等，均取白色。丧服按服丧重轻、做工粗细、服丧周期长短等分为五等，斩衰、齐衰、大功、小功、缌麻，称为“丧礼五服制”。

2．丧礼五服制

死为服丧，亲者服重，疏者服轻，依次递减。服制按服丧期限及丧服粗细有所不同，最重的丧服是“斩衰”。

（1）斩衰

斩衰（cuī），丧服名，衰通“缞”，五服中最重的丧服。用最粗的生麻布制作，断处外露不缉边，丧服上衣叫“衰”，因称“斩衰”，表示毫不修饰以尽哀痛，服期三年。古代，诸侯为天子，臣为君，子及未嫁女为父，承重孙（长房长孙）为祖父，妻妾为夫，均服斩衰。至明清，子及未嫁女为母，承重孙为祖母，子妇为姑（婆），也改齐衰三年为斩衰。女子服斩衰，须以生麻束起头发，梳成丧髻。

● 斩衰

● 齐衰

（2）齐衰

齐衰（zīcuī），丧服名。齐，下衣的边。齐通“纃”，衰通“缞”。齐衰是次于斩衰的丧服，用粗麻布制作，“五服”中列位二等。其服以粗疏的麻布制成，衣裳分制，断处缉边，缘边部分缝缉整齐，故名“齐衰”，有别于斩衰的毛边。

齐衰的具体服制及穿着时间视与逝者的关系亲疏而定。服期分为三年、一年、九月、五月、三月。服齐衰一年，用丧杖，称“杖期”；不用丧杖，称“不杖期”。周朝，父在为母服齐衰杖期，父卒服齐衰三年。唐朝，为母，父在父卒皆服齐衰三年；子妇为姑（婆）亦服齐衰三年。至清朝，凡夫为妻，男子为庶母、为伯叔父母、为兄弟及在室姊妹，已嫁女为父母，孙男女为祖父母，均服齐衰一年，杖与否，各有规定；重孙男女为曾祖父母，服齐衰五月；玄孙男女为高祖父母，服齐衰三月。

（3）大功

大功，亦称“大红”，是次于齐衰的丧服，用粗熟麻布制成。服期为九个月。清朝，凡为堂兄弟、未嫁堂姊妹、已嫁姑及姊妹，以及已嫁女为伯叔父、兄弟，均服大功。

（4）小功

小功，亦称“上红”，是次于大功的丧服，用稍粗熟麻布制成。服期为五个月。清朝，凡为伯叔祖父母、常伯叔父母、未嫁祖姑及堂姑、已嫁堂姊妹、兄弟妻、再从兄弟、未嫁再从姊妹，以及外亲为外祖父母、母舅、母姨等，均服小功。

（5）缌麻

缌（sī）麻，是次于小功的丧服，五服中最轻的一种；用较细熟麻布制成，做工也较小功更精细。清朝，凡男子为本宗之族曾祖父母、族祖父母、族父母、族兄弟，以及为外孙、外甥、婿、妻之父母、表兄、姨兄弟等，均服缌麻，服期为三个月。五服之外，同五世祖的亲属为“袒免亲”，即所谓“素服”，袒是露左臂，免是用布从项中向前交于额上，又后绕于髻。不过，宋人车垓认为此仪久废，当时人的袒免亲丧服是白襕缟巾。明清时，素服以尺布缠头。同六世祖的亲属便是无服亲了。

丧礼五服制

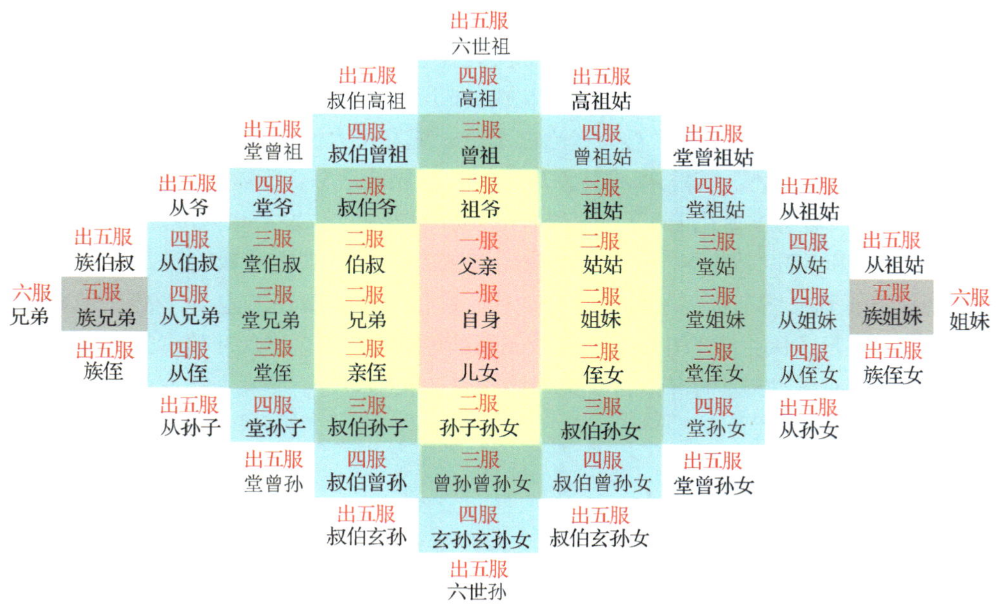

● 九族五服图

二、荒礼

荒礼是指国内发生自然灾害，如饥荒、瘟疫等变故，国家所应采取的救灾措施。当时所采取的有关措施包括救济、薄征、缓刑、减力役、开放禁区让百姓采集捕捞等等。这些救荒的行动，今天看来似乎跟礼仪无关了，但在那时却是礼仪的重要内容。可见，某些知识观念发展到今天已经有了很大的转变。

三、吊礼

吊礼意为吊盟国水火之灾。具体是指对遭受旱、涝、地震等灾害以及日食、月食的地区表示哀吊和慰问，在这个时候往往会举行祈禳活动，以求除祟去祸。

四、恤礼

恤礼是指别国遭受侵略或动乱造成重大损失时，与之结盟的国家要派出使臣，筹集物资去救助。

五、禬礼

禬（guì）礼也是指对遭受不幸的国家表示慰问、抚恤的礼仪。丧礼、荒礼、吊礼、恤礼、禬礼这五种凶礼中，恤礼和禬礼是国家事务，只有国王和宰臣才可施行此礼；丧礼、荒礼、吊礼则不仅可由国王施行，也可由各级贵族举行。

民俗学一般认为中国古礼包括生、冠、婚、丧四种人生礼仪。其中丧礼最早产生。丧礼于逝者是安抚其鬼魂，于生者则成为分长幼尊卑、尽孝正人伦的礼仪。在礼仪的建立与实施过程中，孕育出了中国的宗法制。礼仪的本质是治人之道，是鬼神信仰的派生物。在古代，人们认为一切事物都由看不见的鬼神操纵，履行礼仪即是向鬼神示好求福。因此，

礼仪起源于鬼神信仰，也是鬼神信仰的一种特殊表现形式。

礼仪还分为政治与生活两大部类。政治类礼仪包括祭天、祭地、宗庙之祭，祭先师先圣和乡饮酒礼、相见礼、军礼等。生活类礼仪的起源，按荀子的说法有“三本”，即“天地生之本”“先祖者类之本”“君师者治之本”。礼发于人性之自然，合于人生之需的行为规范。人与人交流感情，事与事维持秩序，国与国保持常态，皆需礼仪。

“三礼”（《仪礼》《礼记》《周礼》）的出现标志着礼仪发展进入成熟阶段。宋朝时，礼仪与封建伦理道德说教相融合，即礼仪与礼教相杂，成为实施礼教的得力工具之一。行礼为劝德服务，繁文缛节极尽其能。直到现代，礼仪才得到真正的改革，无论是国家政治生活的礼仪，还是人民生活的礼仪，都变成无鬼神论的新内容。当代礼仪讲究美善、恭敬、谦让、适度。它有效地减少摩擦、冲突的发生，维护社会稳定，增强人的安全感、舒适度，从而成为新文明的载体。

动动脑

阅读下面的材料，想想《红楼梦》中秦可卿的葬礼为什么特别奢华。

《红楼梦》中关于秦可卿的葬礼是这么写的：贾珍吩咐人去请了朝廷的阴阳司来选择日子，算好从哪天开始停灵四十九天。这四十九天里面要请一百零八位僧人来超度亡魂，如此浩大的僧人队伍，排场也是不得了的大了。为了让这场丧事办得风光，贾珍还四处选购上好的棺木，他不顾贾政的劝告，硬是用了一千两银子买下了忠义王定下的珍贵木板。秦可卿在家里的辈分虽不是很高，但是老一辈的人都出席了葬礼，还有许多不知道名字的族人也是头一回出现。在停灵的四十九天里面，宁国府所在的这一条街上，到处都是人来人往，众多官场中人前来祭奠。出殡的场面更是令人叹为观止，送殡的队伍浩浩荡荡，队伍长达三四里，大小轿子超过了百乘。东南西北的路祭是四王，他们同贾府是世交，连北静王都亲自来路祭，这场葬礼可谓十分讲究排场。

第八章

由古而今　由繁而简
——中国古代汉字文化

作为迄今为止连续使用时间最长的文字——汉字，它的初创期充满了浓厚的表意性，特别是与人自身相关的有形事物大多是通过象形、指事、会意三种造字方法构造出来的。时代稍后，形声也成了一种主要的造字方法，这是使汉字数量得以增长的主要方法。一些虚词、连词、副词、方位词等不易通过表意的造字方法表达，则通过假借、转注两种用字方法来解决。转注、假借是用字方法，不造新字。它们扩大了汉字的使用范围，也能很好地限制汉字数量。后人将四种造字方法和两种用字方法合称为『六书』。我们学习中国传统文化，古文字就是帮助我们打开中国古代知识大门的钥匙。

作为迄今为止连续使用时间最长的文字——汉字，其初创期具有表意性，充满了浓浓的生活气息。早期的自然环境、生活的情形，人与自身、与外物之间的关系等，皆可透过古汉字了解其大概。后来，一方面随着人本身、科技、文化、社会等的综合发展，汉字的形体发生了变化，造字和用字的方法也丰富起来。每一次汉字形体的变化，都可以看作一次历史的进步。另一方面，人们使用汉字既要求表达准确，又要求好记、好写，汉字笔画则不可能无限地繁复，汉字的数量也不可能无节制地增多。现代简化汉字的出现就是各种需求得以满足的结果。我们学习中国传统文化，古文字就是帮助我们打开中国古代知识大门的钥匙。

第一节 “四体”——中国古汉字的“造字法”

语言是人类最重要的沟通工具，但语言沟通受时间和空间的限制，为了突破这一限制，人们创造了记录语言的书写符号系统——文字。文字的起源，是文字学研究的起点。文字是什么时候产生的？文字有怎样的构造呢？在文字产生之前，人们为了帮助记忆、交流思想、传递信息，采用了各种各样的记事方法，最原始的记事方法包括实物记事、结绳记事、契刻记事、图画记事等。

一、原始的记事方法

1. 实物记事

简单的实物记事主要用于计数或计时，有些少数民族在文化不发达的时期数字观念比较差，他们常用的计数工具有玉米粒、小石子、小树枝、贝壳等。

● 实物记事

2. 结绳记事

《老子·八十章》载：“使民复结绳而用之。”《易九家言》则云：“事大，大结其绳；事小，小结其绳，之多少，随物众寡。”意思是说，大事系个大绳结，小事系个小绳结；先发生的事绳结系在里面，后发生的事绳结系在外面。系多少绳结，则根据事件的多少来计算。结绳记事后来逐渐发展得比较复杂，绳结的大小、颜色、材质、粗细、方向等都可以被赋予不同的含义，表示不同的意思。民族学资料表明，近现代有些少数民族仍在采用结绳的方式来记录客观活动。

● 结绳记事

3. 契刻记事

《周易·系辞下》云：“上古结绳而治，后世圣人易之以书契。”意思是说，用刀在竹、木、骨、角等材料上契刻以记事。《释名·释书契》说：“契，刻也，刻识其数也。”契可以剖成一式两份，由当事双方各执一份，不像结绳那样容易更改和作伪。人们使用的时候把契从中间分作两半，双方各持一半，以两者吻合为凭据。古代契上刻的数目主要是用作债务凭证的。

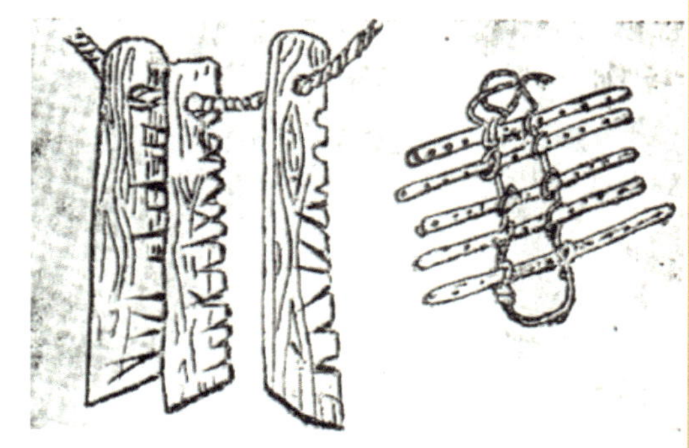

契刻记事

4．图画记事

这种方法是指通过摹绘事物的形象，来记录事情或表达某种意思和愿望。随着社会的发展，先人们渐渐对结绳的方法感到麻烦，便把结绳记事的“结”用符号刻在石头上，大结用“○”表示，小结用“△”表示，重结用“米”表示，避免了绳结容易腐烂和被烧毁等不利因素，可以永久性保存。于是，人们逐渐改用符号刻记来代替结绳记事，但这种符号只有少数人知道其含义，难以普及，不利于信息的表达和传播。于是人们便发明了图画文字，用简单的图画来表现具体事物，如画山形代表山，画水波代表水，画圆中间加一点代表太阳等，使大多数人一看便知其含义。这便是预备期的象形文字。

图画记事

鲁迅先生说：“文字成就，所当绵历岁时，且由众手，全群共喻，乃得流行，谁为作者，殊难确指，归功一圣，亦凭臆之说也。”（《汉文学史纲要》）他还说：“但在社会里仓颉也不只一个，有的在刀柄上刻一点图，有的在门上画一些画，心心相印，口口相传，文字就多起来，史官一采集，便可以敷衍记事了。”（《门外文谈》）以上是汉字未发明之前和文字出现的雏形时期，人们表达意思、传递信息的主要方式。

二、汉字的构造方法——六书

关于汉字的形体结构，传统有“六书”说法。“书”，在古代指写字，也指写下的字。“六书”就是汉字的六种造字方法和构成方式。六书的名称最早见于《周礼·地官·保氏》。其云：“保氏掌谏王恶，而养国子以道。乃教之六艺：一曰五礼（吉、嘉、宾、军、凶等方面的礼仪），二曰六乐（黄帝、尧、舜、禹、汤、周武王之乐），三曰五射（举行射箭礼时的五种射法），四曰五御（五种驾车法），五曰六书，六曰九数（多种数学问题的解法）。”国子，意为公卿大夫的子弟。六书为六艺（礼、乐、射、御、书、数）之一，是当时教学的主要内容之一。最迟到战国时期，人们通过对汉字的观察和分析汉字的形体结构，总结出了汉字的构造方法——六书。六书基本上反映了汉字产生、发展的一般规律，它对人们学习汉语，分析汉字很有用，对后来创造新字也非常有用。

汉朝解说六书内容的有三家。班固《汉书·艺文志》载：“古者八岁入小学，故周官保氏掌养国子，教之六书，谓象形、象事、象意、象声、转注、假借，造字之本也。”郑众《周官解诂》云：“六书：象形、会意、转注、处事、假借、谐声也。”许慎《说文解字·叙》曰："周礼八岁入小学，保氏教国子，先以六书。一曰指事，指事者，视而可识，察而见意，上下是也；二曰象形，象形者，画成其物，随体诘诎，日月是也；三曰形声，形声者，以事为名，取譬相成，江河是也；四曰会意，会意者，比类合谊，以见指撝，武信是也；五曰转注，转注者，建类一首，同意相受，考老是也；六曰假借，假借者，本无其字，依声托事，令长是也。"后人多推崇许慎对六书的解释。

六书之中，真正与汉字形体结构有关的只有象形、指事、会意、形声四书，它们是汉字形体的造字方法。转注、假借二书，只是用字方法。这就是通常所说的"四体二用"。本节我们重点学习四种造字方法。

1．象形

"象形者，画成其物，随体诘诎，日月是也。"（许慎《说文解字》）唐兰先生在《中国文字学》中给象形字又订了三个标准：第一，一定是独体字；第二，一定是名词；第三，一定在本名之外不含别的意义。唐兰先生还将象形字按照意义细分为三类，即象身、象物、象工。象形造字法是造字的基础，它为后面的指事、会意、形声字的构成奠定了基础。

象身，即关于人体、四肢、五官的象形字，如人、耳、心、女等。

象物，即自然界的客观事物，如山、水、木、月等。

象工，即人类经过劳动加工创造出来的物，如弓、车、刀、鼎等。

2．指事

"指事者，视而可识，察而见意，上下是也。"（许慎《说文解字》）指事字，是由象征性的符号或在象形字的基础上增加指示符号而组成的。象形字与指事字的区别是，象形字所象的是具体的事物，指事字所指的是抽象的事物。

指事字也可分为三类。

（1）纯符号指事字，如上、下和五、六、七等一些数字。"上"字表示以一个水平的事物为参照物，上面的符号指出其所要标识的方位。"下"字则表示这个水平参照物下面的部位。

（2）合体指事字，即在象形字的基础上增加指示符号，如刃、本、末、亦等。"刃"字 由"刀"和左边一点构成，指的是刀刃的部位。"本"字由"木"下面加一横构成，指的是树木的根部。

（3）变体指事字，如夕。早期甲骨文中"月""夕"同字，后才有区别。因"月"有形可象，而"夕"无形可象，故"夕"在造字时，是在"月"字中减去一横。

3．会意

"会意者，比类合谊，以见指撝，武信是也。"（许慎《说文解字》）比，即并；谊，即义；见，即现；指撝，即指挥。意思是说，会意，就是把两个字或多个字的字形和字义合在一起，从而表现出这个字的意思。如武和信这两个字，"武"从止从戈，表示征讨的意思。其中"止"代表脚，"戈"代表兵器。"武"字义既与脚有关，有步武、踵武等词，也与兵器有关。"人言为信"也是当时的一种观念，"信"表示人用口说出的话、表达的信息。会意字可分为两类。

① 同体会意字，即构字部件相同的字，如从、林、众、北、比等。

② 异体会意字，即构字部件不相同，字义是由几个构字部件义组合而成的字。如男、涉、保、即、奔、采、旦、既、伐、家、系、莫等。

早期的会意字是用意符的形象来会合成意的，如逐、即、步、朝、休、牧等。晚期的会意字是用意符的文字意义来会合成意的，如劣—少力，歪—不正，甭—不用，孬—不好等。

象形、指事、会意之间有明显的区别。象形字所象的是可以描绘的具体的“形”，如眉、果等。指事字所指的是抽象的意思和没有固定形态的事物，如上、下。会意字可以拆分成两个及以上的单体，分开后的任何一体仍能单独成字。而指事字和象形字如果被拆分，则至少有一部分不能单独成字，如差、臭、秃、分、闪、各、明、尖、得、德这些字拆成单体后，任何一体都可以单独成字。

4. 形声

“形声者，以事为名，取譬相成，江河是也。”（许慎《说文解字》）“事”，指事类。“以事为名”，即按照事物的类别特点去选一个字作为新字的一部分，即形符。“譬”，相类似，即字音相同或相近。“取譬相成”，即取一个发音相近的字作为新字的声符，形符和声符相配成为一个新字。说得简单一点，就是用表示意义类型的形旁与表示读音的声旁组合成字，如江、河二字就属于这一类字。汉字中约有 90% 的字是形声字。

根据形符和声符的位置，形声字主要有以下八种形式。

① 左形右声：谓、理、江、材。

② 左声右形：功、甥、期、放。

③ 上形下声：草、界、空、龚。

④ 下形上声：舅、裳、贡、婆。

⑤ 外形内声：闺、匣、衷、裹。

⑥ 内形外声：问、辩、雠、闻。

⑦ 形占一角：载、腾、佞、颖。

⑧ 声占一角：旗、旌、嵌、寤。

形声字有几个需要注意的地方。

其一，需要注意形声字的声符反映的是上古语音，不要用现代的语音去理解它（后起形声字例外）。如谤—旁，管—官，盲—亡，钦—金，欣—斤等，这些形声字与其声符的读音在今天多不一致。这主要是古今读音不尽相同造成的。此外，有些声符兼有表意作用。

其二，形声字的形符，表示的只是一类事物或行为的共性，它不可能表示其属下的每个具体事物或行为的个性。如从“心”的形声字，忠、怒、恨、悔、忍、愁、愚、愉、忘、悲等，根据形符，我们只能知道它们属于心理类，是表示心理活动的，并不能看出它们之间的差别。因而，形声字的形符只表示形声字本义的意义范畴，并不能表示其确切意义。

其三，形符和声符的位置反常或无规律。大多数形声字都采用左形右声的方式，但部分形声字的形符和声符的位置是约定俗成的，没有严格的规律，这增加了人们辨识的难度，比如下面这些字。

贼：从戈，则声。　　　　　荆：从艹，刑声。
徒：从辵，土声。　　　　　春：从艹从日，屯声。
在：从土，才声。　　　　　锦：从帛，金声。
到：从至，刀声。　　　　　蚀：从虫，食声。

本节主要介绍了“四体二用”中的“四体”，也就是四种造字方法。

第二节　“二用”——中国古汉字的“用字法”

这一节我们继续介绍六书中的后两种方法——转注和假借。它们与前面的四种造字方法不同，是汉字的“用字法”。

一、古汉字的使用方法——转注

“转注者，建类一首，同意相受，考老是也。”（许慎《说文解字》）简单来说，所谓“建类一首”，就是建立一个部首，即转注字同在一个部首，它们的主要特点是“同意相受”，也就是可以互相训释。《说文》：“老，考也。”“考，老也。”老和考是同义词，它们同部。“老”本身是一个部首字，“考”在老部。它们的音也相近，上古同属幽部。

转注有以下两个关键条件。

（1）建类一首：一类字统一在一个部首字之下。（同部首）

（2）同意相受：两个字意义相同或相近，可以互相解释。（可互训）

例如，景和晖。景，光也，从日，京声。晖，光也，从日，军声。

又如，柱和楹。柱，楹也，从木，主声。楹，柱也，从木，盈声。

因此，转注字不是孤立的一个字的问题，而是指两个字或者更多字之间的关系。有关系的两个字之间，要求同部首、语音相近，而且能互相训释，是同义词。它们可能是在同一语根上产生的，所以在形、音、义方面关系密切。

例如，逆、迎都可以训为“逢”，说不同方言的人各自按照本地的方言选择字形，这就使得同一个词义分成两个字，形成两个字形了。

二、古汉字的使用方法——假借

“假借者，本无其字，依声托事，令长是也。”（许慎《说文解字》）“本无其字”说的是字形，指的是语言中有某一个词，但没有一个专字来代表它。“依声托事”说的是字音和字义，指的是依照声音借一个同音字来寄托那个“本无其字”的词的词义。因为这个同音字是借来的，所以说它是假借字。

假借完全是从声音相同或相近这一点出发的。假借字和被借字之间可以毫无意义上的联系。也就是说，被借字只是当作一个纯粹的表音符号来使用的，如其、箕。簸箕的“箕”，原本写作“其”，后来“其”被借做代词，则新造了“簸箕”的“箕”。

假借是节制汉字字形无限制繁衍，用现有的字形字音来表达新词新义的用字方法。如果分析假借字的形体，那就涉及象形、指事、形声、会意，如辟、避、譬、嬖等。西周时期，

表示与人行走有关的从“辵”（chuò，忽走忽停）的字已经不少，若要再造一个躲避的“避”字是非常容易的，可是人们却一直借用“辟”而没有造“避”，时人的用意是十分清楚的，即尽量避免汉字数量进一步增加。当然，事物是发展变化的，造字也随着时代的发展需要而不断改进。当某个汉字被借用得太多而在书面语中难以达意时，就不得不再造新字了，秦汉以后人们就新造了避、譬、嬖等。

假借字的形体和它现在要表示的意义之间没有任何关系。它的特点为：第一，不存在有本字的问题，即“本无其字”；第二，“依声托事”。假借字的读音与所需要表示的语词的读音相同或相近，只有“依声”，才能“托事”。例如，“我”本是一种兵器，象形字，后借为第一人称代词；“亦”本是指腋下，后借为副词；“北”是“背”的古字，后借为方位词；“汝”本为水的名字，形声字，后借为第二人称代词。

依据本字的情况，假借可分为以下两种类型。

1. 无本字的假借

一个词，原本没有专门用来记录的字，而借用其他的文字进行记录。其后，也不为该词专门造字。这类词往往抽象，难以用表意的方式来设计文字，多见于以下几类。（1）古汉语虚词，如“其”“之”等。（2）双音节单纯词，如“犹豫”。《楚辞·离骚》：“心犹豫而狐疑兮，欲自适而不可。”（3）音译外来词，如“沙发”“苏打”等。

2. 有本字的假借

有本字的假借又称“通假”，指语言中的某个词本有记录它的字，但写书或抄书的人却写了一个同音字或音近的字来代替。从本字与通假字的语音关系来看，通假字可分以下两种情形。

（1）同音通假，如“（项伯）谓沛公曰：‘旦日不可不蚤自来谢项王。’”（《史记·项羽本纪》）其中，“蚤”通“早”。

（2）近音通假，如“孤不度德量力，欲信大义于天下。”（《隆中对》）其中，“信”通“伸”。

假借字的借义产生后，本义就存在以下几种情况。

（1）另造一字，表其本义。例如“而”，本是颊上的毛，象形字，后借为代词、连词、语气词，便给“颊毛”义另造“髵”字。又如“西”，本为鸟在巢，后借为方位词，便另造“棲”字表示鸟在巢。

（2）本义消失。例如“我”，借为第一人称代词后，本义消失。又如“难”，本为鸟名，借为“难易”之“难”后，本义消失。

（3）借义与本义共一字形。例如，“女”本女人形，后常借为第二人称代词“女”（音“汝”），但作为名词的“女”仍在口头语乃至典籍中使用至今。

三、六书小结

六书可分为两大类。前四书象形、指事、会意、形声为一类，讲的是造字问题。这四类又可分为两类，象形、指事为一类，属独体字或基本独体字。如日、月、上、下均是独体字，形体不能再分析，再分析就是没有意义的线条和笔画了。又如本、末二字是在象形字的基础上加一个表意符号构成，也不是由两个字合成的。会意、形声为另一类，其由两个及以

上的字合成，是合体字。如祭、祀，由两个及以上部件组合而成。六书中的转注、假借与前四类不同，它们构成一类，属用字问题，当然同造字也有关系。六书中最重要的三类，即象形、形声、假借。象形字是汉字造字的基础，会意字、形声字都是在它的基础上创造的，一部分指事字也是以它为基础而造出来的。象形字在汉字中所占比例很小，但它是造字的基础，是组成千万个汉字的元素。

形声字的重要性反映在数量上。《康熙字典》收字4.7万多个，其中90%以上属形声字。形声是一种最能产的造字方法。假借字的重要性表现在两个方面。第一，它扩大了汉字的使用范围，特别是在造字之初，汉字字数比较少，没有假借这种方法，汉字就难以发挥它记录汉语的作用。甲骨文中有这样一句话：其自东来雨（“该是从东边来雨吧”）。除了“雨”字，其余均为假借用法。第二，假借本身是用字的问题，不造新字，但它是创造新字的桥梁。

六书理论的意义和局限如下。

意义方面：（1）六书理论是我国历史上最早阐释汉字造字方法的理论，也是中国文字学的核心理论；（2）六书理论能够反映创造汉字形体的造字现实，反映了汉字造字的基本方式与规律，为人们研究汉字提供了一套行之有效的理论；（3）六书理论也是用来分析汉字形体结构的有效理论，能够满足分析古时各种汉字形体结构的需要，在历史上为汉字的研究做出了巨大的贡献。

局限方面：（1）六书理论的阐释有些地方含混不清；（2）六书理论中各种造字方法的界限不够明晰；（3）六书理论不能适用于所有的汉字。此外，随着汉字的演进，六书理论虽然逐步失去了分析汉字的功能，但其在汉字发展史上的作用和价值不可埋没。

第三节 “古文字阶段”——汉字的形体演变（一）

关于汉字的创造，最著名的莫过于“仓颉造字”的传说。这个传说在许多辞书典章中均有记述。《淮南子·本经训》载：“昔者仓颉作书而天雨粟，鬼夜哭。”《说文解字·序》云：“黄帝之史仓颉，见鸟兽蹄迒之迹，知分理之可相别异也，初造书契。”仓颉造字，是一件惊天动地的大事，黄帝于春末夏初发布诏令，宣布仓颉造字成功，并号召天下人民共习之。这一天，天上下了一场不平常的雨，落下无数的谷米，后人因此把这天命名为谷雨，谷雨成为二十四节气中的一个。也在谷雨这天，人们在夜里听到魔鬼的哭泣呻吟，可谓“惊天地，泣鬼神”。这便是“天雨粟，鬼夜哭”这句话的来历。汉字的产生为何会使“天雨粟，鬼夜哭”呢？那是因为有了汉字之后，“造化不能藏其秘，故天雨粟；灵怪不能遁其形，故鬼夜哭”。（张彦远《历代名画记》）简单地说，“天雨粟”寓意中华民族有了文字后百姓变得更聪明，思想更开阔，生产能力、创造能力大大增强。“鬼夜哭”寓意汉字的产生真正揭开了天地的奥秘，使中华民族的智慧得以增强，鬼魅小人从此难以左右人类的命运了，所以只能在暗处哭泣。

从汉字初创到今天的楷书、草书，汉字经历了六个发展阶段，列表如下。

● 古今汉字的演变历程

	魚	鳥	羊
甲骨文			
金文			
小篆			
隶书	魚	鳥	羊
楷书	魚	鳥	羊
草书			

在古文字阶段，汉字经历了甲骨文、金文、大篆、小篆的演变过程。

一、甲骨文的出现

甲骨文，又称卜辞、殷墟文字，主要指商朝时契刻在龟甲兽骨上的文字。商朝统治者敬尚鬼神，事无巨细均要进行占卜以问吉凶。他们把每次占卜的内容，有时连同应验的结果刻在特制的龟甲兽骨上。这些特殊的文字资料随殷商王朝的灭亡和殷都被夷为废墟而长期埋于地下，直到 1899 年才被人发现并视为宝物。第一个发现甲骨文的人是王懿荣。

1899年秋，在清朝廷任国子监祭酒（相当于中央教育机构的最高长官）的王懿荣（1845~1900年）得了疟疾，他派人到宣武门外菜市口的中药店达仁堂买回一剂中药，无意中看到其中一味叫龙骨的药品上面刻画着一些符号。龙骨是古代脊椎动物的骨骼，几千年前的骨头上怎会有刻画的符号呢？这不禁引起了他的好奇。对古代金石文字素有研究的王懿荣便端详起来，觉得这不是一般的刻痕，很像古代文字，但其形状又非籀（大篆）非篆（小篆）。

为了找到更多的龙骨做深入研究，他派人赶到达仁堂，以每片二两银子的高价，把药店中所有刻有符号的龙骨买下，后来又通过古董商范维卿等人进行搜购，累计收集了 1500 多片龙骨。他对这批龙骨进行仔细研究分析后认为，它们并非什么“龙”骨，而是几千年前的龟甲和兽骨。他从甲骨上的刻画痕迹中逐渐辨识出“雨”“日”“月”“山”“水”等字，后又识别出商朝几位国君的名字，由此肯定这是刻画在

● 龙骨上面的文字

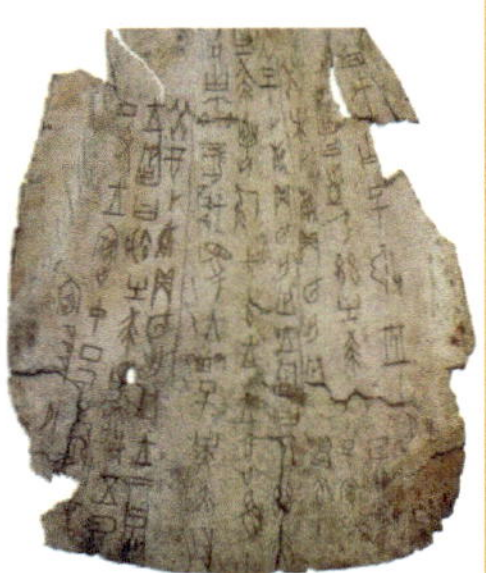

● 甲骨文

● 钟鼎文

甲骨上的古代文字。从此，这些刻有古代文字的甲骨在社会各界引起了轰动，文人学士和古董商人竞相搜求。这就是甲骨文的发现过程。

二、金文的得名及特点

金文又称钟鼎文、铜器铭文等，是古代铸在青铜器物上的文字。在青铜器物上铸文，始于殷商，盛于两周，延续至秦汉。

金文与甲骨文相比有这样一些变化：第一，直观表意的象形、象意结构形态减弱，便于书写的符号形态增强；第二，文字形体趋于定型化，但异体依然不少；第三，形声字大量增加；第四，在书写形式上，越来越注意字形与铭文整体的协调。

● 《大盂鼎》铭文

三、大篆的出现及特点

大篆指通行于春秋战国时期的秦国文字。由于周平王东迁洛阳，秦占据了西周的故地，同时也继承了西周的文字，也就是说秦国文字是继承金文发展而来的。到了西周后期，汉字发展演变为大篆。大篆的发展有两个特点：一是线条化，早期粗细不均的线条变得均匀柔和了；二是规范化，字形结构趋向整齐，逐渐脱离了图画的原形，奠定了方块字的基础。大篆是相对于后来的小篆而言的。

大篆的真迹一般以“石鼓文”为代表。唐初在天兴县陈仓（今陕西宝鸣）出土了十个直径约三尺，上小下大，顶圆底平的像鼓一样的石敦。上面刻的是秦献公十一年（公元前 372 年）作的十首四言诗，这是我国最早的刻石文字，原刻 700 多字，现存 300 多字。这十个石敦现存于故宫，因其内容记载畋猎之事，故命名为“猎碣或雍邑刻石”。唐朝诗人韦应物认为石的形状像鼓，将其改名为“石鼓文”，现作为大篆的代表。石鼓文具有遒劲凝重的风格，字体结构整齐，笔画匀圆，并有横竖行笔，形体趋于方正。大篆在相当大的程度上保留了西周后期文字的风格，只是略有改变，笔画更加工整匀称而已。

● 大篆

● 石鼓文

四、小篆的出现及特点

公元前 221 年，秦始皇统一天下，为了有利于统治，他在文字上进行了改革，实行“书同文”的政策，“罢其不与秦文合者”。“秦始皇帝初兼天下，丞相李斯乃奏同之，罢其不与秦文合者。斯作《仓颉篇》，中车府令赵高作《爰历篇》，太史令胡毋敬作《博学篇》，皆取史籀大篆，或颇省改，所谓小篆者也。”（《说文解字·序》）由此可知，秦始皇统一全国的文字为小篆。李斯等人在统一六国文字时做了三件事：第一，以秦国原有的文字作为统一的标准，废掉一切与秦国不同的六国俗体、异构，只保留其中与秦文一致的部分；第二，拟定出统一的标准字样；第三，写出定型后的标准字样广布于天下。

秦文是沿袭西周的文化传统，在“金文”“籀文”（大篆）的基础上发展起来的一种书体，故秦文又称“秦篆”，后人又用“小篆”称之，以与“大篆”相区别。作为秦始皇统一中国之后实行“书同文”政策时颁行的标准字体，小篆一直流行到西汉末年才逐渐被隶书所取代。但由于其字体优美，所以一直被书法家所青睐。又因为其笔画复杂、形式奇古，而且可以随意添加曲折，所以在印章刻制上，尤其是需要防伪的官方印章，一直采用篆书。为保留这种字体，《康熙字典》后来还出现了“增订篆字版”《康熙字典》。

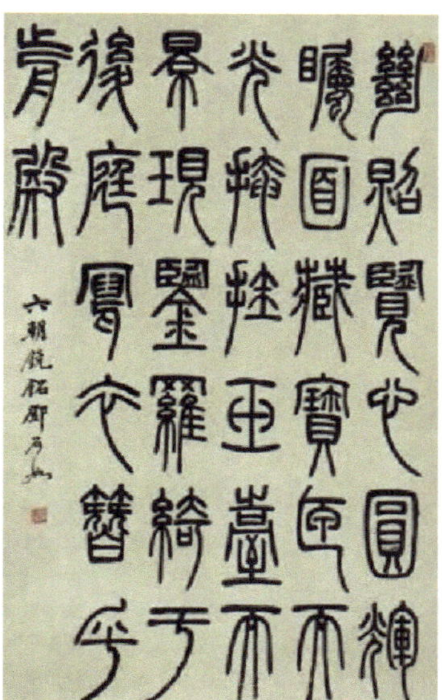

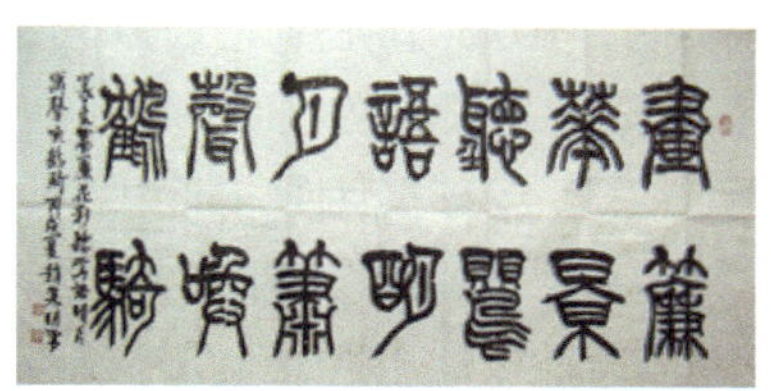

● 小篆

秦朝时的小篆风貌，可由现存的《泰山刻石》《琅琊台刻石》及权量铭文等遗物中得见之。尤其是东汉许慎的《说文解字》，全书以小篆字为字头，收字九千余，是小篆集大成的著作。小篆因笔画较细，所以也有“玉箸篆”之称。小篆在字形上呈长方形，结构往往有左右对称的现象，给人以挺拔秀丽的感觉。

第四节 “今文字阶段”——汉字的形体演变（二）

上一节介绍了甲骨文、金文、大篆、小篆四种字形的演变过程。其中，小篆是古文字的终结。小篆，首先固定了偏旁部首的位置和写法，基本上做到了定型化。其次，书写形式要求整齐划一，笔画不论横竖曲直，一律用粗细等宽的线条，字的结构取内聚环抱之势，笔画的分布均衡匀称，甚至字的大小也要相同。这样一来，古文字中的象形、象意字就被进一步抽象化、线条化、规整化，从而也就更加符号化了。原有的“画成其物”更加被淡化。最后，小篆使文字的整个构形系统得到进一步完善与加强。本节我们讲述今文字阶段的字体。

一、隶书的生成与隶变

隶书在历史上也称佐书、史书、八分，是以点、横、掠、波折等点画结构取代篆书的线条结构而使之便于书写的一种字体。卫恒《四体书势》说：“秦既用篆，奏事繁多，篆字难成，即令隶人（胥吏）佐书，曰隶字。”所谓隶人，殆为衙门中专掌文书的书吏；所谓隶字，即是这些人在日常工作中所习用的字体。秦王朝在推行小篆的同时，为了“以趋约易”，确实是大量地使用了隶书，1975 年在湖北云梦县睡虎地出土的大量秦简就是最好的证明。

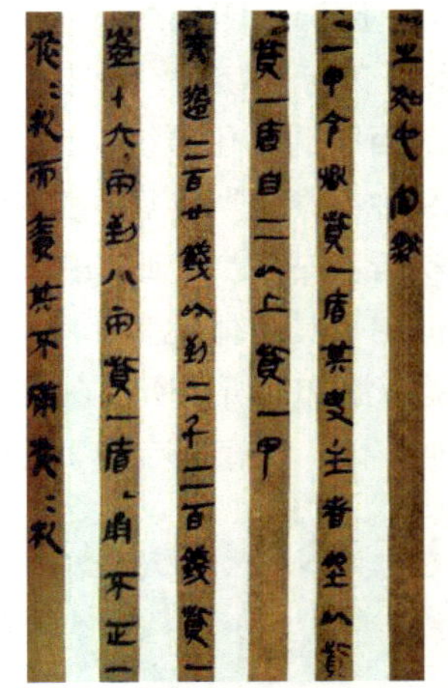

湖北云梦县睡虎地秦简

隶书在初创阶段，构形多因篆书而小讹，多数字尚带有浓厚的篆书意味，点画用笔的特点也不很突出，尤其是波折不明显。后来经过长期的使用，特别是经过汉朝文人的加工、改造和美化，隶书才从根本上改变了篆书的构形和笔道形态，成为一种独具特色的新字体。后人称初创阶段的隶书为古隶或秦隶，称成熟阶段的隶书为汉隶。汉隶是汉朝官方的正式字体。

《古建中国·熹平石经》中的隶书

汉字形体演变过程中的一个重要问题是隶变。隶变是汉字由篆书到隶书的演变，是汉字由古文字演变为今文字的一次质的飞跃。这个演变从战国后期开始，到汉朝中叶汉隶形成结束，经过了二三百年的时间。其间以秦汉之际的变革最为激烈。隶变之前，从甲骨文到小篆，汉字虽然形体外观发生了很大变化，但在构形过程中反映“象形”为特征和意图的“笔意”仍旧存在。经过“隶变”则不然，它不仅用不同形态的不同点画取代了篆书单一的线条，变化了行笔的方向，几乎摒弃了原有的象形特征，而且对整个汉字的构形做了较大的调整，使“笔意”几乎被完全隐没，代之而起的是点画组合而便于书写的“笔势”。

隶变对汉字构形的调整所采用的方式和方法如下。

（1）用一个新的构件取代篆书中的不同构件，如泰、春、奉、奏、舂等。

（2）将篆书中的同一构件形态分异成不同的构件形态，如令、危、辟、卸、色等。

（3）省略与改变篆书繁复的结构和笔画，如雷、 书等。

（4）别构一体，如泉、冬、西、票等。

总之，隶变是汉字发展史上一次质的飞跃。

二、楷书的特点与欣赏

楷书，也叫真书、正书，它产生于汉末，盛行于魏晋南北朝，一直沿用至今。楷书是由隶书经过长期演变慢慢演化出来的，在成为一种新字体的相当长的时间里，还或多或少带有隶书的意味，所以楷书在历史上也被称为“今隶”。楷书与它的母体隶书相比，有两个明显的特点：（1）彻底摆脱了篆书的影响，构形单一；（2）点画形态比隶书丰富。楷书不仅比隶书增加了斜弯勾、提、横折钩等基本点画，而且每种基本点画的“个性特征”都比隶书鲜明。

三、草书的特点与用途

草书结构简省、笔画连绵，形成于汉朝，是为了书写简便而在隶书的基础上演变出来的，有章草、今草、狂草之分。章草笔画省变，有章法可循，代表作有三国吴皇象《急就章》的松江本。今草不拘章法，笔势流畅，代表作有东晋王羲之的《初月帖》《得示帖》等帖。

狂草出现于唐朝，以张旭、怀素为代表，笔势狂放不羁，成为完全脱离实用的艺术创作。从此，草书只是书法家临摹章草、今草、狂草的书法作品。狂草代表作有唐朝张旭的《肚痛帖》等帖和怀素的《自叙帖》，都是现存的珍品。

草书中有“急就章”之说。“急就章”主要有三个意思。

（1）“急就章”原是指紧急刻好的印章。两千多年前，西汉的军队与匈奴作战，将领战死是常有的事，由于情势危急，军中官职往往急于任命，所以印信大都仓促凿成，故别称“急就章”。“急就章”刻印法从此传开，后来将军印和颁发给少数民族的官印延用此法，至魏晋南北朝时期还相当流行。由于用此法刻成的印章，刀法有力，文字错落有致，所以后世仿效的大有人在。

（2）至于文章中出现“急就章”字样，同样可追溯至西汉，如西汉元帝史游以草书作《急就章》，又称《急就篇》。这本《急就章》是儿童识字的启蒙读物，全篇共三十四章，按姓名、服饰、饮食、器物、人体、鸟兽、草木等分类别韵，七字成句。为什么它也叫《急就章》呢？因为这种书体存字之梗概，损隶之规矩，纵任奔逸，赴速急就。

（3）“急就章”也是个成语式的名词，现在多被用来形容速成的事或作品。

多宝塔碑·颜体

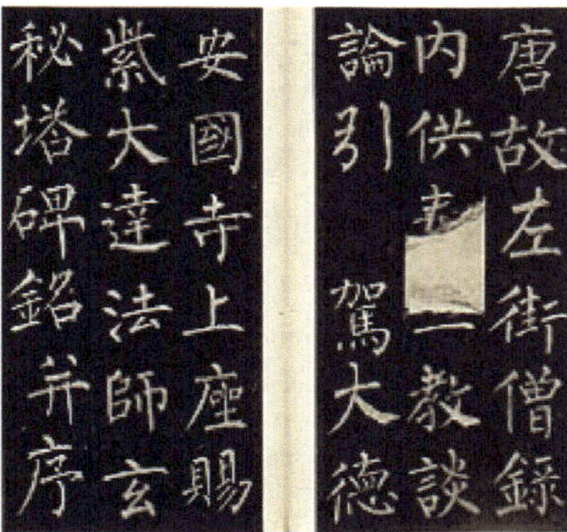

九成宫醴泉铭·欧体

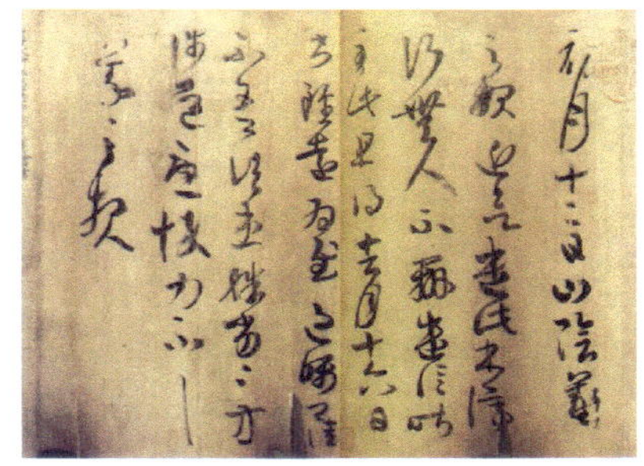
王羲之《初月帖》

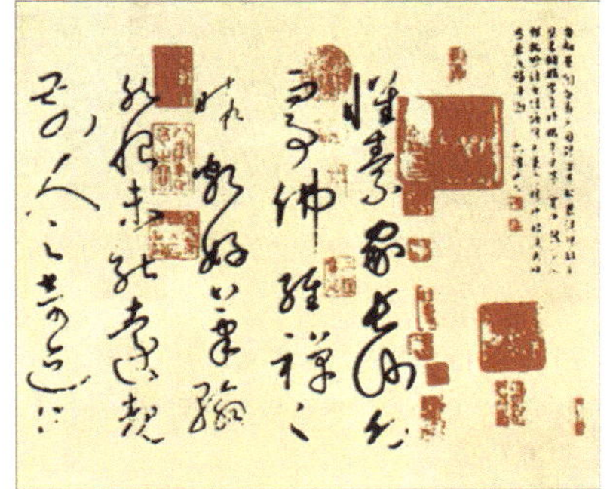
怀素《自叙帖》

● 宋克临《急就章》局部

四、行书的特点与欣赏

行书是介于楷书、草书之间的一种字体，可以说是楷书的草化或草书的楷化。它是为了弥补楷书的书写速度太慢和草书的难以辨认而产生的。行书的笔势不像草书那样潦草，也不像楷书那样端正。

行书代表作中最著名的是东晋书法家王羲之的《兰亭序》，前人以“龙跳天门，虎卧凤阁”形容其字雄强俊秀，赞誉其为“天下第一行书”。唐颜真卿所书《祭侄文稿》，古人评之为“天下第二行书”，通篇用笔之间情如潮涌，书法气势磅礴，纵笔豪放，一泻千里。而苏轼的《黄州寒食帖》则被称为“天下第三行书”。他的两首寒食诗，一笔呵成，笔墨酣畅，淋漓间书写而出。苏轼曾自言：“我书意造本无法，点画信手烦推求。”诗中有小屋、坟墓、乌衔纸，诗意苍凉悲壮。落于白纸上的笔墨恣肆跌宕，飞扬飘洒，诗、书自成一体。

● 王羲之及“天下第一行书”《兰亭序》局部

《兰亭序》是魏晋时期雅士俊杰们的潇洒风度，《祭侄文稿》是大唐王朝贤达纯臣的铮铮铁骨，《黄州寒食帖》则是文人苍凉多情的人生感叹。它们先后各领风骚千年，是中国文化史上的三座丰碑。

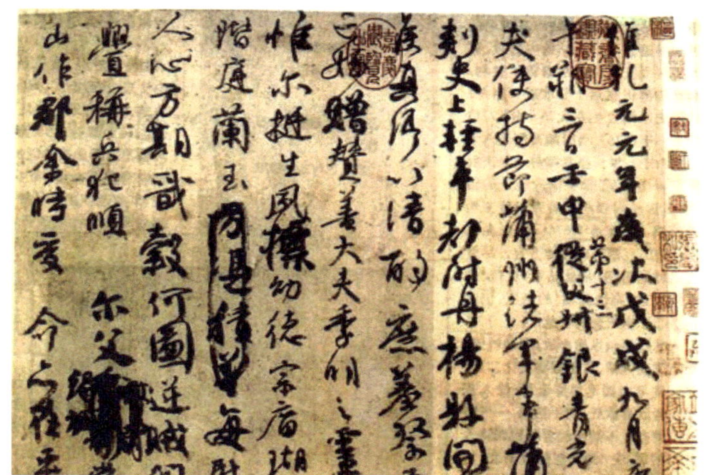

颜真卿及“天下第二行书”《祭侄文稿》局部

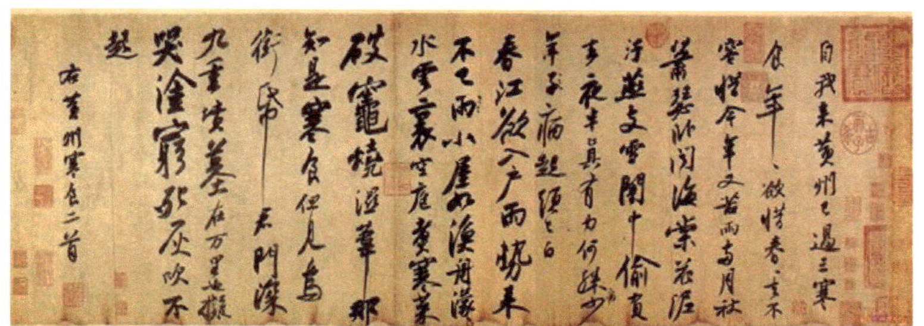

苏轼及“天下第三行书”《黄州寒食帖》

附：

汉字的形体演变过程

形成时代	代表性文字	主要载体
殷商	甲骨文	龟甲、兽骨
商周	金文	青铜器
西周晚期	大篆（籀文）	石器
秦	小篆	石器、简帛
西汉	隶书	简帛
汉	草书	帛、纸
东汉晚期	行书	帛、纸
汉魏	楷书（真书）	纸

第九章

方寸舞台演绎百态人生
——中国传统戏曲文化

中国传统戏曲源远流长。先秦的傩戏，汉朝的角抵戏，唐朝的歌舞戏、参军戏，宋朝的话本、诸宫调等都给了中国戏曲不同角度的滋养。戏曲也因此成为一门综合的舞台表演艺术。在舞台上，戏曲以象征的艺术手法、虚拟的人物角色和程式化的表演范式，演绎了世间百态、风土人情。中国戏曲生于本土，表达生活，自带亲切感，深受历代人民喜欢。中国戏曲，艺术形式精湛而成熟，通俗易懂又颇具韵味，成为中国传统文化宝库中的一颗璀璨明珠。

中国传统戏曲源远流长。从先秦的傩戏、汉朝的角抵戏、唐朝的歌舞戏和参军戏到宋朝的话本、杂剧、诸宫调，再到元杂剧、南戏，皆能找到中国戏曲的雏形。在历经数千年的历史积淀和艺术传承之后，中国戏曲形成了自己独特的艺术风格和美学范式。历史悠久，再加上地缘辽阔、民俗风情各异，传统戏曲首先具有了多样性。舞台表演的形式，要求唱腔、扮相、身段、乐律、情节、表演等俱佳，因而传统戏曲又具有了综合性。四功五法的技艺、角色类型、程式化的表现形式，让传统戏曲具有了虚拟性和意象性。作为如此精湛而独特的艺术，传统戏曲在人类艺术的宝库中绽放异彩。

第一节　兼取百家　源远流长——中国传统戏曲的源流

中华民族的传统艺术——戏曲，是传统文化中一颗璀璨的明珠。中国传统戏曲由音乐、舞蹈、文学、美术、武术、杂技以及表演艺术等各种要素综合而成。戏曲在中国源远流长，成熟的戏剧要从元杂剧算起，经过了八百多年不断的丰富、革新与发展。它讲究唱、做、念、打，富于舞蹈性和技术性，构成有完整戏曲体系，又区别于其他戏剧的艺术形式。

● 中国传统戏曲《贵妃醉酒》

传统戏曲起源于原始歌舞，是一种历史悠久的综合舞台艺术样式。中国戏曲与古希腊悲喜剧、印度梵剧并列为世界上三种最古老的戏剧。

中国传统戏曲主要由民间歌舞、说唱和滑稽戏三种不同艺术形式综合而成。

戏曲这个概念，既把中国传统的戏曲和外国的戏剧做了区分，同时也将中国戏曲和现在国内舞台上盛行的歌剧、舞剧、话剧等凿开了泾渭。本节我们先来介绍中国传统戏曲的发展历程。

● 中国传统戏曲《霸王别姬》

● 古希腊悲剧《安提戈涅》

● 印度梵剧《小土车》

● 民间歌舞“舞龙”

一、先秦——戏曲的萌芽期

歌舞演出，造就出一批技艺娴熟的民间艺人，并向着戏曲的方向一点点迈进。戏曲的发端是原始歌舞，而原始歌舞的源头则是史前的祭祀活动，如“大傩之舞”。原始时期，人们以可怕的形象来驱逐魔鬼，形成了一种巫术仪式——“傩”，载歌载舞的傩舞蕴含着古代戏曲的萌芽。下图为三星堆铜人面具，这是迄今发现的最早的傩戏面具。三星堆铜人面具，方正脸，长刀眉，三角形立眼；长方耳，耳垂穿孔；蒜头鼻，高鼻梁直达额中两眉间；阔口，闭唇，颐（腮颊）方圆。随着宗教色彩的淡化，演员逐渐代替巫师，表演目的由娱神转向娱人，这样巫术仪式就转化成戏曲表演。

● 说唱艺术“京韵大鼓”

● 滑稽戏《连升三级》

● 三星堆铜人面具

● 傩舞

二、唐朝中后期——戏曲的形成期

汉唐盛世，经济高度发展，促进了戏曲艺术的自立门户。汉朝，民间已经出现了具有表演成分的“角抵戏”，尤以《东海黄公》为著。

到了南北朝时期，民间出现了歌舞与表演相结合的“歌舞戏”，其具有了更为浓郁的表演成分，如“代面”“钵头”“踏摇娘”等，大多有较浓的故事性。

其中，“代面”，又称“大面”，或“兰陵王入阵曲”，是一种唐朝歌舞戏。据唐崔令钦《教坊记》、段安节《乐府杂录》等书的记载，北齐兰陵王长恭作战勇敢，但貌若妇女，自嫌不足以威敌，乃刻木为假面，临阵著之，因为此戏。

“钵头”，又作“拨头”，唐朝歌舞戏之一。《旧唐书·音乐志》：“《拨头》出西域。胡人为猛兽所噬，其子求兽杀之，为此舞以象之也。”《乐府杂录·鼓架部》：“《钵头》，昔有人父为虎所伤，遂上山寻其父尸，山有八折，故曲八叠。戏者被发，素衣，面作啼，盖遭丧之状也。”

“踏摇娘”为唐朝歌舞戏。《太平御览》引《乐府杂录》云：“踏摇娘者，生于隋末（一说北齐）。夫河内人（黄河以北苏某），丑貌而好酒，常自号郎中，醉归必殴其妻。妻色美善歌，乃自歌为怨苦之词。”唐《咏谈容娘》诗：“举手整花钿，翻身舞锦筵。马围行处匝，人压看场圆。歌要齐声和，情教细语传。不知心大小，容得许多怜。”

唐朝还出现了由先秦时期的优伶表演发展而来的、以滑稽表演为特点的“参军戏”。“参军戏”这一名目的源头说法不一。一般认为，它源于秦汉的俳优，但具体形成时期则有始自东汉、后赵、唐等说法。参军戏的演出类似今天的相声，主要演员有两个，一个叫参军（装痴愚，常被戏谑），一个叫苍鹘（显机灵），类似相声的捧哏和逗哏。参军戏出现的意义为：一是出现了角色行当；二是参军戏主要以语言和动作取胜，是后世戏曲中科白的源头。

● 钵头

● 踏摇娘陶俑

● 参军戏俑

民间的歌舞戏进入宫廷后，得到了更大的发展。民间又出现了“唐传奇”“俗讲”“变文”等通俗说唱形式。这些艺术形式给戏曲的情节内容以丰富的营养。与此同时，诗歌的声律和叙事诗的成熟更是给了后世戏曲的宾白、曲辞、声韵、牌律等方面以决定性的影响。

唐传奇《柳毅传书》

三、宋金——戏曲的发展期

宋朝的“杂剧”，金朝的“院本”，从乐曲、结构到内容，都为元朝杂剧打下了基础。特别是北宋中叶，说唱艺人孔三传创造了一种诸宫调来说唱长篇故事。金朝董解元的说唱诸宫调《西厢记》的出现，表明说唱艺术无论是在文学上还是在音乐上都已经完全成熟。后世有“花间美人”之称的“王西厢”正是在“董西厢”基础上进一步戏剧化的结果。

《西厢记》

四、元朝——戏曲的成熟期

到了元朝，中国戏曲进入成熟阶段。这一时期，中国戏曲以元曲闻名于世，而元曲中影响最著者是北杂剧（亦称元杂剧）。北杂剧之文学特色，以质朴自然取胜，后世戏曲文学无出其右，涌现出关（汉卿）、王（实甫）、白（朴）、马（致远）等一批优秀的杂剧作家，其中“关、白、马、郑（光祖）”被称为“元曲四大家”。北杂剧成为一代之文学，其表演显示出戏曲在形成之初的朴实和浓郁的民间气息。

元曲代表作家

说起元曲兴盛的原因，首先是城市经济繁荣，市民阶层壮大，俗文学有广阔的发展空间；其次是知识分子地位低下，科考不利，“十儒九丐”是当时汉族知识分子的写照。这样的客观现实造成了大批精英知识分子下移。为了安身立命，他们与社会大众打成一片，开展俗文学创作。

北杂剧诞生并流行于北方地区，它融诗词、歌唱、舞蹈、宾白、音乐等多种表演形式于一体，有完整的故事情节和角色配合。一个剧目称为一本，一本共四折及一楔子，即全剧由五段戏构成。一折戏的音乐唱腔由同一宫调的若干曲子组成。音乐均为北曲。剧本分旦本（女角）和末本（男角），由主角一唱到底，其他角色均不唱。如《望江亭》一剧是旦本，由正旦谭记儿主唱，正末白士中不唱。《汉宫秋》一剧是末本，正末汉元帝主唱，正旦王昭君不唱。楔子则可以由主角以外的角色唱，如《窦娥冤》一剧为旦本，各折均由窦娥唱，但楔子可由窦天章唱。行当有正末、副末、旦、孤、净。

除了北杂剧外，元朝南戏的成就也不低。南戏形成于南北宋之交的浙江温州（古称永嘉）一带的民间，时称永嘉杂剧。它是在宋杂剧的基础上，融合南方民间小曲、说唱等艺术因素形成的。南戏以体制庞大、曲词通俗质朴为特点，一般由民间艺人或下层知识分子创作，主要在民间流行，表现普通民间的故事，贴近百姓生活，表达了劳动人民的愿望和要求。南戏与北杂剧的不同之处在于：戏的段落称“出”，一个剧目多的由四五十“出”构成，少的也有十几“出”，可连演几天；每场戏可由主角唱，也可由配角唱，还有合唱、对唱、帮唱；唱腔曲牌由南曲和北曲合套，即南北曲均可用；行当有生、旦、净、末、丑、外、贴七个。南戏中，比较著名的作品有《荆钗记》《白兔记》《拜月亭》《杀狗记》，后人称为“四大南戏”。

《望江亭》

《汉宫秋》

《窦娥冤》

《琵琶记》

代表作《琵琶记》讲述了汉朝书生蔡伯喈应举考中状元，其妻赵五娘饥荒之年独立支撑门户、赡养公婆，公婆死后她遵遗嘱上京寻夫，得知丈夫因三不从被迫招赘相府，因而原谅了丈夫三不孝之过的故事。面对心爱的丈夫和深明事理的牛小姐，赵五娘虽为草根之妇却气节不减，最终完成二老夙愿，毅然离去。这部作品演绎了一个子孝妻贤、悲欢离合的家庭故事，被称为“词曲之祖”。

●《牡丹亭》

五、明朝——戏曲的繁荣期

明朝传奇的前身是宋元时期的南戏，是它成熟化与规范化的结果。明中叶以后，传奇代替杂剧成为戏曲舞台上的主角。其剧本文学曲词典雅，体制庞大，名篇佳作不胜枚举，这一时期为戏曲文学绝盛之时。表演上则日趋成熟，多用昆曲演唱。明朝有四大声腔之说，指的是对中国明朝南曲系统的浙江海盐腔、浙江余姚腔、江西弋阳腔和江苏昆山腔的合称。明朝戏曲在音乐上出现明显的地方化趋势，主要表现为地方声腔的崛起。对后世戏曲影响最大的是后两种，即弋阳腔和昆山腔。前者发展为影响广泛的高腔系统，后者发展成典雅细腻的昆曲——代表曲目有汤显祖《牡丹亭》、孔尚任《桃花扇》、梁辰鱼《浣纱记》、高濂《玉簪记》等。其中，《牡丹亭》是浪漫主义的杰作，它和《邯郸记》《南柯记》《紫钗记》合称“玉茗堂四梦”，又名“临川四梦”。它讲述的是杜丽娘和柳梦梅的爱情故事，全剧贯穿“情”与“理”的激烈冲突，最后以“情”战胜“理”结束，歌颂了人性解放，肯定了男女情爱的合理性。

六、清朝及近现代——戏曲的转型期与革新期

自清朝前期起，戏曲舞台发生了极大的变化，主要表现为戏曲的民间化和通俗化。先是昆曲、高腔折子戏的盛行，后是地方戏的兴起。从此，戏曲舞台不再是传奇剧的天下，昆曲与高腔有了来自民间的竞争者。戏曲的表演场所也由厅堂变为茶肆歌台。

清乾隆五十五年（1790 年），为庆祝乾隆皇帝的八十寿辰，以高朗亭为台柱的徽班“三庆班”进京献艺，带来了与昆曲截然不同的一种地方曲调——徽调，给京城观众以耳目一新之感。而后，四喜、春台、和春等徽班相继进京。徽调以其通俗质朴之气赢得了京城观众的喜爱，从此在京城扎下了根。

中国戏曲史上的大事——京剧的形成。继徽班进京之后，湖北汉调艺人也于道光年间（1828 年前后）进京与徽班艺人同台献艺，他们同徽调艺人一样唱皮黄腔，只是更具湖北风格。徽、汉皮黄在京城合流，经过数十年的发展，终于在 1840 年前后形成一种独具北方特色的皮黄腔，即京剧。后经过长期的发展演变，逐步形成了以“京剧、越剧、黄梅戏、评剧、豫剧”五大戏曲剧种为核心的中华戏曲百花苑。

第二节 程式化、综合化、虚拟化——中国传统戏曲的艺术特点

一、中国戏曲程式化的表现方式

中国戏曲讲究唱、念、做、打，这四者都有固定的程式。程式是戏曲反映生活的表现形式。它是指对生活动作的规范化、舞蹈化表演并被重复使用。程式直接或间接来源于生活，但又是按照一定的规范对生活经过提炼、概括、美化而形成的。主要的程式有以下数种。

1. 自报家门

自报家门是戏曲中主要人物出场时的自我介绍。它由引子、定场诗、坐场白组成。如《龙凤呈祥回荆州》中的“自报家门”：“本帅，姓周，名瑜，字公瑾……”

● 自报家门

2. 龙套

龙套是指戏曲中扮演士兵、夫役、宫女等随从的人员，因穿特殊形式的龙套衣而得名。在戏曲表演中，龙套可以虚拟千军万马，起烘托声势的作用。

● 龙套

3. 搭架子

搭架子为戏曲常用舞台手法，指幕后答话的声音效果，常在剧本上标以“内答”“内应”“内打更介”等舞台提示。

4. 打背躬

打背躬是戏曲中常用的表演手法，是指剧情发展中有两人及以上同时在场，当其中一人在暗自思考或评价对方言行时，用来表达其内心活动的唱、念或表情、身段言语。

● 《坐宫》中的打背躬

5. 抄过场

抄过场是戏曲舞台调度程式，俗称“抄过儿”。在戏曲情节不中断的情况下，另用两组戏曲人物各从上下场门分头出场，自舞台两侧经台口交相疾走，再同时分头下场，叫作抄过场。抄过场多用于追赶、包围或搜寻等场合，以渲染紧张的气氛。

● 《朝金顶》中的抄过场

武旦亮相

趟马

走边

6. 亮相

亮相指剧中人在上、下场或一段舞蹈动作结束时的短暂停顿，通过形体造型来表现人物的精神状态。

7. 起霸

起霸主要表现古代将士出征上阵前，整盔束甲的情境。起霸集合了基本功中的很多动作和技巧，并组合成连续的舞蹈，以充分展示武将的威风气概和烘托渲染战斗气氛。

8. 趟马

趟马主要由圆场、转身、挥鞭、勒马、打马、高低亮相等动作组合而成。

9. 走边

走边是戏曲中表现身怀绝技的人物轻装潜行的表演程式，常用于侦察、巡查、夜行、暗袭或探路等特定情境。

10. 档子

档子是武打表演程式，常用来表现战斗场面和渲染战斗气氛。

11. 对子

对子是戏曲武打程式，二人对打的套子都称“对子”，包括徒手和持各种兵器对打，往往是用两种不同的武器开打。每一套对子各有一定的章法，打法各异。徒手的称“对拳”，双方持同样武器的有“对刀”“对枪”等。

12. 耍下场

耍下场属把子功，用于表现战斗中胜利者的得意情绪。

13. 抬轿

抬轿为戏曲表演身段程式，一般为两人抬或四人抬，坐轿人居中，抬轿人分列前后。

14. 圆场

跑圆场演员在舞台上所走的路线呈圆圈形，周而复始，称为圆场。圆场的速度多为由慢到快，因此又称为跑圆场。跑圆

档子

对子

耍下场

抬轿

场时，步子要小、要快、要均匀，上身要求纹丝不动。

15. 脸谱

程式化还表现在脸谱与所塑造的人物形象性格的统一性上。也就是说，在人的脸上涂上某种颜色，来象征这个角色的性格和品质、角色和命运。了解这些颜色的象征意义，可以帮助我们理解人物的思想感情和剧情。

例如，红色表示人物赤胆忠心、英勇无畏，如关羽。

紫色象征智勇刚义，如杨延昭。

黑色体现人物富有忠耿正直的品格，如包拯、张飞、李逵。

蓝色象征刚强勇猛，如窦尔敦。

绿色勾画出人物的侠骨义肠，如马武。

黄色意示勇猛、残暴，如典韦。

白色暗寓人物生性奸诈、手段狠毒，如曹操。

● 脸谱

二、中国戏曲综合化的表现方式

整体看来，戏曲是文学、诗歌、音乐、舞蹈、美术的综合艺术，正是各种不同的艺术门类高度综合，才形成了今天多姿多彩的中国戏曲。从表演上看，戏曲是唱、念、做、打的综合。唱，指唱腔技法，讲求“字正腔圆”；念，即念白，是朗诵技法，要求严格；做，指做功，是身段和表情技法；打，指表演中的武打动作，是在中国传统武术基础上形成的舞蹈化武术技巧组合。戏曲舞台上的唱、念、做、打，都要注意与人物的身份、动作目的、情感意境结合起来，做到技不离戏，即使枪来剑往地打，也要打出情感、打出语言，而不是单纯地卖弄武功。

唱、念、做、打就是常说的“四功五法”中的“四功”。“五法”则是指手、眼、身、法、步。俗话说“台上一分钟，台下十年功”，这些功法靠的是平时不断地刻苦训练。

所以，演员的表演是否有四功五法，是否有这些戏曲独有的表演方式，成为我们界定一出戏剧是否是戏曲的重要标准之一。戏曲艺术位列造型艺术、表演艺术、语言艺术和综合艺术四大门类的综合部，涵括了文学、音乐、舞蹈、武术、杂技等多种艺术形式，是时间艺术和空间艺术的综合表现形式。

● 刀马旦　美人横刀百媚生

手

眼

身

步

● “五法”中的手、眼、身、步

三、中国戏曲虚拟化的表现方式

中国戏曲的虚拟性，首先表现在对舞台时间和空间处理的灵活性方面。虚拟是戏曲反映生活的基本手法，它是指演员的表演，用一种变形的方式来比拟现实环境或对象，所谓“三五步行遍天下，六七人百万雄兵”。

其次是在具体的舞台气氛调度和演员对某些生活动作的模拟方面，诸如刮风下雨、行船走马、穿针引线等，表现为场景、道具、造型等都有强烈的象征性，是一种非实景的写意的艺术。

再次，娱乐性。戏曲的一切表演都要追求好听、好看，无声不歌、无舞不动，装饰、服饰、脸谱也都要美，以给人带来精神的愉悦。如梅派京剧《大唐贵妃·梨花颂》缠绵悠长，高贵典雅，令人回味无穷。

最后，教育性。我国历朝历代都很重

● 《搭船巧遇》

● 《琵琶记》

视文艺的教化功能。戏曲作为重要的文艺形式之一，其教化功能也被摆在非常重要的位置。朱元璋评价戏曲，看重的不是插科打诨，也不是寻宫数调，而是“只论子孝与妻贤”。如《琵琶记》，作为元朝南戏的代表作之一，此戏的创作理念是宣扬“孝义廉耻”，维持社会风化，赞扬全忠全孝，“孝矣伯喈，贤哉牛氏”。这个曲目广为流传，被竞相搬演，一直保留到今天的戏曲舞台上。首场结尾时四句下场诗云：“极富极贵牛丞相，施仁施义张广才。有贞有烈赵贞女，全忠全孝蔡伯喈。”剧中主人公蔡伯喈是辞试父不从，辞婚相不从，辞官帝不从，只有自己委曲求全而相从，最后一夫二妻大团圆结尾，对全忠全孝的思想做了艺术的展示和形象的再现。朱元璋曾说：“高明《琵琶记》，如山珍海错，贵富家不可无。”

第三节　东方歌剧——中国的国粹“京剧”

京剧，又称“皮黄”，由“西皮”和“二黄”两种基本腔调组成它的音乐素材。它于 1840 年前后形成于北京，盛行于 20 世纪三四十年代，时有“国剧”之称，现在仍是具有全国影响力的大剧种。它行当全面、表演成熟、气势宏美，是近代中国汉族戏曲的代表。京剧是中国的“国粹”，被称为“东方歌剧”，是中国戏曲三鼎甲“榜首”。

一、京剧的孕育与形成

京剧之名始见于清光绪二年（1876 年）的《申报》，历史上曾有皮黄、二黄、黄腔、京调、京戏、平剧、国剧等称谓。清乾隆五十五年（1790 年），四大徽班进京后与北京剧坛的昆曲、汉剧、弋阳腔、乱弹等剧种经过多年的融汇，衍变成为京剧——中国最大的戏曲剧种。

1. 京剧的孕育

（1）徽班进京

徽班，指的是安徽商人扶植的戏班，以满足他们贸易交往和娱乐的需要。徽班所唱声腔，主要是二黄。最先进京的是三庆班。1790 年，三庆班进京贺乾隆八旬大寿，领班是工旦角的高朗亭。后来，四喜、春台、和春相继进京（四大徽班进京），成为京城剧坛的盟主。

（2）徽汉合流

道光年间，汉调艺人进京，汉调主要唱皮黄腔。在京城，徽调和汉调合流。汉调艺人的进京使观众欣赏的兴致由旦角转到老生上来。汉调使戏曲由看“人”转到看“技”。

2. 京剧的形成

（1）新的皮黄腔诞生

徽汉合流后，二黄和西皮经过磨合，形成一种新的结合方式，在一些剧目中兼用，“皮黄腔”成为徽班的主要声腔。大概在 1840 年前后，这个新的声腔便诞生了，即京剧。

（2）京剧的语言、乐器和代表作

京剧的主语言使用湖广音、中州韵，主要乐器为京胡。其代表剧目有《霸王别姬》《贵妃醉酒》《四郎探母》，现代京剧《红灯记》《智取威虎山》等。

《霸王别姬》

《四郎探母》

《红灯记》

《智取威虎山》

例如，梅派的京剧选段《贵妃醉酒·海岛冰轮初转腾》（梅葆玖、胡文阁唱），不急不缓的节奏，委婉细致的四平调唱腔，表现了杨贵妃怨愤而又无可奈何的心情。京胡的音色明亮而有韧性，在润腔韵味上与演员的嗓音、唱腔相结合，完美地体现出京剧原汁原味的特色。

二、京剧的行当划分

行当是戏曲表演的分工方式。不同的行当，分别承担着扮演男、女、老、少等不同生理特征人物的分工任务，也分别承担着扮演急性子、直脾气等个性特征，以及心地狭隘或卑鄙龌龊等品行特征人物的分工任务。京剧中有严格的行当划分。早在元杂剧的时代，就划分出来很多行当，当时这些行当被称为角色，大致分成末、旦、净三大类，每一大类还可细分。如今，京剧行当主要分为生、旦、净、丑四大行当。

1. “生”的分类

京剧中的“生”，一般指剧中扮演男子的演员，又可细分为“老生”“小生”“武生”。

（1）老生

“老生”，顾名思义就是中老年男子角色，在剧中多为正直刚毅的人物形象，如《窦娥冤》中窦娥的父亲窦天章，《墙头马上》中的裴丞相等。

（2）小生

与老生相对应的是“小生”，在京剧中指青少年男子角色，他们在剧中的造型儒雅倜傥、动作秀逸飞动。小生在演唱上采用真假声结合的唱法，演唱风格华美、明亮，如京剧《白蛇传》中的许仙。

（3）武生

“武生”是指剧中年轻的男性武将角色，他们用高超的武打技术来展现人物的武艺高强。武生不重演唱，注重武打动作的娴熟和技巧的难度，如京剧《长坂坡》中的赵云。

窦天章

2.“旦”的分类

（1）青衣（正旦）

京剧中女性角色统称为“旦”，按照人物的年龄、性格又可细分为许多行当，如饰演大家闺秀和有身份的妇女的称为“正旦”。正旦在京剧中俗称“青衣”，这是因为正旦常穿青色的长衫而得名。京剧《窦娥冤》中的女主角窦娥就是典型的青衣角色。青衣的表演庄重娴静、秀雅柔婉，以唱功为主。一般说来，青衣的唱腔旋律优美、细腻婉转。

许仙（右）

（2）花旦

旦行中的“花旦”，多为天真活泼的青年妇女，常常带点喜剧色彩，在表演上注重做工和念白，如《西厢记》中的红娘。

（3）刀马旦和武旦

“刀马旦”和“武旦”相当于旦行中的武生，扮演的是擅长武艺的青年妇女，装扮和武生差不多。她们多在剧中扮演女侠、女将，甚至女仙、女妖等。武旦和刀马旦的表演往往还伴随着热闹的锣鼓点，以烘托场上的气氛，如《穆桂英挂帅》中的穆桂英。

赵云

（4）老旦

“老旦”，指在剧中扮演老年妇女的角色行当。为突出老年人的特点，老旦走路迈一种沉稳的横八字步，服装色调偏暗，演唱用真声，如《杨门女将》中的佘太君。

3.“净”的分类

在京剧中，“净”角是舞台上具有独特风格的人物类型，脸部化妆最为丰富多彩。净角因为要用各种色彩和图案勾勒脸谱，所以又俗称“大花脸”。他们一般扮演品貌或者性格有特点的男子，在京剧中多为将军、神化人物或有一定社会地位的人。净角虽有文武善恶之分，但在性格气质

穆桂英

窦娥

红娘

佘太君

上都近乎粗犷、奇伟、豪迈，因而在演唱上要求用真声，音色宽阔洪亮、粗壮浑厚，动作造型也要求粗线条，气度恢宏，以突出扮演人物的性格和声势，如《草桥关》中的姚期。

4．“丑”的分类

京剧中的“丑”角又称为“小花脸”。虽然“丑”行的化妆与大花脸有点相像，可是他们的表演风格却完全不同，“丑”行的妆有点像夸张的漫画。丑角的出场时常会带来满堂的笑声。丑角分“武丑”和“文丑”两类。武丑经常扮演的是一些机警风趣、武艺高超的人物，像绿林好汉、侠盗小偷等。文丑经常扮演的是花花公子、狱卒、酒保、更夫、老兵等。不管是文丑还是武丑，在剧中都属于幽默、滑稽的喜剧人物。

姚期

《凤还巢》中的丑角

在京剧形成之初，舞台上确实有“末”这一行，而且由专攻末行的演员来出演，不能由生行演员兼演。京昆十三绝中的张胜奎就是末行的杰出代表。他扮演的《一捧雪》中的莫成，就是末行。因为末与衰派老生非常相近，而且后来一些擅于演老生的演员兼演末戏，一些演末的演员兼演生行戏，二者的界限被打破，末行就并入了生行。

末行与生行的表现手法不同，化妆方式也不同。直观上来看，最大的区别在髯口上，生行是戴“三”（三绺髯），其余的都算末行。现在舞台上还有末的痕迹可见，如《四进士》的宋世杰，戴白满（满口白髯），马派《龙凤呈祥》的鲁肃，戴二涛（较短较薄的满髯），都有末行的遗风，但是现在已经不单把末行划分出来了。

三、京剧“四大名旦”

“四大名旦”

“四大名旦”的称谓是由沙大风于1921年在天津《大风报》创刊号上首次提出的，在“首届京剧旦角最佳演员”评选活动中，梅兰芳、尚小云、程砚秋、荀慧生当选，被誉为京剧“四大名旦”。他们是我国京剧旦角行当中四大艺术流派的创始人。

梅兰芳的表演以庄重深邃、气势非凡、简洁凝练而艺压群芳，塑造了《霸王别姬》中的虞姬、《贵妃醉酒》中的杨玉环、《凤还巢》中的程雪娥等一个个人物形象。最为可贵的是他不以奇特取巧，而在平淡中见神采，成为京剧旦角的楷模，被誉为一代宗师。

《霸王别姬》

《贵妃醉酒》

尚小云的表演以神完气足、明快俏丽、美媚柔脆和文戏武唱为特点，他塑造了《汉明妃》中的昭君、《福寿镜》中的胡氏、《双阳公主》中的公主、《游园惊梦》中的杜丽娘等艺术形象，而且这些形象都有标新立异之处，给人耳目清明之感。

程砚秋以“文武昆乱不挡”的精湛表演而赢得观众的认可。他在唱腔上独辟蹊径，以低回委婉、俏丽华美的“程腔”演出了《三击掌》《骂殿》《荒山泪》《窦娥冤》等戏，为旦角的唱腔开辟了新天地。

《汉明妃》

《游园惊梦》（右为尚小云）

《三击掌》

《荒山泪》

荀慧生的表演，无论唱、念、做、打，均在细微之处见神韵，使人物的神态深入人心。他在唱、念表演中绝无矫揉造作之感，而能神到、意到，一唱一动挥洒自如。他演的杜十娘、红娘、荀灌娘，都准确表现了人物各自的特性和特点，极其生动、逼真。

《杜十娘》

《红娘》（右为荀慧生）

梅、尚、程、荀四位杰出的旦角表演艺术家，以各自的风格特色，各自的代表剧目，形成了四大流派，改变了老生唱主角的局面，形成了旦角挑班唱戏的新局面，创造了京剧舞台争奇斗艳、绚丽多姿的鼎盛年华。

动动脑

学习了京剧的四大行当，想一想京剧《白蛇传》中的白素贞、许仙、法海、韦陀的行当分别是什么。

第四节 南曲柔美优雅，北曲苍凉悲壮——戏曲的南北代表剧种

我国的传统戏曲南北风格不同，这一点并不难理解。早在先秦时期，文艺就呈现出明显的地域性。如北方的《诗经》、南方的《楚辞》，它们都既有歌，又有诗，甚至还有

舞，但是风格却不相同。一个为现实主义的代表，一个为浪漫主义的代表。戏曲作为传统文艺之一，也不例外，地域性特征在戏曲身上体现得非常明显。

南曲柔美优雅，这与南方山清水秀、鸟语花香的自然环境有关。在自然节律更替明显的环境熏陶下，南方人的感情相对细腻、丰富，故而委婉动听、柔美优雅的南方戏曲也适宜情感柔弱细腻、性格含蓄的南方人的审美情趣。北曲苍凉悲壮、激越而又热情奔放，正如铿锵的鼓声、高亢的唢呐。其慷慨激昂、高亢明快、清丽奔放，与北方风物的大气、雄壮相符相配，也兼容了淳朴厚道的西北民风。前面一节我们介绍了京剧，本节我们就来了解一下南北曲的其他代表。

一、南方戏曲的代表剧种及地域特点

南方戏曲，柔美优雅，主要代表剧种有越剧、黄梅戏、花鼓戏、采茶戏等。

1. 越剧

越剧是继京剧之后的“全国第二大剧种”，与京剧、豫剧共称为“中国戏曲三鼎甲”。越剧起源于清末浙江嵊县，主要流行于浙江、上海、江苏、福建等江南地区。越剧长于抒情，以唱为主，声腔清悠婉丽、优美动听，表演真切动人，极具江南灵秀之气，多以“才子佳人”题材的戏为主。代表剧目有《西厢记》《梁山伯与祝英台》《红楼梦》等。

2. 黄梅戏

黄梅戏来自民间，雅俗共赏、怡情悦性。它以浓郁的生活气息和清新的乡土风味感染观众，被外国友人誉为“中国的乡村音乐”。它发源于湖北、安徽、江西三省交界处的黄梅多云山，其最初的形式是湖北黄梅一带的采茶歌。黄梅戏与自然环境关系密切。黄梅地区气候宜人，阳光充足，雨量充沛，无霜期长，有利于发展农业，这为黄梅戏的男耕女织主题的产生提供了客观条件。黄梅戏表演身段优美大方、曲腔以抒情见长，细腻动人，通俗易懂。代表剧目有《天仙配》《女驸马》《打猪草》等。

3. 花鼓戏

花鼓戏是全国地方戏曲中同名最多的剧种，通常特指湖南花鼓戏。湖北、安徽、江西、河南、陕西等省亦有同名的地方剧种。以湖南花鼓戏为例，这种戏曲文化从侧面折射出湖南人经邦济世、忧国忧民的社会责任感，坚毅执着、卓越敢为的气势风度，有勇有谋、灵巧活泛的行为方式，以及沉稳务实、朴实敦厚的风土民情。湖南在地理方面，东、南、西三面环山的地形（罗霄山脉、南岭山脉、雪峰山脉）延缓了异域文化的大举入侵，有利于本地文化在历史长河中保存特色。湖南中北部开阔的地形（洞庭湖平原），赋予了湖南人开阔的视野、博大的胸襟，这片热土向北方敞开了家门，在民族融合的中心地接纳发达的异域文化。湖南花鼓戏源自当地民歌，从“一旦一丑”演唱发展到“三小”演唱。在音乐方面，花鼓戏主要以极具地方特色

● 花鼓戏《刘海砍樵》

的湖南花鼓大筒及唢呐、琵琶、笛子、锣鼓等民族乐器伴奏，曲调活泼轻快，旋律流畅明快，代表剧目有《刘海砍樵》《打鸟》等传统戏，以及《双送粮》《姑嫂忙》《三里湾》等现代戏。其中《刘海砍樵》脍炙人口，风靡海内外，深受全国各地人民喜爱。

●《睄妹子》

●《补皮鞋》

4. 采茶戏

所谓采茶戏，是流行于江西、湖北、湖南、安徽、福建、广东、广西等地区的一种传统戏曲类别，因流行的地区不同，常冠以各地的地名来加以区别。如广东的“粤北采茶戏”，湖北的“阳新采茶戏”“黄梅采茶戏”“蕲春采茶戏”等。这种戏尤以江西的较为普遍，名为“江西采茶戏”。江西采茶戏主要发源于赣南信丰、安远一带，与当地盛产茶叶有关。明朝时，赣南、赣东、赣北茶区每逢谷雨季节，劳动妇女上山，一边采茶一边唱山歌以鼓舞劳动热情，这种在茶区流传的山歌，被人称为“采茶歌”。采茶戏由民间采茶歌和采茶灯演唱发展而来，继而成为一种有人物和故事情节的民间小戏。由于它一般只有二旦一丑，或生、旦、丑三人的表演，故又名“三角班”。赣南采茶戏形成后，即分几路向外发展，与当地方言和曲调融合，形成赣东、赣西、赣南、赣北、赣中五大流派，每个流派中又有不同的本地腔。江西采茶戏总的特点是欢快诙谐，载歌载舞，喜剧性强，富有浓郁的乡土气息，代表剧目有《睄妹子》《秧麦》《挖笋》《补皮鞋》《捡田螺》《卖花线》《磨豆腐》等。2006年，采茶戏经国务院批准，被列入第一批国家级非物质文化遗产名录。

玲珑、亲切、婉转、凄恻的南方戏曲带有如雨似水、如梦如画的南方山水的地理印迹，南曲“生于斯，长于斯”，道不尽的乡土，演不尽的人情。

二、北方戏曲的代表剧种及地域特点

北方戏曲，苍劲悲凉，主要代表剧种有京剧、评剧、豫剧等。

1. 京剧

在我国戏曲中，京剧是具有全国性、典型性的剧种之一。它的剧目最丰富，表演最精细，流行最广泛，观众最普遍，影响也最大。京剧较擅长表现历史题材的政治、军事斗争，故事大多取自历史演义和小说话本。其中既有整本的大戏，也有大量的折子戏，此外还有一些连台本戏。较经典的唱段有《贵妃醉酒·海岛冰轮初转腾》、《霸王别姬》“劝君王

豫剧《打金枝》

昆曲《牡丹亭》

河北梆子《窦娥冤》

秦腔《三滴血》

饮酒听虞歌”、《穆桂英挂帅》“猛听得旌鼓响画角声震”、《天女散花》“云外的须弥山色空四显”等。

2．评剧

评剧，我国五大戏曲剧种之一，其唱腔是在唐山民歌、莲花落等民间音乐基础上，吸收东北二人转、京剧、河北梆子等冀东和京津一带地方戏曲的音乐成分而形成的。评剧是流传于我国北方的一个汉族戏曲剧种，在华北、东北及其他一些地区流行很广。其艺术特点是以唱功见长，吐字清楚，唱词浅显易懂，演唱明白如诉，表演生活气息浓厚，有亲切的民间味道。它形式活泼、自由，最善于表现当代人民的生活，因此在城市和乡村都有大量观众。代表剧目有《小二黑结婚》《刘巧儿》《祥林嫂》等。

3．豫剧

豫剧旧称“河南梆子”“河南高调”，由于早期演员用本嗓演唱，起腔与收腔时用假声翻高尾音带“讴”，又曾叫“河南讴”。“豫剧”之名最早泛指河南各剧种，直到 1947 年秋，开封、兰州、西安三地报界方以此称谓专指河南梆子。它产生于地势平坦、沃野千里的中原大地，中原历代多兵灾，于是养成了人们雄阔尚武的心理。豫剧豪放，以呐喊为主调，具有平原的特色，并且铿锵大气、有血有肉、行腔酣畅。代表剧目有《穆桂英挂帅》《花木兰》《打金枝》《秦香莲》《朝阳沟》等。

粗犷、悲壮、奔放、豪迈的北方戏曲带有北方平坦开阔、干燥苍凉的地理印迹。

除了上面介绍的南北戏曲的代表剧种外，我国还有许多其他的优秀剧种，如昆曲、高腔、梆子腔、晋剧、河北梆子、秦腔、蒲剧、雁剧、上党梆子、二人台、吉剧、龙江剧、越调、河南曲剧、山东梆子、淮剧、沪剧、滑稽戏、婺剧、绍剧、徽剧、闽剧、莆仙戏、梨园戏、高甲戏、赣剧、汉剧、湘剧、祁剧、粤剧、潮剧、桂剧、彩调、壮剧、川剧、黔剧、滇剧、傣剧、藏剧、皮影戏等，共计三百六十多个剧种。这些剧种大多亦有着悠久的历史，以综合的舞台艺术表演形式，彰显着当地的物候、风俗、语言、民歌等多方面的自然与人文特征。因而，就这个角度来说，戏曲也是考察各地民情、各地历史文化的一个重要窗口。

● 徽剧《惊魂记》

● 粤剧《昭君塞上曲》

● 川剧变脸

● 皮影戏《三打白骨精》

第十章 向古人借智慧——中国传统思想文化

中国古代思想历史悠久，它孕育于三代时期，萌芽于春秋，兴盛于战国，再盛于宋明，延展历朝历代流传后世。中国古代思想博大精深，无论是对历史还是对当代，都具有非常高的价值；无论是对中国还是对全人类，都有重要的影响。中国优秀的传统思想宛如陈年佳酿，经过岁月的洗礼，在当代散发出历久弥新、沁人心脾的芳香。

传统文化中的智慧很大一部分体现于思想言论中。古圣先贤的思想光芒犹如黑暗中的火炬，照亮人类前进的道路。文天祥在《正气歌》中说：“哲人日已远，典刑在夙昔。风檐展书读，古道照颜色。”意思是说古圣先贤一天比一天远去，但是他们的榜样已经铭记在今人的心里。在屋檐下沐着清风展开古代典籍，古人思想言行的光辉将照耀今人坚定地走下去。古人思想智慧的芳瑞不仅没有随着时间的流逝而消散，反而在新时期散发出历久弥新的芬芳。

第一节 古代思想与人之初

本书的前几章一方面介绍了中国传统文化的知识，另一方面也阐释了古代衣食住、风俗、制度、器物等背后的文化内涵，如“垂衣裳而天下治”“治大国若烹小鲜”等。在本书的最后一章，就让我们来直面中国传统思想文化，回味那些至今仍闪耀光彩的智慧。

中国有几千年的思想史，特别是有先秦和宋明两个中国哲学思想的高峰，这其中的警世名言、哲思智慧自然是不少的。为了用短短的一章内容让读者有所收益，我们试图从宏观上给大家以启迪。因此，我们先来谈谈一个贯彻人生始终、贯彻人类历史与未来的根性问题——人心向善。

什么是善？关于善和善的标准，历来有很多争论。最简单的一个定义是替别人着想叫作善。反之，自私自利就是恶。人类需要善才能发展，因为善能建立一个人与他人之间适当的、长远的关系。举个例子，有人会开井取水，有人会种田，如果人人自私自利，种田的人想：我种的粮食我自己吃，你喝你的井水。开井的人想：我开的井我自己喝水，你吃你的粮。如此一来，种粮的人没有水，开井的人没有粮，两个人都无法生存。但是，人是有智慧的生物，如果不以自私的想法考虑问题，转变一下，一个人想“他不会开井，我给他送些水去”，另一个人想“他忙于开井，不能种田，我给他送些粮去”。这样，两个人吃的与喝的就都有了，生命得以延续。这就是最简单的自私自利和为别人着想所取得的不同结果。善，为别人着想，叫作有德行。有德行的人，尊重帮助别人，反过来别人也以同样的方式对待他，这就是“得道多助”，从而使整个社会形成良性的循环，得以更好、更快、更稳定地发展。

善”既然“如此重要，那么是人先天就有的吗？这就涉及“人之初”的问题，古今中外的人文科学家和自然科学家都努力对这一问题进行探讨。古代中国关于这一问题主要有三种观点：性善说、性恶说、性静说。

一、性善说

《孟子·告子上》：“恻隐之心，人皆有之；羞恶之心，人皆有之；恭敬之心，人皆有之；是非之心，人皆有之。恻隐之心，仁也；羞恶之心，义也；恭敬之心，礼也；是非之心，智也。仁义礼智非由外铄我也，我固有之也。”

又说：“人皆有不忍人之心。先王有不忍人之心，斯有不忍人之政矣。以不忍人之心，行不忍人之政，治天下可运之掌上。所以谓人皆有不忍人之心者，今人乍见孺子将入于井，皆有怵惕恻隐之心。”（《孟子·公孙丑上》）

再说："恻隐之心，仁之端也；羞恶之心，义之端也；辞让之心，礼之端也；是非之心，智之端也。人之有是四端也，犹其有四体也。"（《孟子·公孙丑上》）

孟子对于性善论的最有力的论证，是通过人的心理活动来证明的。孟子认为，性善可以通过每一个人都具有的普遍的心理活动加以验证。既然这种心理活动是普遍的，因此性善就是有根据的，是出于人的本性、天性的，孟子称之为"良知""良能"。

二、性恶说

《荀子·荣辱》云："饥而欲食，寒而欲暖，劳而欲息，好利而恶害。是人之所生而有也，是无待而然者也，是禹桀之所同也。"《性恶》云："小人循性而不知为，君子明天人之分，化性起伪。"《正名》又云："不可学、不可事而在天者谓之性。可学而能、可事而成之在人者谓之伪。是性伪之分也。"韩非子主张人性恶比荀子更加鲜明彻底。《韩非子·奸劫弑臣》说："夫安利者就之，危害者去之，此人之情也。"

表面上看，"性恶说"不如"性善说"好听，似乎是低估了人性，可实际上恰好相反。荀子的哲学可以说是教养的哲学，他的基本论点是："凡是善的、有价值的东西都是人努力的产物。"（冯友兰）

三、性静说

《乐记·乐本篇》云："人生而静，天之性也。感于物而动，性之欲也。物至知知，然后好恶形焉。好恶无节于内，知诱于外，不能反躬，天理灭矣。夫物之感人无穷，而人之好恶无节，则是物至而人化物也。人化物也者，灭天理而穷人欲者也。于是有悖逆诈伪之心，有淫泆作乱之事，是故强者胁弱，众者暴寡，知者诈愚，勇者苦怯，疾病不养，老幼孤独不得其所，此大乱之道也。"主要意思是，人生来是静的，没有善恶等欲望，这是上天赋予的本性，但后来因接触外物而蠢蠢欲动，这是欲望的推动。外界事物的影响使人形成一定的认知去认识它，进而形成喜欢和不喜欢的感觉。倘若喜欢和不喜欢的各种想法得不到节制，同时各种事物继续在外界起着影响认识的作用，那么在这样的循环往复之下，人们不能恢复自己天赋的性情（不能自我检束），天理就灭绝了。事实上外界事物对人的影响无穷无尽，要是人们自己再对喜欢和不喜欢的各种想法不加节制，那在接触到外界事物后就被同化了。同化了，也就是天理灭绝，人欲横流。于是有的人产生犯上作乱、欺诈虚伪的心思，有的人做出邪恶放纵、胡作非为的事情，强的人压迫弱的人，人多的虐待人少的，聪明的欺骗愚钝的，强壮的折磨懦弱的，有病的人得不到供养，老人、小孩、孤儿、寡妇得不到应有的照顾，这是大乱的形势。所以，为政者要利用礼、乐、刑、政，四管齐下，调整人们的身心，规范人们的言行。

以上三种观点看似大不相同，我们却可从中发现相同的东西。"人生向善"，"向"字表明古人持动态的"改命论"观点，而非"定命论"。人性本善，需要维持；人性本恶，需要矫正；人性本静，需要节制欲望。无论哪种观点，终极目的都是培植、发展"善"。智慧的古人早已发现了"人生向善"从根本上对全人类的意义。

人活在世上，概括地讲，需要三种东西——德行、能力、智慧。这三者之间，谁最重要？当然是"德行"，也就是我们所说的"善"。只有能力和智慧，没有德行，就会"失道寡助"，比如《三国演义》中的曹操。有德行，即使能力和智慧差点，还是会得到人们的支持，比如《三国演义》中的刘备，因为大家认为这样的人成功之后能为他人着想。“善”可以使自己和他人建立起一种适当的关系。善，是发自内心的，转化出来的外在成果是互助、互利、共同发展。这就是“善乃人之需”的道理。推而广之，人性向善，是实现全人类可持续发展的根本。

第二节 古代思想与人之学

本节我们讨论“人之学”。这里所说的“学”并不仅仅指知识文化的学习，而是指人类向自然界、他人等一切事物借鉴、模拟、汲取知识后运用于自身的过程。事实上，从古至今，由中而外，人类正是在学习中得以不断进步，从而积累了深厚的文明。从这个角度而言，我们讨论的是人怎样完善、提升、发展自我的问题。

一、学习的意义——在学习中成长、壮大

善于从其他人、事、物中学习和借鉴，乃是人类成就自身、发展社会的必要条件。《易·乾》云：“天行健，君子以自强不息。”《易·坤》云：“地势坤，君子以厚德载物”“坤至柔而动也刚”。古人面对天地的特性，悟出了自己的成长方式。但是每个人、每个集体又是不同的，所模拟的内容不一定千篇一律，成长的方式和结果也无须雷同。乾道，是自强不息的成长方式。坤道，是宽容、坚韧、持久的成长道路。正是因为自然界有了这么多的不同，人类才有了不同的学习内容，才有了自身全方位的、多元的、更高质量的成长。人类的历史文明才能如此绚丽多姿。

人类向鸟儿学习而发明了飞机，模仿蝙蝠的回声定位而发明了雷达。先秦时人虚心观察自然界的花草的颜色而发明了染色技术，观察水的属性而悟出了“柔以克刚”的道理……无论是在物质生活方面，还是在思想意识方面，几千年的生活经验告诉我们，尽心观察、虚心学习，是人类前进的保障。

二、学习的时间——活到老，学到老

古人认为可持续学习十分有必要，学习不应有时空限制，主张活到老，学到老，即随时随地学习。欧阳修年少家贫，母亲“以荻画地”教他写字，他后来成为有宋一代文学影响力最大的人。元朝王冕年少家亦贫寒，他白天放牛，晚上到佛寺借灯苦读，最终成了著名的画家和诗人。他在七言绝句《墨梅》中，赞美墨梅不求人夸，只愿给人间留下清香的美德，借花自喻，表达自己对人生的态度以及不向世俗献媚的高尚情操。“不与繁华争奇艳”“傲然尘世中”“不要人夸好颜色，只留清气满乾坤”，这些都是王冕随时随地向大自然学习的思悟。可见，学习不限时空，才符合人类不断成长的规律。孔子说：“加我数年，五十以学《易》，可以无大过矣。”就连学问高深的孔夫子，都认为前代的典籍博大精深，前人的思想闪烁着智慧的光芒，即使到了知天命之年也要继续学习，我们就更应该意识到可持续学习的重要性。

《孔子习易图》

三、学习的态度——学而持谦，进步长足

“谦虚纳百福”，怀着一颗谦敬心去学习，更容易有所收获。传统思想早已有这方面的总结。如《易·谦卦》云：“劳谦君子，有终，吉。”《尚书·大禹谟》云：“满招损，谦受益。”我们把自己放得很低的时候，才会安心顺受地思考、学习他人他物的长处，谦虚使人进步得更快。

《论语·述而》曰：“三人行，必有我师焉。”有了谦虚的态度，他人也更愿意毫无保留地传授。每一个人、事、物都是唯一的存在，淡化小我，放低自我，才能关注到他人的长处，从而兼取百家之长，成就新我。

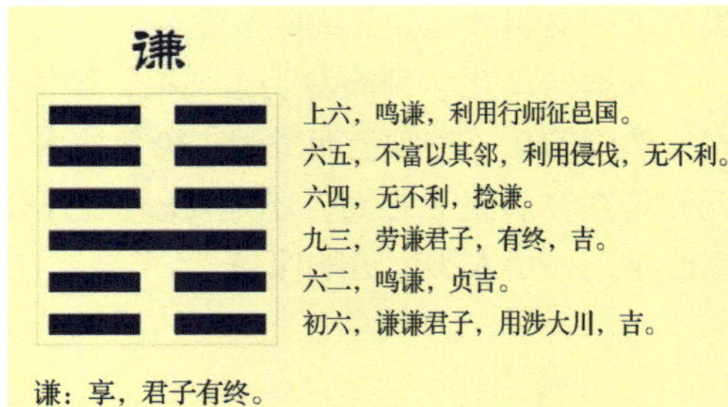

《易·谦卦》

例如，唐朝诗人杜甫出生于奉儒守官的家庭，其祖父杜审言更是格律诗的奠基人之一。这样的家庭背景，杜甫的那句“诗是吾

《三人行必有我师焉》

杜甫像

家事”可谓一点都不虚夸。然而，杜甫没有故步自封，囿于自家的诗法，而是以博大的胸怀虚心向前人学习。他“上薄风骚，下该沈宋，言夺苏李，气吞曹刘，掩颜谢之孤高，杂徐庾之流丽，尽得古今之体势，而兼人人之所独专矣……”由于杜甫虚心学习前人，兼采百家之长，被后人尊为“诗圣”。其人格与作品受到无数后人敬仰。

子路闻过则喜

像这样的例子，在中国历史上数不胜数。孔门十哲的子路“闻过则喜”，听到别人讲他的过错就很高兴，与一般人的“闻过则怒”形成了对比。他不慕虚荣，虚心听取别人的意见，不断完善自己，终成一代贤才。

禹

大禹“闻善言则拜”，听到别人有好的建议，就拜谢人家。因为大禹的谦敬态度，很多有才干的人都愿意为他献计献策，最终他成为伟大的君主。

《易·谦卦·彖传》：“天道亏盈益谦，地道变盈流谦，鬼神害盈福谦，人道恶盈好谦。”意思是说，天地、鬼神、人都会祝福、帮助谦卑的人。这里的鬼神当然是虚拟的，无论是天体运行、四季交替，还是山川地理，抑或是人类社会的规则，都会使谦虚的人越来越好，使骄傲自满的人逐渐倒退。

四、学习的目的——学而后馈、报本反始

如果说“学”是自身对他人、他物的一种汲取，那么，汲取之后，我们应对他人、他物有所回馈。这种学而后馈、报本反始的观念很早就在中国人的意识中出现了。例如，甲骨卜辞中多有“祭土”的记载，“亳土飨（甲 2773）”“贞又尞亳土（佚 928）”“于亳土御（粹 20）”。

陈梦家先生云：“祭土即祭社……社，后土之神。”这些卜辞记载的是祭土或祭社的事，祭土是为了求地利，报答地功。可见，至少在殷商时期，回馈观念已生发于人们心中。这种观念不仅构成了中国文化传统的根核之一，也是中国文化精神源远流长的内在精神动力。三代时期，关于舜有一段佳话：大舜有大焉，善与人同。什么叫作“善与人同”呢？孟子的解释是，舜的善都是从别人身上学来的，然后他自己继续实践，实践之后让别人知道，这是跟你学来的。

这是一种谦虚向学的精神，舜看到别人身上有优点，就学起来。别人称赞他，他就告诉别人，你不要称赞我，这是你身上的优点，我只是从你身上学来并加以实践而已，是你的优点使我有了今日的成果。舜的这种谦虚的做法，使自己赢得了他人的肯定和信任，因而他的追随者甚多，尧后来也特别欣赏他。

成功的人没有不谦虚的，如果不谦虚很快就会失败，历史上有太多因骄傲而失败的

例子。向学过程中，除了态度上的谦恭外，学而后馈，则是对被汲取方更深层次的尊重和反哺。就人类发展的大规律而言，向自然或是向他人学习，属于“取”的行为。人类不能只取不回，学习之后需回馈，如此才能长久地共生下去。如人类通过向大自然学习，知道运用天时、依靠地利来发展农业。但另外，人类也需要养地，保护环境、调理气候，才能保持地力长久、气候适宜，以获得长远的丰收。杰出化学家李比希曾提出“养分归还说”，明确指出用地和养地之间的必然联系——随着作物的每次收获，必然要从土壤中带走一部分养分，随着收获次数的增加，土壤中的养分会越来越少，如不及时归还土壤失去的养分，作物产量会越来越低。因此，人类应该做到“用养结合”。无论是中国的传统思想，还是自然科学的结论，都证明了只有明晓“报本反始”“慎终追远”的道理，人与人、人与自然才能长久地、和谐地相处下去。

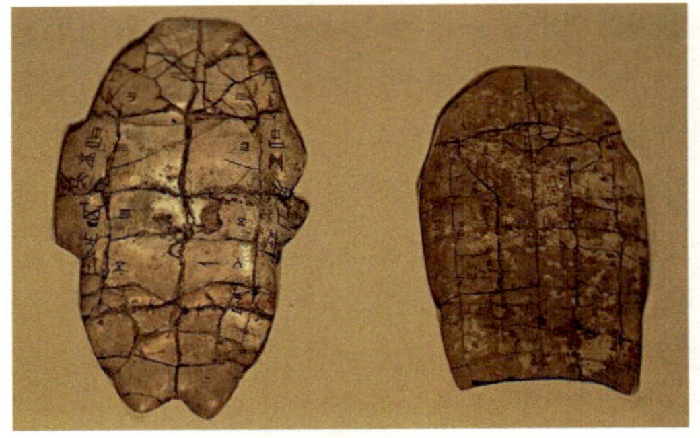

甲骨卜辞

舜

第三节 古代思想与人之困

人生在世，不如意事常八九。人生之旅，欢歌与眼泪、喜悦与痛苦一路相伴左右。“万事如意”“诸事顺遂”只能是美好的祝福，却不是人生的客观现实。人性中有向往舒适、安逸、愉快、顺利等的趋吉性，而现实中却常常出现阻碍，如此我们该怎么办呢？

中国历史上有许多先贤志士，他们的思想和行为为我们照亮了人世坎坷之路的方向。

一、由苦而静　以苦为乐

面对困难，先民很早就认识到它存在的必然性。甲骨卜辞中，顺意的结果和不顺意的结果皆有记载。先秦典籍《易经》八八六十四卦中，也有不少困厄的卦象。如“四大难卦”：屯卦、习坎卦、蹇卦和困卦。

《易经》乃是古人对人和自然界万事万物运行规律的探索，困厄之卦

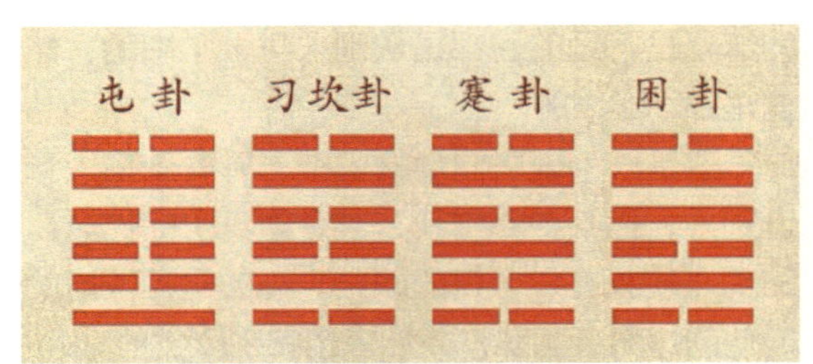

《易经》四大难卦

的频频出现，说明古人已经意识到困难是天、地、人三才系统中一种合理的存在。这一观念非常有指导意义，说明朴素的辩证观是中国哲思的源头活水，直至后世依然适用。

● 王维《秋夜独坐》

唐朝诗人王维看破普通人惧怕的生、老、病、死之苦，以一颗释然的心平静地接受这一切。他说："独坐悲双鬓，空堂欲二更。雨中山果落，灯下草虫鸣。白发终难变，黄金不可成。欲知除老病，唯有学无生。"（《秋夜独坐》）是否"学无生"并不是重点，重点在于他通过观察山果落和草虫鸣等自然现象，生发出对衰老、疾病等痛苦是正常存在的彻悟，并通过精神调节的方式来自我解脱困境。

● 文天祥狱中作《正气歌》

宋朝苏轼特别擅长运用天道于人道。他观察到月亮有阴晴圆缺的自然现象，发出了"人有悲欢离合，月有阴晴圆缺"的感慨，还意识到"此事古难全"的道理。既然是"古难全"，那么面对人生的沉浮得失，也就能做到"不以物喜，不以己悲"了。

有的人能淡然看待苦难，还有的人能以"乐观主义"的情怀看待痛苦。这无疑使痛苦在客观存在的基础上，更增添了一些情趣。唐朝诗人刘禹锡说："自古逢秋悲寂寥，我言秋日胜春朝。"这位被贬二十多年的诗人，活得如此洒脱、豪情万丈。谁又能说他的生命历程没有亮点呢！宋朝名将文天祥即使被关进囚牢，面对敌人的刑讯，依然写下了"鼎镬甘如饴，求之不可得。""哀哉沮洳场，为我安乐国。"（《正气歌》）的坦荡之言，如此视死如归、以苦为乐的强大气场，继承了前辈的仁义精神，也照亮了后人前进的方向。

人短暂的一生如同流星一般，精彩地闪烁着划过，又平静地落幕。困厄与平顺既是其中的必然，是"合理"，也是"精彩"。

二、磨砺出真金

从某种角度来说，痛苦与失败会促使成功的诞生。例如，苏轼一生几度风雨，几番起落。他在黄州、惠州、儋州三个地方，遭受了人生中最为惨烈的政治迫害，还差点丢了性命。而他的文学成就恰恰是在这三个地方达到了巅峰状态。他在《自题金山画像》中说："问汝平生功业，黄州惠州儋州。"在《定风波》中说："谁怕？一蓑烟雨任平生。"在遇赦北归途中写下的《六月二十日夜渡海》中又说："苦雨终风也解晴。……天容海色本澄清。"后人称赞他的诗、文、书法，更敬仰他面对困难时坚定无畏、豪迈洒脱的思想情怀。

杜甫生不逢时，正值青壮年，他赶上了安史之乱。但就是这段身处乱世的人生历程，使他有感而发，写下了感人肺腑的篇章——《春望》《北征》《羌村》等。没有切身的灾难经历，哪来动人的诗行。面对满目疮痍的国家，面对流离失所的人民，源自内心深沉的爱国忧民情感，一次又一次地涌动在他的诗篇中，张力之大，内涵之深，诗法之娴熟，使他的诗有了“诗史”的美誉。

苏轼《六月二十日夜渡海》

“盖文王拘而演《周易》；仲尼厄而作《春秋》；屈原放逐，乃赋《离骚》；左丘失明，厥有《国语》；孙子膑脚，《兵法》修列；不韦迁蜀，世传《吕览》；韩非囚秦，《说难》《孤愤》《诗》三百篇，大抵圣贤发愤之所为作也。”（《报任安书》）古人在困厄窘迫中激发意志，克服万难，锐意进取，终有所成的例子不胜枚举。

杜甫《春望》

生命如流水，困难如同那水中的阻石。生命的流势与阻力相遇时，很容易迸发出美丽的水花，是阻力成就了美丽。深邃的大海，如果没有风浪的力量，难以形成壮观澎湃的浪涛，是风浪成就了壮观。因而，我们无须畏惧困难，无须哀叹苦难，它们都是铸就新的人生丰碑的助力。

三、祸福相依

既然灾难可以孕育成功，那么，灾难亦不完全是灾难。失败是成功之母，换个角度看，失败与成功其实是一个事物，只不过是同一事物发展的不同阶段或者不同方面。哲学家老子云：“祸兮福之所倚，福兮祸之所伏。”（《道德经·五十八章》）这蕴含了早期辩证法的观念，看到了灾难与幸福的密不可分。诗家的眼中同样不乏这方面的领悟，如：“山重水复疑无路，柳暗花明又一村。”（陆游《游山西村》）“行到水穷处，坐看云起时。”（王维《终南别业》）“复”之后有“明”，“穷”之后有“起”。语言诗化了，貌似相反的事物可以相互转化的道理却是相同的。

南唐后主李煜还是“生于深宫之中，长于妇人之手”的幸福少年时，文学成就平庸。后来，他经历了国家被占、爱人被夺、忍辱被囚等一系列的苦难之后，一改“伶工之词”为“士大夫之词”。“春花秋月何时了，往事知多少？小楼昨夜又东风，故国不堪回首月明中！雕栏玉砌应犹在，只是朱颜改。问君能有几多愁？恰似一江春水向东流。”（《虞美人》）那些寻常人难以承受的精神、肉体之痛却发生在一个帝王身上，多么可悲、可怜！但与此同时，这些极致的苦难也将这位“亡国之君”玉成为“千古词帝”。李煜后期的词为艳科起点的南唐词开拓了新的题材和风格，在推动词的发展的历程中做出了巨大贡献。可见，如果没有后期种种苦难的历练，李煜也仅仅是个富贵悠闲、醉心歌舞的平庸皇帝。

本节我们向古人问智慧，在苍茫浩瀚的人生航程中，面对风雨，我们聚焦那一颗颗闪亮的思想明珠，除疑解惑，拨云见日，明确前进的方向。

第四节 古代思想与人之世

印度有个著名的狼孩事件。1920 年，在印度加尔各答东北的一个名叫米德纳波尔的小城，人们常见到两个“像人的怪物”出没于附近森林，“怪物”用四肢走路，且有三只大狼尾随。后来人们打死了狼，在狼窝里发现这两个“怪物”，原来是两个裸体的女孩。其中大的年约七八岁，小的约两岁。人们解救这两个孩子以后，发现她们的生活习性与狼相似：用四肢行走，白天睡觉，晚上出来活动，怕火、光和水；只知道饿了找吃的，吃饱了就睡；不吃素食而要吃肉，食物不用手拿，而是放在地上用牙齿撕开吃；不会讲话，每到午夜后便像狼似的引颈长嚎。这两个狼孩后被送到孤儿院抚养。到了第二年，小的孩子就死了，大的孩子一直活到 1929 年。她经过七八年的教育，只掌握了四五个单词，勉强能说几句话。她的寿命也不长，死时估计只有十六岁，但其智力只相当于三四岁的孩子。此外，人们还发现过熊孩、豹孩、猴孩以及绵羊所哺育的小孩。他们也和狼孩一样，具有抚育过他们的野兽的那些生活习性。科学家研究这类现象得出的结论是：人类的知识与才能不是天生的，直立行走和说话也并非天生的本能，所有这些都是后天社会实践和劳动的产物。

这个故事表明社会对人的成长影响很大。既然人必须要在与他人的交流、交往中生存、发展，那么如何处理自己和他人的关系，使个体与集体相处得更融洽，能够获得共同发展，也就成为人生在世主要面对的问题。这其中的核心就是“己”与“他”的问题。在这方面，古人有很多思想可以供我们借鉴。

● 狼孩和狼群

一、损己利他　他己兼利

“己”与“他”之间，利他就是利己，最好的境界是他己兼利。可能有人会想，这怎么做到呢？举个例子，一位教授和她的学生讨论“利己”与“利他”的问题，这天他们来到户外拍摄在线授课视频，此时有个乞丐经过此地。乞丐看到拍摄地人多，就走过来大声乞讨："行行好，给点钱吧。"乞讨声一声接一声，教学和录制工作不得不中断。这时，教授拿出钱给了乞丐，乞丐满意而去。她的学生问："乞丐行乞是利己，您给他钱却是利他损己，我们到底应该利己，还是利他呢？"教授说："他不顾别人在干什么，大声在这里行乞固然是利己。而我给他钱，虽说自己损失点利益，但满足了他的愿望，也是为了咱们的课堂能继续进行下去，这也是利己啊。另外，我给了他钱，授课得以继续，同学们也就能继续听课，视频录制工程师今天也没白白录一场，这也有利于整体。你们看，损己、利己、利他、利整体在这件事中交织得多么紧密啊。"俗语云："舍得舍得，有舍有得。"看似"舍"，但其实利己、利他、利整体与损已交融在一起，殊途同归。

说到"损"，不得不提及孔子的学生闵损，即闵子骞。闵损以孝闻名。在他小时候母亲就去世了，继母和父亲又生了两个弟弟。继母面善心狠。一年冬天，父亲叫闵损拉车，闵损拉不动，父亲就狠狠地鞭打他，把衣服都打破了，这才发现原来他的衣服里都是芦花，怪不得孩子冻得哆哆嗦嗦，无力拉车。父亲很生气，认为继母虐待孩子，要把她给休了。闵损当时就说："父亲不要这么做，母在一子单，母去三子寒。"一个孩子能说出这样的话，真令人感动。但闵损也是聪明的，他用自己的委屈平息了父亲的愤怒，使继母惭愧，换来了整个家庭的和美。闵损看似损己、利他，实则最终也利了己。

损己而利人，利他即利己，损益之间，他己之间，没有绝对的对立。这就是传统思想告诉我们为人处世的真谛之一。

● 闵子骞单衣顺母

二、积善有庆　积恶有殃

传统思想还告诉我们，利人不仅仅是一事、一刻，最好能形成一种习惯，持久地利人也是长远的利己。所谓"但行好事，莫问前程"。

赵盾是晋国的卿大夫，他正直敢言，无奈晋灵公听不进去他的忠心劝谏，反而一心想杀他。一天，晋灵公让士兵埋伏在门内，准备刺杀赵盾。危急之时，忽然走出一位勇士挺身救了赵盾，并护送赵盾回家。赵盾被救后，只觉这位勇士眼熟，便问他是谁，为什么救自己。勇士说：“桑树底下一饿夫也。”原来，赵盾以前曾到首山打猎，看见桑树底下有一个快要饿死的人，问了他后，得知他已三天没吃东西了。赵盾就给这个饿夫拿了食物，可是饿夫只吃了一半。赵盾问他为什么不全都吃了，他说好久没看见母亲了，想拿回去给母亲吃。赵盾就让这个饿夫把食物都吃了，又给他的母亲另备了一份食物让他带回去。“一饭之恩，可以免死。”从此，这个饿夫总想找机会报答赵盾的恩情。因此，那天他看见赵盾有难，就挺身而出了。或许赵盾当初给饿夫饭食的时候，并没有想得到回报。但若干年后，这份当初的施善却在关键时刻保全了他的性命。积善之家必有余庆，积不善之家必有余殃……对别人的善行，不知道在什么时候，就会帮助自己。

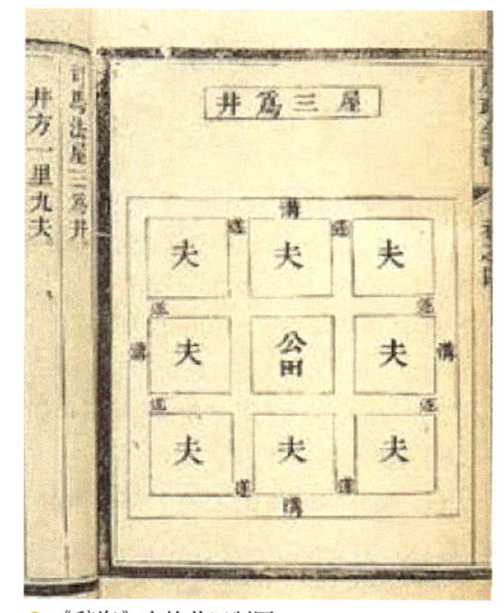

《辞海》中的井田制图

东郭先生和狼

三、出入相友　守望相助

积善、利他是个人的品性、德行，个人修心、修身当然很好，如果能注意群体之间的互助和协作就更好了。这样积善就变成了互善，利他就变成了互利，从而能够实现更大程度的共利。

《孟子》：“出入相友，守望相助，疾病相扶持。”谁人没有困难，谁人没有疾病，互帮互助可以减少很多人生阻碍。商周时，我国曾有“井田制”的农业合作方式。一个地方生活有八户人家，人们把一块地划分成“井”的形状，这样一共是九份，四周的八份为私田，每家一块，中间的一块为公田，由大家一起种。那时没有税收，人们把公田的收成交给国家。大家都努力把公田种好，天上下雨的时候，都希望先下到公田，再下到私田。这种原始的互助方式很可贵。八户人家就好像形成了一个互助社区，彼此相互帮忙，众人拾柴火焰高，往往可以创造出一个人竭其所能也无法达到的成果。

“公田交税”和孟子“出入相友，守望相助，疾病相扶持”中的“疾病互助”一样，自己、自家无法独立解决的问题，可通过与他人互助得到解决。当今社会也是一样，团队的力量和互助的结果往往可以解决更多的问题。例如，养老问题已经成为家庭、社会亟待解决的问题之一，仅靠养老院解决不了所有老人的养老问题，主要的方式仍然是在家养老。但谁家不得病，谁家的子女会时时刻刻在家，如果能做到“出入相友，守望相助，疾病相扶持”，发展邻里互助、社区互助，这个社会问题就很容易解决了。

四、良善有度　暴恶有制

前面我们谈了利他、积善、互助等问题，可能有人会质疑：面对真正的“恶魔”，我们也要报以仁善吗？善良的东郭先生救了狼，却几乎被它所害。《礼记·乐记》：“礼、乐、刑、政四达而不悖，可以为政矣。”古人早就认识到面对十分邪恶的情况，仅仅以仁义教化、爱善感化是不够的，还需要“刑法”和“政令”的合力才能平衡。

观察人、事，我们应有辨别力，仁、善虽值得提倡，但也不是全然适用。周武王至仁，但是也顺应人心讨伐了昏君纣王；周公为人谦和，但也为了维护国家的和平讨伐了管叔、蔡叔兄弟。

“五经”之首的《易》在《谦卦》中号召人们做“劳谦君子”的同时，也提示了“利用侵伐，无不利”“利用行师，征邑国”的道理。善，如果把握不好度，往往达不到效果。恶，如果无制，人间将混乱无度。善有度、恶有制，人生、人世才会平稳。

周公伐蔡

含英咀华

至此，本书也就接近尾声了。“相见时难别亦难”，在浩如烟海的传统文化中，我们选择它的精彩片段编著成书、制作成课程，可以说是非常困难的，因为它精彩频现。即使不够完美，它也可以用自身的不完美提示我们今后如何可以做到更完美。一种种睿智的思想、一件件精美的器物、一首首歌谣、一位位仁人志士，再交织着读者一张张求知的面庞，构成了古今交相辉映的、十分动人的文化传承新画卷。文化正是在了解、反思、有选择地继承和创造性地转变中不断绵延的，从而散发出历久弥新的芬芳。在此，借用“诗佛”王维的一句诗来表达笔者对传承传统文化的心愿：“愿君多采撷，此物最相思。”

参考文献

[1] 许慎. 说文解字 [M]. 北京：中华书局，1963.

[2] 礼记正义 [M]. 郑玄，注. 孔颖达，疏. 上海：上海古籍出版社，2008.

[3] 程裕祯. 中国文化要略 [M]. 3 版. 北京：外语教学与研究出版社，2011.

[4] 龚鹏程. 中国传统文化十五讲 [M]. 北京：北京大学出版社，2006.

[5] 伍鸿宇. 历史与文明 [M]. 广州：广东高等教育出版社，2020.

[6] 泰勒. 原始文化 [M]. 蔡江浓，编译. 杭州：浙江人民出版社，1988.

[7] 埃尔. 文化概念 [M]. 康新文，晓文，译. 上海：上海人民出版社，1988.

[8] 梁漱溟. 中国文化要义 [M]. // 梁漱溟. 梁漱溟全集：第 3 卷. 济南：山东人民出版社，1990.

[9] 楼庆西. 屋顶艺术 [M]. 北京：中国建筑工业出版社，2009.

[10] 王其钧. 中国传统建筑屋顶 [M]. 北京：中国电力出版社，2009.

[11] 王其钧. 中国建筑图解词典 [M]. 2 版. 北京：机械工业出版社，2016.

[12] 陈鹏. 中国婚姻史稿 [M]. 北京：中华书局，2009.